ENCONTROS & DESENCONTROS
a complexidade da vida a dois

ENCONTROS & DESENCONTROS
a complexidade da vida a dois

Ariane Severo[1]

Casa do Psicólogo®

---

[1] Psicóloga, psicanalista pelo Centro de Estudos Psicanalíticos de porto Alegre e especialista nas Configurações Vinculares pelo Contemporâneo Instituto de Psicanálise e Transdisciplinaridade, onde atura como professora e supervisora.

© 2010 Casapsi Livraria e Editora Ltda.
É proibida a reprodução total ou parcial desta publicação, para qualquer finalidade, sem autorização por escrito dos editores.

1ª Edição
2010

Editores
Ingo Bernd Güntert e Juliana de Villemor A. Güntert

Assistente Editorial
Aparecida Ferraz da Silva

Capa
Paulo Engler

Projeto Gráfico & Editoração Eletrônica
Sergio Gzeschnik

Produção Gráfica
Fabio Alves Melo

Preparação de Original
Patrícia de Fátima Santos

Revisão
Flavia Okumura Bortolon

Revisão Final
Lucas Torrisi Gomediano

Dados Internacionais de Catalogação na Publicação (CIP)
(Câmara Brasileira do Livro, SP, Brasil)

Severo, Ariane de Freitas
　　Encontros & desencontros : a complexidade da vida a dois / Ariane de Freitas Severo. -- 1. ed. -- São Paulo : Casa do Psicólogo®, 2010.

Bibliografia.
ISBN 978-85-62553-08-0

1. Casais - Psicologia 2. Casais - Relações interpessoais 3. Casamento - Aspectos psicológicos 4. Conflitos matrimoniais 5. Homens - Psicologia 6. Mulheres - Psicologia I. Título.

10-04332　　　　　　　　　　　　　　　　　　　　　　　　CDD-158.24

Índices para catálogo sistemático:
1. Conflitos : Solução : Relacionamento conjugal : Psicologia aplicada 158.24
2. Relacionamento conjugal : Psicologia aplicada 158.24

Impresso no Brasil
Printed in Brazil

Reservados todos os direitos de publicação em língua portuguesa à

Casapsi Livraria e Editora Ltda.
Rua Santo Antônio, 1010
Jardim México • CEP 13253-400
Itatiba/SP – Brasil
Tel. Fax: (11) 4524-6997
www.casadopsicologo.com.br

A Rogerio, por todos os nossos
Encontros & Desencontros

SUMÁRIO

Agradecimentos	11
Prefácio	15
Apresentação	17
Encontros & Desencontros: a complexidade da vida a dois	21
A complexidade da vida a dois	21
Recém-casados	23
O entre dois na clínica contemporânea	24
O labirinto da vida a dois	28
O papel construtivo da desordem	35
Condenado a ser apenas um: as distâncias e as ausências na vida a dois	39
Cardápio do homem solitário	41
Esse estrangeiro companheiro de quarto	42
Quarto de casal – o lugar total	44
Microespaço da cama	45
Os parâmetros definitórios do casal no constrangimento das distâncias	46
Cotidianidade	47
Projeto compartilhado	48
Erogenidade do casal	49
A tendência monogâmica e uma questão imediata: a fidelidade	52
A eternidade das delícias	54
Os casais digitais	58
Mulheres de Atenas – As viúvas dos maridos mortos e vivos	60

O espaço e a distribuição dos bens: um sistema de comunicação 65

O casal se converte em uma casa para dois.................... 65

A clínica.. 67

Mais da clínica 68

Outros fragmentos clínicos.................... 70

A função, o significado e a circulação dos bens e do dinheiro.................... 71

Fragmento clínico 75

Outro fragmento.............................. 77

Amores imperfeitos são as flores da estação 79

Nasce um casal 79

O encontro amoroso 81

O cansaço amoroso 82

Rugas da existência amorosa.................... 83

A dupla dividida, dilacerada 84

Separados pelo casamento 86

Quando termina um tratamento de casal? 90

Um toque de infidelidade 93

Vinheta um.................... 95

Vinheta dois.................... 95

Vinheta três.................... 96

Vinheta quatro 98

Vinheta cinco.................... 99

Vinheta seis.................... 100

Vinheta sete 100

O amor e suas infidelidades.................... 102

Ligações amorosas & perigosas: veneno de um lado - remédio de outro 103

Cena 1: Um casal discute 104

Cena 2: Outro casal discute.................... 107

Cena 3: Outro mal-entendido 110

Última cena.................... 113

Narciso alimenta em nós a nostalgia da unidade.................... 114

O lugar do analista.................... 116

A dinâmica das relações de poder na conjugalidade....................................... 119

Violência e poder não são a mesma coisa.. 121

O poder como um ato intersubjetivo.. 122

A clínica... 125

Formas de poder visíveis no cotidiano dos casais.. 126

Mais da clínica... 127

A sutileza das proibições: Poder e saber... 128

Violência, poder, dominação e questões de gênero.. 132

Dois é o suspense de um e um é prenhe de Dois.. 133

Sonhos desde a perspectiva intersubjetiva 137

Sonhos: Produção individual ou vincular? 137

Sonhos: Emoções compartilhadas – uma obra conjunta 141

Sonho de um casal 144

Sonhos: Pertença grupal e conflitos de inclusão-exclusão 147

Sonhos: Negação da alteridade – resistência ao vincular.............................. 148

Sonho de um paciente contado para uma analista vincular 149

Referências Bibliográficas... 157

AGRADECIMENTOS

Ao casal Rivadavia e Édila Severo, meus pais, pelo amor e dedicação. Por acreditarem.

Ao casal Ângela Piva e Roberto Graña, mestres, supervisores e apresentadores, pelo conhecimento e trabalho compartilhado afetivamente ao longo de tantos anos.

Ao casal Fátima Fedrizzi e César Bastos, meus analistas, pela escuta e reconhecimento.

Aos meus colegas de escrita e de clínica, pelas trocas e expectativas.

Aos alunos que me acompanharam desde a gestação até o nascimento do livro, pelo carinho e sugestões.

À Viviane Thomazzi, parceira nos seminários de família I e II e casal I e II nesses últimos anos, pelo entusiasmo e apontamentos fundamentais.

Aos casais que me chegaram, pela confiança, autorização e aprendizagem.

O Quereres (Caetano Veloso)[1]

Quando queres revólver, sou coqueiro
E onde queres dinheiro, sou paixão
Onde queres descanso, sou desejo
E onde sou só desejo, queres não
E onde não queres nada, nada falta
E onde voas bem alto, eu sou o chão
E onde pisas o chão, minha alma salta
E ganha liberdade na amplidão
Onde queres família sou maluco
E onde queres romântico, burguês
Onde queres Leblon, sou Pernambuco
E onde queres eunuco, garanhão
Onde queres o sim e o não, talvez
E onde vês eu, não vislumbro razão
Onde queres o lobo, eu sou o irmão
E onde queres cowboy, eu sou chinês
Ah! Bruta flor do querer
Ah! Bruta flor, bruta flor...
Onde queres o ato, eu sou o espírito
E onde queres ternura eu sou tesão
Onde queres o livre, decassílabo
E onde buscas o anjo, sou mulher
Onde queres prazer, sou o que dói
Onde queres tortura, mansidão
Onde queres um lar, revolução
E onde queres bandido, sou herói
Eu queria querer-te e amar o amor
Construir-nos dulcíssima prisão
Encontrar a mais justa adequação
Tudo métrica e rima e nunca dor
Mas a vida é real de viés

---

[1] Do CD *Totalmente demais* gravado ao vivo em 1986.

Encontros & Desencontros

a complexidade da vida a dois

E vê só que cilada o amor me armou
Eu te quero e não queres como sou
Não te quero e não queres como és
Onde queres comício, flipper-vídeo
E onde queres romance, rock 'n' roll
Onde queres a lua, eu sou o sol
E onde a pura natura, o inseticídio
Onde queres mistério, eu sou a luz
E onde queres um canto, o mundo inteiro
Onde queres quaresma, fevereiro
E onde queres coqueiro, eu sou obus
O quereres e o estares sempre a fim
Do que em mim é de mim tão desigual
Faz-me querer-te bem, querer-te mal
Bem a ti, mal ao quereres assim
Infinitivamente pessoal
E eu querendo querer-te sem ter fim
E querendo-te, aprender o total
querer que há e do que não há em mim.

PREFÁCIO

É uma honra e uma grande responsabilidade fazer a apresentação de um livro que tive o privilégio de acompanhar a "gestação".

A ampliação do campo teórico e técnico da psicanálise à família e ao casal é um desenvolvimento mais recente e requer ainda um maior trabalho de investigação e teorização.

Podemos transitar nesta área por uma cuidadosa revisão de uma temática que faz parte do nosso cotidiano – o amor e o casamento – a partir de sua inserção no paradigma da complexidade, e que na psicanálise adquire maior desenvoltura no enfoque da Vincularidade e dos novos acontecimentos como produtos contínuos de subjetividade.

Ariane tem o mérito de fazer uma trajetória sensível, elegante e profunda dos desafios do viver a dois e dos desafios terapêuticos frente a um casal que sofre as dores do desencontro. Sua narrativa nos permite visitar a intimidade de vários casais nas armadilhas do dia a dia, na construção ou impossibilidade de construção de projetos e espaços compartilhados.

"Na contemporaneidade mais do que nunca, os amores imperfeitos são as flores da estação", nos diz ela.

Esta contemporaneidade "imediata", "fluída", "líquida", que sucedeu à modernidade sólida, é muito mais complexa e traz consigo o mistério da fragilidade do laço humano – "o amor líquido" – termo que tão bem Bauman utiliza.

Tal fluidez vigente produz uma tensão entre o permanente desejo de estruturar os laços e, por outro, a peremptória necessidade de mantê-los frouxos.

Convidamos o leitor a seguir Ariane neste *Labirinto da vida a dois*, neste emaranhado de possibilidades quase infinitas.

Angela Piva[1]
Porto Alegre, outubro 2008.

---

[1] Psicóloga, psicanalista, diretora do Contemporâneo Instituto de Psicanálise e Transdisciplinaridade, professora e supervisora no curso de especialização de Psicanálise das configurações vinculares e no curso de Psicoterapias psicanalíticas.

APRESENTAÇÃO

"Quando não há encontros, mas há vida e movimento produzem-se choques. Entre choques fluímos inventando procedimentos, modificando atitudes"

(Raquel Bozzolo, 2008)

O desejo de escrever este livro surgiu em 2006, quando eu participava de um grupo de estudos que tinha como propósito a atualização teórica e escrita sobre o tema *casal*[1]. No ano anterior tínhamos estudado a transmissão transgeracional, o que resultou num livro conjunto, publicado em 2006. Em função dos preparativos para nossa jornada anual de 2006, escrevi dois artigos: um sobre a discussão conjugal, que posteriormente foi apresentado na VI Jornada do Contemporâneo: Instituto de Psicanálise e Transdisciplinaridade, e outro a respeito das relações de poder, que apresentei em uma atividade científica preparatória para esta mesma jornada[2]. Esses artigos foram, posteriormente, publicados na *Revista Contemporânea*, em 2007.

Neste mesmo ano, passei a ministrar a disciplina Casal II no curso de especialização em Psicanálise das configurações vinculares, e senti a necessidade de produzir outros artigos direcionados aos alunos do curso. O resultado deste movimento foi um artigo sobre os sonhos e vincularidade que também publiquei na *Revista Contemporânea* em 2007. Desde então continuei escrevendo a respeito dos casais e o livro começou a ser gestado naturalmente; os capítulos foram surgindo, sempre baseados na experiência clínica e na ânsia de apresentar material que pudesse favorecer o aprendizado dos alunos. Outros capítulos, ainda que nascidos da clínica vincular psicanalítica, estão permeados de literatura e filosofia, o que me levou, inevitavelmente, a interrogar, muitas vezes, quem seria o meu interlocutor, para quem, efetivamente, eu escrevia. Esses capítulos são responsáveis pela abertura do livro para um público mais abrangente[3].

---

[1] Realizado no Contemporâneo Instituto de Psicanálise e Transdisciplinaridade e coordenado pela psicanalista Ângela Piva.

[2] Juntamente com a psicanalista Ângela Piva.

[3] Resultado da leitura de muitos anos e de um estudo mais sistemático, em grupos de estudos com o Dr. Donaldo Schüler e o psicanalista Roberto Graña em nossa instituição.

Encontros & Desencontros

Em 2008 completei dez anos como especialista nas Configurações vinculares, tendo pertencido à primeira turma formada pelo Contemporâneo Instituto de Psicanálise e Transdisciplinaridade (CIPT). O livro é o resultado dessa trajetória pessoal e profissional, fruto do crescimento da nossa instituição. Nos últimos anos foi formada, a partir do Contemporâneo, uma geração de analistas vinculares, dentre os quais eu me incluo, portadores do entusiasmo dos pioneiros, Ângela Piva e César Bastos, pela investigação permanente de novas ideias.

Em linhas gerais, o livro pretende ser um espaço destinado ao estudo e atualização da teoria vincular, um diálogo fluído entre profissionais da área de saúde e pessoas interessadas em pensar a relação conjugal. A temática central é a intersubjetividade, com atenção especial ao reconhecimento das diferenças e à complexidade da vida a dois. A proposta é levar o leitor, por meio de situações clínicas complexas, variadas e representativas das novas formas que assume atualmente o enlace amor-desejo-casamento, às formas de intervenções terapêuticas possíveis e suas implicações técnicas e éticas. Além disso, em vez de consolidar uma teoria, a proposta é "intercambiar" ideias, dialogando permanentemente com outros autores e com o leitor.

Pretendo falar da estrutura em movimento, abrindo espaço para o acontecimento, onde o "acaso" não é excluído e consegue dar início à cadeia significante.

Os casais pós-modernos produzem suas subjetividades atravessadas pelos paradigmas atuais da complexidade e armam sua vida conjugal à sua maneira. O pensamento pós-moderno não é simples, nem claro, nem oferece tranquilidade; não têm nem o dogmatismo nem a segurança dos clássicos, oferece um caráter duplo de incompletude e ambiguidade.

Os fragmentos clínicos aqui reunidos mostram que os casais tiveram que abandonar a certeza, permitindo-se improvisações, ousadias que facilitam a transição para novas maneiras de pensar o vínculo. A vida a dois é inevitavelmente cheia de encontros e desencontros, perturbando nosso ideal do que seria uma boa relação. Na pós-modernidade, mais que nunca, *os amores imperfeitos são as flores da estação*, em que tudo é dado e tudo é retirado, incessantemente. O outro sempre ali, sempre ausente, fixo e convulsivo, me desloca.

O modelo de casal que conhecemos vem sofrendo importantes alterações e nos defrontamos com novas formas de conjugalidade, despojadas da antiga "sacralidade" do casamento burguês. Podemos casar com alguém do mesmo sexo, escolher se queremos ou não ter filhos, não acrescentar o nome do marido, não viver sobre o mesmo teto, etc. Existem as famílias recombinadas, monoparentais, homoparentais, extendidas e, como psicanalistas, precisamos estar atentos, abertos a essas novas formas de conjugalidade.

O enamoramento já não é pensado somente como uma reedição estereotipada de vivências infantis (Waisbrot, 2008), mas como uma experiência inédita que produz mudanças no posicionamento subjetivo.

A ideia de aparelho psíquico aberto, como possibilidade de novas marcas, obriga a uma reformulação de vários conceitos. A partir do paradigma da complexidade é possível pensar o aparelho psíquico com uma causalidade ampliada, que privilegia a simultaneidade e a multiplicidade. Nas configurações Vinculares a trama é complexa, as relações assimétricas convivem com as horizontais e as "em rede" (Moscona, 2008).

A criação de novos enquadramentos de trabalho psicanalítico levou à descoberta de facetas inéditas, as quais nos levaram, inevitavelmente, a modificar nossa forma de clinicar e, como consequência, modificar algumas hipóteses e buscar esclarecimentos conceituais. Passamos a entender o vínculo com sua dupla apoiadura, no psiquismo individual e na presença de um outro, exigindo um parceiro sempre em reciprocidade, elaboração e transformação.

Nosso desafio é trabalhar com esses conceitos, promover um processo reflexivo acerca da lógica vincular, da relação amorosa, da aceitação das diferenças e criar afetos de ligadura para que o casal possa produzir subjetividade.

O casal é uma obra acabada-inacabada, cuja narrativa exclui o desenrolar simples de uma história. Sua linguagem, seu estilo de curvas lentas, de peso fluído, sempre em movimento, para exprimir o ritmo infinitamente variado que a vida a dois possui. O casal contemporâneo precisa mudar constantemente de direção, ir como que ao acaso, evitando qualquer objetivo fixo e, por um movimento marcado pela inquietação, ir-se transformando em "distração feliz", pois *a vida está apaixonada pelo novo*.

ENCONTROS & DESENCONTROS:
A COMPLEXIDADE DA VIDA A DOIS[1]

> Mas eu sei cada vez mais que o único conhecimento válido é o que se alimenta da incerteza e que o único pensamento que vive é o que se mantém na temperatura de sua própria destruição.
>
> (Edgar Morin, 2005)

> Restam sempre muitas vidas para serem consumidas na razão dos desencontros.
>
> (Carlos Drummond de Andrade, 2005)

A COMPLEXIDADE DA VIDA A DOIS

Gostaríamos que fosse menos complexo viver a dois, que houvesse fórmulas e resoluções simples, que fosse simples tratar os casais. A primeira e fundamental complexidade da vida a dois é a ideia de unidade de um lado, e a de diversidade ou multiplicidade do outro, que, a princípio, se repelem e se excluem.

No livro *A teia da vida,* de Capra (1996), há um estudo interessante feito através da observação de filmes envolvendo a conversação entre seres humanos. Toda conversa envolve uma dança sutil e, em grande medida, inconsciente, na qual a sequência detalhada de padrões da fala é sincronizada com precisão, não apenas com movimentos diminutos do corpo de quem fala, mas também com movimentos correspondentes de quem ouve. Ambos os parceiros estão articulados nessa sequência de movimentos rítmicos, e a coordenação linguística e os gestos são mutuamente desencadeados e duram enquanto os *parlantes* continuarem envolvidos na conversa. Maturana e Varela (1996), ao

---

[1] A ideia do título origina-se do cinema. Um filme escrito e dirigido por Sofia Coppola, que ganhou o Oscar em 2003 de melhor roteiro original.

falar da comunicação de pássaros que vivem em florestas densas, onde o contato visual é difícil, diz que no ritual do acasalamento eles produzem um canto que, para os menos atentos, parece uma melodia inteira, mas na verdade é um dueto, no qual os dois pássaros, alternadamente, se expandem sobre as frases um do outro. "A melodia é única para cada casal, e não é transferida para a sua prole. Em cada geração, novos casais produzirão suas próprias melodias características em seus rituais de acasalamento" (Capra, 1996). Merleau-Ponty (2005)[2], no seu livro *O visível e o invisível*, considera o acasalamento dos corpos o ajustar de suas intenções numa só *Erfüllung*, numa só parede em que se chocam os dois lados (p. 213-214). Apresenta o conceito de *quiasma*[3], em que cada um é envolvido-envolvente, em que há cofuncionamento, ideia de circularidade entre ver-ser visto, perceber-percebido, falar-escutar e não se sabe mais quem fala e quem escuta, um entrelaçamento de subjetividade (Merleau-Ponty, 2005, p. 200).

Há a descrição de um fenômeno físico chamado *entrelaçamento*. Seu efeito é casar dois a dois, átomos, elétrons ou moléculas, fazendo-os dançar com a mesma concatenação de um par de bailarinos. Se um gira assim, o outro gira assado e vice-versa. Dois átomos entrelaçados já não são duas entidades autônomas, mas uma única criatura bicéfala. Seriam como dois bailarinos amarrados um ao outro, ao ritmo de uma mesma balada atômica. O entrelaçamento é uma possibilidade comunicativa. Quando não ocorre, costuma haver o mal-entendido, isto é, uma constante proliferação da incapacidade de um trabalho psíquico compartilhado, em que falta o reconhecimento de pertencimento àquele vínculo único e novo.

O entrelaçamento produzido entre um casal não é apenas uma prolongação projetiva de cada um deles, é fundamentalmente algo mais e obriga a um trabalho psíquico intenso; nossa tendência é negar ou excluir o *alheio* pela ameaça de desestruturação do vínculo e do próprio sujeito.

O casal é mais que a soma de um e de outro, e esse todo tem propriedades e qualidades que não têm as partes quando separadas. O todo é, ao mesmo tempo, mais e menos que a soma das partes. Essa organização da vida a dois impõe contrições e inibições às partes que formam o casal, as partes que não podem fazer tudo o que querem (Morin, 1996, p. 278). "Conviver com o outro, construir família, perpetuar a espécie configuram o elenco das obrigações sagradas. Vida solitária só se consente aos deuses e a animais" (Schüler, 1994, p. 26).

Nascemos, como casal, do estilhaçamento de duas outras famílias (Roudinesco, 2003, p. 14), em que as ideias originais deixam de dominar, predominando a aliança[4]. Ou como diz Winnicott citado por Graña (2007, p. 179): ". . . em nenhum campo cultural é possível ser original senão na base da tradição." A cultura do casal surge da produção de muitas mentes que se entrelaçaram e reforçam, umas às outras, durante muitas gerações. Um jogo criativo entre tradição e originalidade. Todas as nossas histórias são povoadas de narrativas míticas. Mas sabemos que a cultura evolui, precisa evoluir, não é apenas repetição, na qual, às pressas, e sem escolha, absorvemos os primeiros sinais dos significantes e seguimos pelo resto de nossas vidas, para sempre, sem correção.

---

[2] Escritor, filósofo, líder do pensamento fenomenológico na França, nasceu em 14 de março de 1908, em Rochefort, e faleceu em 4 de maio de 1961, em Paris. Foi professor de filosofia da Universidade de Lyon, Sorbonne e Collège de France.

[3] O conceito de quiasma, segundo o dicionário Aurélio, significa: cruzamento, contaminação (Ferreira, 1986).

[4] No sentido de vínculo de aliança *versus* vínculo de consanguinidade.

Hoje, mais do que nunca, *a relação a dois é uma construção conjunta*, é aceitação da disparidade, da diversidade do *outro*, da incerteza. Berenstein (2004a) disse que "o trabalho do vínculo é sobre a incerteza" (p. 97). A incerteza é uma estrutura objetiva do próprio acontecimento.

O casal necessita desconstruir constantemente o casamento que tinha para poder criar a possibilidade de estarem juntos. Abandonarem-se de tanto em tanto, por inteiro, ao acontecimento. No espaço do acontecimento o que existia antes, como observa Foucault (2007), "sofre uma mutação que faz com que de súbito as coisas não sejam mais percebidas, descritas, enunciadas, caracterizadas e sabidas do mesmo modo" (p. 298) e, a partir de então, nos tornamos diferentes.

Algo do *outro* se conservará sempre estranho, inacessível como aprendemos em Freud (1895) – o estranho/complexo de semelhante. Somente quando um renuncia ao *outro* como objeto é que podem construir uma relação compartilhada. O parceiro pela simples *presença*, como alguém real e diferente do nosso imaginário nos obriga a uma modificação do nosso ser. Este trabalho constante do vínculo permite o frescor e o escape do enfadonho. Este *outro* familiar e estranho me desloca para um outro lugar, me surpreende e me fascina. Por isso, "Construir-se como casal é uma das transações mais complexas, difíceis e valorizadas do ciclo familiar . . . ademais, a construção da relação de casal é um dos principais correlatos da construção do *self* e da subjetividade" (Garcia & Guevara, 2001, p. 15).

O casal vai traçando uma história que lhe é própria, um desenrolar de eventos únicos, em que cada indivíduo continuará existindo, mas, ao mesmo tempo, modificado pela convivência, pelo sonho compartilhado, pelo mergulho em um novo terreno, pela aceitação da estranheza que o outro produz, esse lado estrangeiro que nunca poderá ser capturado. Nessa relação, os sentidos serão gerados pelas experiências infantis e experiências vitais de cada um e pelo que é criado como uma construção conjunta e inédita para os dois por este intercâmbio afetivo de palavras, semantizações, em que qualquer possibilidade de saída circula no terceiro espaço. Cada um chega ao relacionamento com um conhecimento, código de comunicação, valores, e juntos vão criando o texto novo, aberto a novas versões, comentários[5]. Segundo Roberto Graña: "O casamento que sobrevive à desconstrução é reinventado, ou me movimento, desloco-me criativamente, ou sou um casal monótono, sem graça e espontaneidade"[6].

RECÉM-CASADOS

Ela vem de uma família que adora comemorar e festejar. O Natal é a mais esperada das festas. Desde pequena se encantava ao redor de uma enorme árvore de Natal e de uma montanha de presentes. Ele vem de uma família que não costuma festejar e acha o Natal uma comemoração religiosa, consumista e triste. No primeiro Natal do casal, ela vai às compras e chega com uma árvore brilhante, rotativa, sonora. Quando vão armar a árvore,

---

[5] Cada casal terá o seu momento Derrida de desconstrução de tudo o que era antes.
[6] Em seus seminários sobre a obra e a vida de Winnicott no Contemporâneo Instituto de Psicanálise e Transdisciplinaridade (2007) e em comunicação particular.

esta não entra no apartamento minúsculo dos recém-casados. Só aí se dão conta de que a árvore deles não será nem aquela imensa da família dela e nem a inexistente da família dele. A árvore do novo casal, do novo contexto, do novo vínculo, será outra. Saem juntos para comprar a outra árvore, a "deles". Após este Natal, serão os mesmos? A vivência do "estar juntos" acaba por modificar a vida de um e de outro, criando um núcleo mais forte e com mais condição de resistir a inúmeras colisões e forças de rupturas, ocorrendo um reordenamento retrospectivo dos fatos, num circuito de coprodução: ordem, desordem, interações, organização (Morin, 2005b).

A novidade se dá pela chegada de uma qualidade nova com relação às qualidades anteriores dos elementos. Ela tem, portanto, virtude de acontecimento, já que surge de maneira descontínua, uma vez que o sistema familiar já estava constituído. O novo, segundo Schüler (1994), "já não é o que se regenera a partir da origem. Novo é o inusitado que espanta o contemplador com o olhar petrificante da Medusa"[7] (p. 80). Barthes (2003b) afirma que: "Em francês *nouveau* (novo) significa bom, é o movimento feliz do texto e *neuf* é mau: É preciso lutar com a roupa nova para usá-la: O novo engonça, opõe-se ao corpo (estrutura)". (p. 148)[8]

A única esperança está nas dificuldades e contradições. O casal não pode viver para sempre enamorado, numa fascinação com o eterno que não permite o crescimento, a complexidade. O conceito de *enamoramento* em Berenstein (2004a) é o intento extremo de anular o inacessível do outro, aquele não passível de representação (p. 53). Só depois da fase do enamoramento ocorre a capacidade de aceitar ou não as coisas que são próprias do outro e o caminho para um encontro se abre. Um divertir-se juntos, lugar de intensa criatividade.

O ENTRE DOIS NA CLÍNICA CONTEMPORÂNEA

Na relação de casais se produzem momentos de *encontros e desencontros* permanentes. Essa concepção tem uma riqueza que amplia a nossa clínica, dá margem ao imprevisto, ao acaso, ao surgimento do novo. A dimensão do universo linear, reversível, estável, não caótico, não é o do cotidiano da vida a dois. O universo real é não linear, irreversível, caótico, cheio de desencontros.

Passamos a considerar os casais e suas relações, afastados do equilíbrio, no espaço da desconstrução, onde se ocupam não apenas do velho, do familiar, mas também do novo. O que nos permitiu avançar uma noção predominantemente determinista. O antigo universo se valia de conceitos claros do determinismo e o novo universo mexe nos conceitos, transborda, obrigando termos mais contraditórios. "Onde havia deuses e destino agora impera o acaso" (Schüler, 1994, p. 128). É nesta ótica que visualizamos os casais. Nenhuma unidade dos contrários, nenhuma dialética poderia esgotar, de uma vez só, o caos da vida a dois. Os objetos e os conceitos perdem suas virtudes aristotélicas e cartesianas, substancialidade, clareza, distinção, vícios da simplificação. Concordamos com

---

[7] Como afirma Wilson (1996): "Em uma placa, você só consegue escrever o novo após apagar o velho, na mente você só consegue apagar o velho escrevendo o novo".

[8] Aqui "neuf" significa modelo novo.

Morin (1996) que nosso trabalho não é o de simplificar, ocultar os grandes problemas e que devemos encarar uma problemática que por muito tempo foi ignorada

> Se trabalha com a dialógica de ordem e desordem que produz todas as organizações existentes no Universo. . . . E trabalhar com a desordem e a incerteza não significa deixar-se submergir a elas; é enfim, colocar à prova um pensamento energético que os olhe de frente. Porque se acreditava que a organização dependia pura e simplesmente da ordem. Em realidade, a organização é o que liga um sistema, que é um todo constituído de elementos diferentes encaixados e articulados. E a ideia que destrói toda tentativa reducionista de explicação é que o todo tem uma quantidade de propriedades e qualidades que não têm as partes quando separadas. . . . Podemos chamar emergentes a essas qualidades que nascem no nível do todo, dado que qualidades emergentes, que chegam a ser qualidades a partir do momento em que há um todo. . . . O todo, portanto, é mais que a soma das partes. Mas ao mesmo tempo é menos que a soma das partes, porque a organização de um todo impõe constrições e inibições às partes que o formam, que já não têm tal liberdade. Uma organização social impõe suas leis, tabus e proibições aos indivíduos, que não podem fazer tudo o que quiserem. Ou seja, o todo é, ao mesmo tempo, mais e menos que a soma das partes . . . (Morin, 1996, pp. 277-278)

Portanto a força motriz da evolução, de acordo com a nova teoria emergente, não está nos eventos causais, mas na tendência inerente ao ser vivo para criar a novidade. O que emerge é o entre dois, em que se faz necessário o trabalho vincular, pois o outro impõe constrições e inibições.

Spivacow e Brengio (1997, p. 122) afirma que o funcionamento do casal é regido por dois princípios: o de permanência e o de mudança, que estão em constante equilíbrio. O conflito conjugal faz parte da vida dos casais. E conflito quer dizer luta entre os dois polos da relação, que funciona como se fossem dois polos atratores, puxando as partes para lados opostos. "Essa ideia de que o conflito sempre esteve ali porque é absolutamente necessário, é perturbador, sinistro, porque perturba nossa ideia do que seria uma boa relação" (Wingley, 1996, p. 156). E perturbador não é simplesmente a experiência do outro, do desconhecido, mas também a percepção de que esse desconhecido é necessário para a manutenção da estrutura como tal. Ou a de que naquele aspecto em que coincidimos com o outro não há necessidade do trabalho vincular. Assim, o mundo novo que se abre é incerto, misterioso; é mais joyceano que newtoniano.

> A diferença em Barthes (2004c) dispensa ou supera o conflito. "A diferença não é aquilo que mascara o conflito: ela se conquista sobre o conflito, ela está para além e ao lado dele" (p. 22). O conflito é sexual e a diferença é plural e sensual. A massificação é um esforço de expulsar a "menor diferença"[9]. O que é preciso é pluralizar, sutilizar, sem freios (Barthes, 2003b, p. 83). Schüler, em uma reunião científica no Contemporâneo, disse: "Pela diferença existimos . . . só posso dialogar com ele me diferenciando. . . . A contemporaneidade tem um caráter diferente da modernidade. A contemporaneidade preserva a diferença – a coexistência do diferente, a convivência do diferente e não a rejeição"[10].

---

[9] Germe da intolerância racial segundo Freud em *Moisés.*
[10] Contemporâneo Instituto de Psicanálise e Transdisciplinaridade, Porto Alegre, abril 2007.

Encontros & Desencontros

a complexidade da vida a dois

O casal começa a viver criativamente quando experiencia o outro real, separado dele com o qual pode ser criativo, espontâneo e estabelecer o espaço potencial do vínculo. O ser é ser em relação, como diria Winnicott[11]. O vínculo se faz na presença do outro e tem a ver com o significante. O espelho está humanamente investido, só me constituo através do outro e dos significantes que ele me oferece[12].

As agitações e turbulências criam as condições para o reencontro. Quando o casal se une pelo vínculo da aliança, dá seus primeiros passos rumo ao desconhecido. Onde reconhecer as diferenças não é o suficiente, é necessário fazer algo com esse reconhecimento. Abrir um lugar onde essa diferença possa se converter em *alheio*. O *alheio*[13] é representado em Berenstein (2004a) através da figura do desconhecido, do forasteiro, do estrangeiro, do incognoscível que faz o *outro* ser o outro. Sua presença questiona a própria subjetividade e as representações sobre as quais se sustenta, e através dessa relação se afeta e se altera a estabilidade do sujeito (Berenstein, 2004a, p. 133). Berenstein diz ainda: "O *alheio* é inerente à presença do outro" (2004a, p. 35). Afirma ser este o paradoxo do vínculo, e que nos apresenta dois caminhos possíveis: ou se recusa o *alheio* por questões narcísicas, ou se inicia o caminho da desilusão onde a novidade tem lugar pelo trabalho com a apresentação do *outro* que inevitavelmente não coincide com o desejo, com nossas projeções. O *alheio* tem vida própria, é inédito, súbito, causa surpresa, pois não é esperado. A presença propriamente dita desperta perplexidade e pode nos levar, por meio da curiosidade, a conhecer ou tomar aquele que não coincida com nossos objetos internos.

Berenstein (2007) afirma que o vínculo gera inconsciente. Todo vínculo estabelece, convoca a um paradoxo: compartilhar o incompartilhável se dá entre dois sujeitos *alheios* e inaugura uma nova ética que não é a do desejo e muda o ser das pessoas vinculadas. Quando recorremos à obra desse autor no sentido de acompanhar o desenvolvimento do conceito de vínculo, percebemos que inicialmente ele o usava no sentido amplo de uma situação inconsciente que liga dois sujeitos com base na relação de *presença*. Lembra Berenstein (2004a, p. 29, 35 e 54) que o termo já foi usado por Pichón-Rivière, Bion e outros. Deste termo devirá o que chama de *vincular,* que consiste na relação e diferenciação de dois campos: o da relação de objeto e o do vínculo entre sujeitos. O conceito de *presença* ganha força ao longo de sua obra: "é uma evidência do outro que incide fortemente sobre mim como sujeito e, se é minha, incide sobre o outro, e lhe e me impõe uma marca, me modifica e modifica-o". E mais adiante: "A presença do outro é que põe um limite em nossa apropriação identificatória". Berenstein (2004a) deixa claro que a origem do vínculo, como o entendemos hoje, baseia-se na impossibilidade de ausência do outro:

> É impossível construir um vínculo com um outro ausente. O vínculo não é selado pela união de dois sujeitos, ele se realiza a cada instante pela existência do alheio. . . . A ausência é condição para a representação inconsciente, já que não se pode representar quem está presente.

---

[11] Gostaria de acrescentar mais duas citações de Winnicott que constam em Graña (2007): "a existência do objeto de fato . . . ela necessita ser destruída na fantasia e sobreviver realmente . . . tornando-se existente por ser real e sendo real por continuar a existir . . ." (p. 184) e ". . . mas tudo existe já pelo artifício de outros, os quais realizam antes dele um trabalho de milhares de anos que permite hoje a cada novo homenzinho inventar o mundo mais uma vez", p. 205.

[12] R. Graña em comunicação particular.

[13] O conceito de alheio em Berenstein (2004a) vem, especialmente, de Alan Badiou (2002).

. . . A presença não é só da ordem da percepção, se refere tanto à ocupação de um lugar que gera um novo sentido como permanente excedente do sujeito em relação ao lugar. Se o sujeito ocupa o lugar de pai, esse lugar de pai está associado indissoluvelmente ao de filho, mas cada um deles fará do lugar algo singular, por isso seu duplo caráter de alheamento e de novidade. (Berenstein, p. 101)

Estar em *presença* quer dizer estar em contato com o *alheio* do *outro*. A *imposição* de ambos os parceiros produz um vínculo e esse trabalho do vínculo amplia a relação por gerar novas produções simbólicas, novas significações. Complementamos com Berenstein (2007):

Uma subjetividade vincular reconhece que um sujeito vem a ser outro a partir desse vínculo com outro, onde nenhum deles é o centro de si mesmo e nem da relação. Se não que ambos se produzem como sujeitos a partir de determinadas relações de poder que recorrem no vínculo.

Nessa perspectiva, Berenstein (2004a) descreve um outro tipo de resistência (além das cinco descritas por Freud): a *resistência à vincularidade* que é a oposição a dar lugar à presença que remete ao *alheio* do *outro*. Afirma ainda que resistência é a dificuldade inconsciente para instituir-se em um vínculo. E que há dois tipos de resistências:

1) oposição a situações novas, onde se busca o que é similar;
2) como um obstáculo, onde temos duas saídas possíveis: remover o obstáculo ou encontrar um caminho que desvie o obstáculo, o que acaba por ser um outro caminho. Situação difícil por não ser prevista, ser acompanhada do sentimento de incerteza e depender de uma modificação da subjetividade (Berenstein, 2004a, p. 27).

Já em 2007, no seu livro *Del ser al hacer,* afirma: "o vínculo é uma expressão complexa, e até agora sujeito a uma quase permanente revisão" (Berenstein, 2007, p. 19).

Berenstein (2004a) aponta que o trabalho do vínculo é condição necessária, que ele não pode dar-se por fora do vínculo ou, ainda, que a relação com o outro é inerente ao ser humano. Fundamenta essa ideia em Arendt (2005) quando diz que o trabalho é atividade humana que corresponde ao natural da existência do homem, uma ação que se dá entre os homens sem a mediação de coisas ou matéria, e corresponde à condição humana de pluralidade (p. 149). Esse vínculo resulta das imposições de ambos participantes a partir de sua presença e pertença que produzem *interferências*[14]. Essa imposição de presença leva Berenstein (2007) ao conceito de poder[15].

---

[14] O conceito de interferência aparece na obra de Berenstein (2001), quando se interroga com o leitor se a transferência é um fato novo ou apenas uma repetição e constata que nem tudo é transferência.
[15] Tema que desenvolverei em outro capítulo.

Quando Berenstein fala de *outro*, fala de relação intersubjetiva[16]. O termo *outro* é inerente à estrutura do vínculo, é entendido como sujeito dotado de semelhança, diferença e alheio. Sua marca é a presença que não significa que deva estar sempre ali, mas que esse alheio produz efeitos. Para ele não pode haver marca na ausência, sendo uma característica do outro fazer marca onde não há. O sujeito não tinha marca prévia à sua inclusão nesse "novo" vínculo.

Toda relação com o *outro* evoca algo da condição do trauma que é produzido por um excesso de quantidade a partir de um estímulo que não encontra um psiquismo em condições de transformá-lo. O trauma, o que está fora do registro do simbólico e imaginário – inacessível – excluído da cadeia significante e que retorna via compulsão à repetição, retorna como descarga, como algo que insiste pela magnitude do empuxo pulsional. A busca pelo repetitivo reprime a consideração pelo diferente. Em Berenstein (2004a) *o novo não é o traumático* (p. 35):

> A presença é a novidade onde não havia, não desestrutura o existente e sim suplementa o conjunto representacional que logo instituirá outra representação, acrescentando-lhe complexidade . . . fazer marca onde não há requer o mecanismo constitutivo da imposição. E outro provém de alteridade: o outro entre dois se constitui como uma presença alheia que incide fortemente no sujeito, de maneira tal que este não poderia desestimá-la e nem poderia ter sentido fora dessa ligadura com esse sujeito chamado outro. É um ponto de referência para ambos. (pp. 65, 93-95)

O LABIRINTO DA VIDA A DOIS

Quando falo do vínculo de casal, quero dizer que sua "execução" está comprometida pelo "dilema do labirinto". Esta é a tensão permanente entre repetição e novidade, endogamia e exogamia, natureza e cultura. O labirinto, como se sabe, é a obra de Dédalo, encomendada por Minos, rei de Creta, para encerrar o Minotauro. E para que serve o labirinto, obra da inteligência do engenho e da arte? O labirinto foi construído pelo escultor apolíneo Dédalo com o "claro" objetivo de confundir todos aqueles que, uma vez dentro dele, ousassem escapar. De acordo com Peter Pál Pelbart, em *Desrazão e loucura*,

> O labirinto era o símbolo do logos em seu deslizar para o semainein, isto é, da palavra que afirma para aquela outra palavra ambígua, polivalente, tortuosa e imbricada, que seduz e desnorteia aqueles que nela se embrenham, entregando-os à desrazão da qual o Minotauro é o símbolo maior. (p. 30)

---

[16] O intersubjetivo tem sentido a partir desse enlace e marca um "entre sujeitos". A dimensão intersubjetiva considera o psiquismo um sistema aberto que constitui uma unidade de funcionamento com o outro(s) do contexto intersubjetivo. Abarca os processos psíquicos que aparecem, desenvolvem-se, expressam-se, potencializam-se e desaparecem em função desse contexto.

O labirinto da vida a dois é, portanto, um emaranhado de possibilidades *borgianas* quase infinitas. O fio que nos conduz para a saída, se é que há saída, não é mais o da linearidade e continuidade de um percurso. A linha se dobra e não leva a lugar algum. Pela ausência de bússola, erramos demais dentro de becos sem saída. A orientação de antes não vale na mesma medida agora. Estamos em outro oceano, à deriva.

O homem e a mulher, nessa confusão da linguagem labiríntica, talvez possam compreender que nunca poderão mapeá-lo por completo, e seguirão explorando o labirinto da vida a dois sem descobrir ou explicar tudo. É muito mais fácil retroceder pelos corredores ramificados do que avançar, quando ainda não criamos algo próprio desse "novo" vínculo. Pegar a ponta do fio e retroceder pelo labirinto até o lugar de origem (família-vínculo consanguíneo) é mais seguro. Já que nos mantermos no caminho o tempo todo parece impossível.

Esses casais com os quais nos ocupamos na clínica, na atualidade, costumam ficar enredados por meio dos próprios esforços para escapar, como se estivessem no interior de um labirinto, com seus sistemas inextrincáveis de corredores de redentes a céu aberto. Nesse espaço a saída não é encontrada do interior, mas vista apenas de fora, de cima (já que o labirinto é a céu aberto). Nele encontram-se aprisionados pelo ciúme, pelo controle e zelo. Talvez alguém de fora possa ajudá-los a encontrar a saída, primeiro denunciando o que está acontecendo e depois dando condições para uma saída criativa.

Nosso trabalho não é o de simplificar o do clínico, mas complexizar. Trabalhamos com a dialógica de ordem e desordem; com a lógica da sexualidade e a lógica do poder, que são suplementares e não complementares, o que nos exige ferramentas conceituais diferentes, como nos aponta Berenstein (2004a, p. 125). Uma reorganização conceitual, teórica, que redireciona a técnica, que vai transformando, em cadeia nossa forma de trabalhar, e permite um avanço do pensamento e da ação ao reunir o que estava apartado, mutilado, no entendimento da análise de casais.

Para que o *sistema*[17]– *casal* – possa evoluir, precisa estar no limite do caos, as partes conectadas com a frouxidão suficiente para serem facilmente alteradas. Esse *sistema-casal* será sustentável se estiver em constante mudança, como todos os organismos vivos. O casal não pode ser considerado como composto por elementos claramente definíveis, identificáveis. Os *parlantes* se agitam, se dissociam, se indeterminam, sua identidade se desloca, se dissolve, muitas vezes sem localização fixa e inequívoca no tempo e no espaço. Estamos falando de *autopoiese*, a organização comum a todos os sistemas vivos. Isto é:

> Uma rede de processos de produção, nos quais a função de cada componente consiste em participar da produção ou da transformação de outros componentes da rede. Desse modo, toda rede, continuamente, produz a si mesma. Ela é produzida pelos seus componentes e, por sua vez, produz esses componentes, num sistema vivo. (Capra, 1996, p. 89)

Essa teoria da construção constante do casal é comparável com a teoria da expansão do universo, da formação das galáxias, onde o pilar físico da ordem cosmológica também explodiu. Somos enfim, poeira das estrelas.

---

[17] "Um sistema é um conjunto de unidades em inter-relações mútuas" (Morin, 2005b, p. 131).

A partir dessa perspectiva tomamos contato com a necessidade de atualização e de criar uma forma para se trabalhar com os casais. Mesmo que não tenhamos esgotado as possibilidades da modernidade, os casais se encontram, também, num outro momento. Incluímos questões chaves que abarcam a problemática pós-moderna, na tentativa de produzir algo que sustentasse, pelo menos provisoriamente, esse nosso fazer clínico. A experiência de tratamento precisa ser suficientemente rica para dar conta desta multiplicidade, da crise que acomete e atravessa os casais na contemporaneidade: crise da incerteza, da confusão de lugares, papéis, valores, questões ligadas ao corpo, afetividade, relações de poder, violência. Propomos um trabalho reflexivo acerca do vínculo, e isso implica o surgimento de sentimentos diferentes e novas significações são possíveis. Pretendemos[18]:

1) Que compreendam a fantasmática conjunta que se desdobra na transferência, e também (e fundamentalmente) os fantasmas que cada um põe em cena pela e na presença do outro.

2) Que o trabalho com um casal implique análise do que eles dizem, como dizem e o que fazem com o que dizem. O que supõem que dizem quando dizem e por que não podem pôr em palavras (quando não dizem) todos os problemas de comunicação. O "mal-entendido" de Berenstein e Puget[19] (1994).

3) Que no tratamento vincular o foco é o que ambos produzem juntos, no entre-dois.

4) Que a natureza está em processo. A relação dos casais está em constante processo. A vida a dois é uma aventura, aberta à disparidade, à diversidade do outro, cheia de encontros e desencontros, conflitos, relações de poder e imprevistos que precisam ser enfrentados pelo casal e que podem redefinir a relação.

5) Que a pretensão com os tratamentos é que o casal encontre uma saída na qual seja possível a significação de um espaço para a individualidade, um espaço para o casal e o outro para o familiar e o social.

6) Que busquem aceitação da autonomia do desejo do outro em cada encontro.

7) Que a relação seja marcada pelo desejo em lugar do gozo. Onde o outro não seja objeto de necessidade para a sobrevivência, mas escolhido como um objeto de prazer para construir uma vida em comum[20].

8) Que há muitos pontos de vista: ponto de vista único não existe.

9) Que compreendam que os acordos conscientes e inconscientes não são para sempre, que não servem para sempre e que nada é para sempre.

10) Que existem resistências de se vincular, mas também resistências por estar vinculado onde as ansiedades predominantes são de inexistência e enclausuramento. Resistência inerente ao vínculo, por questões narcísicas, pelos sujeitos estarem atravessados pelo vínculo.

---

[18] Não está incluído o trabalho que se faz com casais fusionados ou hiperdiscriminados; não há a pretensão de exaurir critérios de cura em tratamentos vinculares. Também não está mencionado que o final do tratamento pode ser o divórcio e nem questões importantes, nestes casos, como a presença de filhos.

[19] O "mal–entendido" de Berenstein e Puget é descrito e exemplificado no capítulo da discussão conjugal "Ligações amorosas & perigosas, remédio de um lado veneno de outro".

[20] Desejo não é uma forma sublimada de necessidade (Blanchot, 2001). A necessidade é uma carência que espera ser suprida; necessidade é satisfeita. O desejo que se pode chamar de metafísico é desejo que não pode ser satisfeito, é um desejo de rigorosa transcendência, que aponta para outrem e que faz dele um transcendente.

11) Que o vínculo de casal atual deriva do que fomos originalmente e também dos efeitos de presença.

12) Que constituem um vínculo[21] e o vínculo os constitui. E que esse vínculo não é ponto de ancoragem apenas, mas ponto de desestabilização.

13) Que são duas pessoas distintas e que há uma ligação entre elas que é o vínculo, uma construção conjunta, gerada pelo intercâmbio afetivo entre os membros que o compõem, que se constitui em um novo âmbito de produção de sentido. No casal se trata de um contexto de significação diferente do que cada um dos membros portava[22].

14) Que a presença do analista como analista vincular é algo novo a incorporar. O analista, desde seu lugar privilegiado, está implicado nisso.

15) Que o vínculo é novo para os sujeitos que o compõem (Bracchi, 2004). Isto é, clareza da dimensão intersubjetiva. Responsabilidade compartilhada.

16) Que a presença do outro convoca o desejo, mas também pode, muitas vezes, ser motor de sofrimento.

17) Ambos estão implicados ativamente e os sofrimentos são gerados e sustentados por ambos. Clareza da bidirecionalidade do vínculo.

18) Que "Quando o sujeito e o Outro se encontram, produz-se um efeito de verdade e, a partir disso, certas coisas se tornam dizíveis, pensáveis, transmissíveis, utilizáveis" (Graña, 2005, pp. 65-66).

19) Que "as diferenças interpostas entre eu e o outro não são um simples obstáculo", como diz Graña (2005), "mas ao contrário, o único meio de contato entre eu e o outro, o que possibilita a novidade, a não fusão e ao mesmo tempo, que se interpenetrem" (p. 111).

20) Que ". . . o encontro é sempre incompleto, faltoso e imprevisto . . . que possui virtudes terapêuticas por apontar ao país do "Outro" como campo proposicional . . . Os países do Outro são os do entre-dois" (Graña, 2005, pp. 65-66).

21) Que é impossível fazer algo com o outro sem alterar-se, sem desubjetivar-se para ressubjetivar-se. Que o outro me modifica e se modifica a partir do que fazemos juntos, pela presença, cuja parte inacessível chamamos de alheio e que excede o desejo.

22) Que o vincular é inerente a uma experiência com o outro e dá conta do encontro, do que emerge e deveria ser sempre renovado com a experiência vincular (Berenstein, 2007, p. 37).

23) Que "o amor há de ser considerado como um trabalho a realizar, não só pelo encontro do coincidente, senão pelo que produzem precisamente a partir do desencontro" (Berenstein, 2004b, p. 81).

O analista vincular deve possibilitar a abertura de caminhos para que o casal possa criar novas formas de convivência. A ação do analista não pode limitar-se sobre algo que já foi dito e feito, isso é, unicamente à noção de estrutura – *a intervenção vincular* abarca o que

---

[21] Liliana Bracchi (2004) e Berenstein (2004a) privilegiam e dão *status* à presença do outro real, como produtor contínuo de subjetividade. A subjetividade é concebida como uma construção constante na relação com o outro.

[22] Pode ser pensado como um terceiro termo simbolizante, produto da interação, que é gerador, por sua vez, dos sujeitos desse vínculo em particular (Krakow, 2004, p. 822).

Encontros & Desencontros

se produz ali, entre-dois. A historização acontecerá a partir de um fazer atual com novos significados de episódios anteriores. A partir de então, o casal encontrará um sentido e descobrirá a relação com as famílias de origem de cada um e será capaz de modificar-se a partir disso. A circularidade existe, mas aquilo que retorna nunca é o mesmo, pois as circunstâncias são outras. Pela convivência, colocam uma tinta, uma cor, naquilo que já existia e o casal não retorna ao que era antes.

Diante de uma situação de saturação e isolamento, deve-se tentar propor um novo pensar a conjugalidade. O modo de investigação deste "novo" modelo de viver junto será de início negativo: o que os modelos herdados das famílias de origem têm em comum, no que não coincidem e do que poderiam se desfazer, hoje. Nos esquemas herdados, a vida a dois jamais consegue ser ao mesmo tempo singular e imanente. Singular seria o que é próprio de cada um e daquele vínculo em especial. No vínculo com o outro há simultaneidade da lógica de um e de outro, do homem e da mulher, do velho e do novo. Na arte da vida a dois (imanência) há uma rigorosa simultaneidade de lógicas diferentes.

Utilizamos um tipo de intervenção, chamada de vincular (Spivacow, 2005) que aponta para a dimensão intersubjetiva. O analista não se dirige a um aparelho psíquico individual, mas ao *relato conjunto*[23], a este enunciado que toma sentido na relação com o outro e inclui a subjetividade do analista. A interpenetração do mundo de um com o mundo do outro, afetação recíproca, bidirecionalidade[24], ressonância, com a intenção de elaboração e mudança e com uma possibilidade infinita na forma de intervir.

A *interpretação vincular* é espiral dialética; comunica um pensamento; cria um sentido e postula uma significação e obrigatoriamente remete a um lugar desconhecido; de abertura para o *novo*. Deve surpreender, o efeito surpresa da intervenção cria um desequilíbrio no *sistema-casal* que faz vibrar toda sua rede de associações e os ajuda a saírem do círculo no qual se encontravam e se abrirem para a capacidade criativa. Como na espiral, que combina uma volta fechada com uma aberta e, desprendendo-se sem retornar ao ponto de partida, gerar outras possibilidades de simbolização, em que se criará algo inédito que tem a ver com futuro e não apenas repetição de algo conhecido, como uma potência aberta e indefinida de significar, transcendendo em direção a um sentido novo. A potência é ato da dobra, variação. Uma volta suplementar da espiral, uma fita que se curva num circuito irreversível. O analista interpreta e, a partir dessa escuta e intervenção, o casal renasce das associações, das combinações, demonstrando que o vínculo faz muito mais do que adições: ele integra, subjetiviza.

Uma ideia simples pode levar a uma complexa. Nossas ideias são imagens de nossas impressões. A realidade é sempre contaminada com o que nós não somos. Na sessão vincular o casal percebe que o argumento racional muitas vezes é instintivo. Que as impressões priorizam as ideias. Que um fala e o outro associa pela semelhança, contiguidade, causação e imaginação. Há outra forma de conexão e unidade entre as ideias de um e de outro pela força do enquadre e a subjetividade do analista. Começam a dar-se conta de que não sabem escutar e da dificuldade de colocar-se no lugar do outro, entender o contexto em

---

[23] A escuta do discurso dos diferentes sujeitos é feita em termos de um discurso único. Os sentidos se geram na cadeia na qual se vão articulando os significantes de cada membro da família. O conjunto discursivo é a configuração espaço-temporal de sentido. Este conceito foi descrito por Maria Cristina Rojas (1991, p. 153). Este conceito é explicitado no capítulo "Sonhos desde a perspectiva intersubjetiva".

[24] É a lei do funcionamento vincular em virtude da qual a atividade psíquica consciente e inconsciente depende da interfluência com o outro.

que se gerou o mal-entendido. Também a influência do hábito ou costume. O casal traz uma complexidade, muita informação. Com a escuta e a intervenção, podemos comprimir e tornar visível a conflitiva vincular.

O casal parte do mesmo lugar (enamoramento) e depois de lugares que não são exatamente iguais. O casal é imprevisível, é o resultado de muitos acontecimentos aleatórios. A postura mais sensata em determinados momentos é o silêncio ou deixar em suspenso o que é inatingível. Pensar no que não posso negar e ao mesmo tempo nem negar e nem afirmar, refletir sobre o impasse. Para que novas formas de convivência possam ser inventadas, já que o casal encontra-se em contínuo desenvolvimento. O analista não possui um modelo matemático para pensar a relação. Às vezes, nem mesmo o bom-senso é suficiente. Precisamos recorrer à arte, no sentido de criação.

Desde as entrevistas preliminares, vamos permitindo ao casal tomar consciência do seu eventual desejo de fazer uma psicanálise de casal. Escutando além de uma demanda manifesta, permitindo que o casal perceba uma demanda inconsciente ou pré-consciente que vamos acolhendo. É importante tomar nota de tudo que o casal disse, fez e tudo que o analista sentiu pelo fato de encontrar-se condensado neste início todo o processo do tratamento.

Muitos casais chegam falando em separação, mas a separação da qual falam não é a de direito, com o divórcio, mas o rompimento com formas antigas de relacionamento que não cabem mais no contexto atual. Falo da dialética winnicottiana de ruptura/reencontro em que o casal rompe com o que o cerca e que lhe dá a segurança do conhecido como a família de origem e necessita de um círculo maior – o da aliança (Graña, 2007, p. 181).

Neste momento encontram-se deprimidos e ocorre uma amnésia bastante generalizada que ataca principalmente as memórias boas (Izquierdo, 2004). O casal só lembra o que há de ruim na relação e esquece todas as pequenas coisas prazerosas e únicas que resultam dessa convivência. Ficam mais acessíveis as memórias de fatos desagradáveis ou ruins. Costumamos perguntar como se conheceram e o que gostavam um no outro, e, na sequência, o que pensam que os faz permanecerem juntos. Isto possibilita romper com o ciclo de reclamações mútuas e melhora esta amnésia para os fatos bons ou normais do cotidiano dos casais. Interrompemos, assim, o circuito de acusações mútuas que não permitem o pensar a conjugalidade, dizendo que assim vinham fazendo até então e que esta forma de relacionar-se já conhecem e não os levou a uma modificação construtiva. Insistimos na comunicação, no que tentam comunicar, no que foi entendido, no que provocam no outro com o que dizem, a forma como dizem, a comunicação não verbal.

Quando surgem afirmações na forma de convicções, em que afirmam, por exemplo: "Ele *nunca* aguarda eu terminar de falar! Ela *sempre* controla meus horários de chegada! Ele não me dá *nada* do que eu desejaria. Agora *tudo* virou motivo para ela brigar!", mostramos que dificilmente estas palavras usadas com o objetivo de manter uma continuidade que não existe na relação com o outro são totalmente verdadeiras ou precisas. Em um outro capítulo, chamado "Ligações amorosas & perigosas, veneno de um lado remédio de outro", aparecem mais detalhadamente estas questões e a discussão conjugal como uma forma do casal se manter vinculado e aprofundamos o entendimento do conceito de mal-entendido.

Os casais não compreendem o mundo intersubjetivo e necessitam que o analista mostre este mundo do *entre dois*. Se cada um deles consegue dar-se conta do que provoca no outro e no vínculo do qual fazem parte, poderão mostrar-se interessados em um tratamento

Encontros & Desencontros

de casal. Quando a *trama fantasmática*[25] do casal faz sentido para nós, analistas, e esse mundo que antes era invisível faz sentido para eles, podemos propor um tratamento de casal. Despertar esse desejo de querer fazer um tratamento vincular numa dupla que não sabe o que é isso, depende de nós, e desde as entrevistas iniciais (Quinodoz, 2002).

Para tanto, nossa tarefa, já nas entrevistas preliminares, é identificar e diferenciar os significantes correspondentes do mundo *intrasubjetivo, intersubjetivo* e *transubjetivo*[26], tarefa que nem sempre é tão simples, já que esses espaços se confundem e podem se superpor. O nosso desafio é perceber como aparece o material referente a esses espaços psíquicos e outorgar-lhe um significado peculiar do espaço dado, saber qual é o sofrimento do casal, se provém de um conflito interno de cada um do par, se vem do mundo relacional – o entre dois – ou do mundo social. O enquadre vincular possibilita uma melhor visualização do material que provém do mundo das relações de objeto, onde têm lugar a identificação e a projeção do material que provém do mundo dos vínculos entre os sujeitos, em que prevalecem os efeitos de presença e da imposição de presença (Berenstein, 2007, pp. 18-37). A imposição se relaciona com o poder, tema que está desenvolvido em outro capítulo chamado "A dinâmica das relações de poder na conjugalidade".

O analista está frente a um recorte do psiquismo diferente do que oferece o enquadre individual, tem acesso de forma privilegiada aos funcionamentos em que ambos estão implicados ativamente e aos sofrimentos gerados e sustentados por ambos, o que significa análise das alianças, conluios, acordos e pactos inconscientes, análise da transferência entre o casal (embora outros tipos de transferência estejam presentes), das interferências, pois o vínculo amoroso é tanto uma reedição da vida infantil como um encontro inédito, sem antecedentes, da ordem do acontecimento, e também do transmitido através das gerações[27].

Auxiliamos na compreensão de que o casal está em construção contínua e que não há um ideal a ser atingido, uma meta para se alcançar. A conversa entre os amantes deve fazer rir, provocar desejos, inveja. O casal precisa aprender a utilizar todos os recursos discursivos e tornar-se, na mão deles, corpo erótico a atrair a atenção sobre si mesmo. "Pois o diálogo dá acesso ao ser-aí heideggeriano, lugar em que o ser se manifesta" (Schüler, 1994, pp. 106-110).

Gostaríamos que fosse mais simples analisar os casais, menos complexo o viver a dois, portanto o que pretenderíamos, certamente, não são afirmações, mas questões, às quais não é possível responder. É preciso deixá-las em suspenso, lá onde elas se colocam, sabendo que apenas essa possibilidade as remete para um pensamento futuro (Foucault, 1966/2007, p. 535).

---

[25] A trama fantasmática, segundo Silvia Gomel (1996), é uma rede tramada na interdiscursividade, uma combinatória anônima na qual se enlaçam o singular e o transgeracional.

[26] Intersubjetivo se constitui com as representações inconscientes dos setores compartilhados de cada eu e com o lugar onde se representa a alheidade, isto é, o não compartilhado do outro. A transubjetividade se constitui com os significantes do sociocultural que atravessam as subjetividades e os vínculos (Berenstein *et al.*, 1991, p. 42).

[27] Temática desenvolvida no livro *Transmissão transgeracional e a clínica*" (2006), no qual colaboro com dois capítulos. Para aprofundar a noção de intervenção vincular como correlato técnico da noção de vínculo, ler o artigo de Spivacow (2007, p. 19).

O PAPEL CONSTRUTIVO DA DESORDEM

Pretendemos salientar a ideia de construção única e constante de cada casal, onde a fronteira nítida entre um e outro vai gradativamente desaparecendo e, aos poucos, aparecendo o *entre dois,* esse território em que, ao invés da linearidade encontramos dobras infinitas e imprevisíveis onde a *consiliência*[28] está implícita. Entendendo que *entre* é uma relação, um estado intermediário, um meio, essa zona onde ambos se modificam desde o que produzem juntos (Berenstein, 2004a, p. 171).

O "novo" casal não é considerado mais uma extensão da família de origem, é uma *fábrica de poemas.* Uma tapeçaria que é tecida com fios extremamente diversos, e arte, no sentido de fazer. Usamos o mesmo tear para a construção do vínculo e para a criação artística. O importante é o exercício de produção do acontecimento, a própria expressão. A construção da vida a dois nunca está acabada, mas sempre incompleta, fissurada, fendida. É a emergência e articulação de novos modelos da ciência, que atinge tanto o campo da filosofia, da comunicação, das artes, da literatura e da psicanálise.

Acreditávamos que a organização dependia pura e simplesmente da ordem. Hoje sabemos o papel construtivo da desordem. A trama da vida a dois não é linear, mas multissequencial. A linguagem não é clara, é ambígua. Para comunicarmos e não comunicarmos. Ordem e desordem são vistas pelos casais como opostas, quando discutindo, em conflito, com sérios problemas e risco de separação. Como já disse Morin (2005b):

> O universo não é somente construído apenas da desordem, ele também é construído na e pela desordem, quer dizer, na e pela catástrofe original e as rupturas que se seguiram, no e pelo desdobramento desordenado de calor, nas e pelas turbulências, nas e pelas desigualdades de processo que comandam toda materialização, toda diversificação, toda interação, toda organização. A desordem está em ação e por toda parte. Ela permite (flutuações), alimenta (encontros) a constituição e o desenvolvimento dos fenômenos organizados. Ela coorganiza e desorganiza alternadamente e ao mesmo tempo. Todo devir está marcado pela desordem: rupturas, cismas, desvios que são condições de criações, nascimentos, morfogêneses. (p. 99)

Viver a dois é imprevisível, turbulento, fragmentado, descontínuo e provoca rupturas diárias. O outro, pela simples presença, produz um redirecionamento, um deslocamento (Puget, 2004). A forma mais estrutural de trabalhar nos limitava; começamos a estudar, por uma exigência da clínica, autores como Foucault, Barthes, Badiou, Morin. Berenstein, acompanhando o pensamento científico de seu tempo, passou de um modelo psicanalítico estrutural, ainda influenciado fortemente por Lévi-Strauss, a um modelo que trabalhava com a análise estrutural, mas que introduzia o *acontecimento*; o que chamamos hoje de pós-estruturalismo, uma espécie de retorno do pensamento fenomenológico reposicionado. A ordem do fenomenal, do vivencial, se enlaça então com o discurso-significante.

---

[28] As fronteiras disciplinares dentre as ciências naturais estão desaparecendo, para serem substituídas por domínios híbridos mutáveis, nos quais a consiliência está implícita.

O estruturalismo fez um esforço sistemático para eliminar o acontecimento, que suplementa, introduz uma destotalização, está mais além do todo sobredeterminado; opera numa relação binária. Foucault expressa bem esta passagem quando diz que uma geração ficou durante muito tempo num impasse entre aquilo que é pensável – a estrutura (um conjunto de lugares) – e o acontecimento, que seria o lugar do irracional, do impensável. O sujeito estava concebido por uma probabilidade estrutural, mas ele é da ordem do imprevisível, do experiencial. Em Berenstein, este período de transição ocorreu de 1997, quando publica *Vínculo familiar – Fatos, sucessos e acontecimentos*, até 2001, ano da publicação de *El sujeto, y el otro*, em que aparece mais fortemente a influência de Badiou e Foucault, denominada muitas vezes "Clínica do acontecimento". Berenstein passou a trabalhar com um modelo mais próximo da complexidade; esta maneira de pensar as configurações vinculares aparece consolidada no seu livro *Devenir otro con otro(s): Ajenidad, presencia, interferencia* (2004).

Acompanhem o conceito de novidade e de acontecimento, conforme propostos por Berenstein (2004a) e outros autores[29] e poetas que o antecederam nesta formulação:

> A novidade, que logo chamaremos acontecimento, é aquilo que não tem lugar, não estando como predisposição, não estando como potência, no entanto se apresenta e a estrutura há de fazer-lhe um lugar que não tinha previamente e, a partir disso, há de modificar-se ela e a significação. (Berenstein, 2004a, p. 70)

Já Mário de Andrade (1993), quando descreve as anomalias da sociedade paulistana, diz que:

> Se você já teve por acaso na vida um acontecimento forte, imprevisto (já teve naturalmente) recorde-se do tumulto desordenado das muitas ideias que nesse momento lhe tumultuaram o cérebro. Essas ideias, reduzidas ao mínimo telegráfico da palavra, não se continuavam, porque não faziam parte de frase alguma, não tinham resposta, solução, continuidade. Vibravam, ressoavam, amontoavam-se, sobrepunham-se. Sem ligação, sem concordância aparente – embora nascidas do mesmo acontecimento – formavam, pela sucessão rapidíssima, verdadeiras simultaneidades, verdadeiras harmonias acompanhando a melodia enérgica e larga do acontecimento. (p. 70)

Morin (2005b) afirmará que o acontecimento, excomungado da ciência clássica, entra pela porta da frente, já que o mundo nasce do acontecimento:

> Não se trata mais de obedecer a um princípio de ordem (eliminando a desordem), de claridade (eliminando o obscuro), de distinção (eliminando as aderências, as participações e as

---

[29] Gilles Deleuze (2003), na sua *Lógica do sentido*, observa que: "O acontecimento não é o que acontece (acidente), ele é no que acontece o puro expresso que nos dá sinal e nos espera . . . ele é o que deve ser compreendido, o que deve ser querido, o que deve ser representado no que acontece. . . . O brilho do acontecimento é o sentido. . . . Querer capturar o acontecimento: tornar-se filho de seus próprios acontecimentos e por aí renascer, refazer a si mesmo um nascimento, romper com seu nascimento de carne. Filho de seus acontecimentos e não mais de suas obras, pois a própria obra não é produzida senão pelo filho do acontecimento".

comunicações), ou seja, obedecer a um princípio que leva a ciência à simplificação lógica. Trata-se, ao contrário, de ligar o que estava separado através de um princípio de complexidade. (p. 37)

Edgar Morin (1996) propôs que o devir cósmico é cascata de acontecimentos e este caráter repercute em todas as coisas organizadas, astro, ser vivo, tem em sua origem e seu fim algo de factual: " daí a necessidade do princípio da complexidade, que em vez de excluir o acontecimento, o inclui". Diz ainda que para que o acontecimento, novidade tenha lugar na mente ou no vínculo, tem que haver uma mudança de significação e não só uma ampliação. "No acontecimento não há repetição – falta significação – é uma suplementação" (Morin, 1996, p. 21).

Portanto não se trata de excluir a noção de estrutura, continuamos utilizando o conceito de *Estrutura familiar inconsciente*[30] e todas as suas produções como indícios do seu funcionamento, os *parâmetros definitórios do casal*[31] e as modalidades de funcionamento vincular, defesas. Trata-se de ligar a estrutura ao acontecimento e tornar ainda mais complexa, nossa forma de pensar o casal.

---

[30] Estrutura familiar inconsciente (EFI) é a matriz simbólica que dá significado às relações familiares. O significado é estruturado e abarca, em um conjunto articulado, tanto os vínculos de parentesco como os lugares, cada um dos quais com suas denominações específicas. E nela cada sujeito, por sua vez, é significado e nomeado. A EFI sustenta essas identificações e lugares e os eus dentro desses lugares. É o espaço virtual, imutável e inerente à condição do inconsciente. (Berenstein *et al.*, 1991; Berenstein & Puget, 1997). Trabalho mais detidamente este conceito no capítulo "Sonhos desde a perspectiva intersubjetiva".

[31] Para Berenstein e Puget (1994) os parâmetros definitórios do casal designam o tipo de estabilidade baseada em uma unidade temporal e espacial caracterizada pelos intercâmbios diários comunicativos e emocionais. Comento cada um deles no capítulo próximo.

CONDENADO A SER APENAS UM: AS DISTÂNCIAS E AS AUSÊNCIAS NA VIDA A DOIS

Você estava longe,
então
Por que voltou
Seus olhos de verão
Que não vão entender?

(Samuel Rosa, "Três lados")

Ela entrou e eu estava ali
Ou será que fui eu que ali entrei
Sem sequer pedir
A menor licença?

Ela me olhou – Quem?
Quem sabe com ela eu teria as tardes
Que sempre me passaram
Como imagens, como invenção!

(Samuel Rosa e Nando Reis, "Ali")

As distâncias entre os sujeitos que coabitam é uma dificuldade com a qual tenho entrado em contato frequentemente no trabalho clínico. Não me refiro à realidade de casais em litígio, separados de direito, mas àqueles nos quais a transubjetividade invade o espaço do *entre dois*. Situações em que um dos cônjuges trabalha em turnos alternados, tornando difícil manterem uma rotina como a dos casais comuns; ou casais em que um dos cônjuges viaja constantemente em função do trabalho, ou quando um é promovido e precisa morar em local distante.

Quero falar sobre as distâncias e as ausências na vida a dois, quando a dupla se encontra dividida, dilacerada. A distância não é o contrário de proximidade, mas está fundamentalmente em conformidade com ela. A noção de dilaceramento pode ser formulada como um sentimento existencial de aflição diante de uma situação (ou tipo de vida) na qual o sujeito é solicitado a submeter-se a ordens contrárias. Refiro-me a viver e não viver junto, concomitantemente. Viver junto sem estar junto em determinados momentos e viver separado sem estar separado de fato. Sem os ritmos das refeições comuns, do sonho compartilhado, da ocasião de encontro no café da manhã, convivência diária. Condenados a fazerem refeições na cela, solitários, no contexto ascético. Praticar o jejum, pela supressão das refeições, das relações sexuais. Verdadeiras greves de fome, de carícias, por vários dias. Antes a mesa rica, farta, cada um pegava o que queria. Agora o jejuar da presença do outro, "a mesa repleta de ausências"[1] (Carpinejar, 2003, p. 56). Não falo aqui em privação total da presença do outro, da comida, mas de ficar sempre com um pouco de fome. E depois se empanturrar em raros intervalos, numa abstinência gulosa. Alternância desordenada da presença do outro, provocando ritmos que condenam e constrangem. Situações em que quando o marido sai a mulher estranha e, quando chega, estranha igualmente, por ser obrigada a levar o dia a dia sem ele. Não sabem o que fazer com a ausência e nem com a presença, nem uma e nem outra satisfaz.

Barthes, no seu livro *Roland Barthes por Roland Barthes* (2003b), ressalta a importância da presença do amado e as implicações da sua ausência para o sujeito e o vínculo. Trabalha com esta temática por meio de situações em que o casal se afasta ou se priva do alimento. A ausência como figura de privação. Para este autor, um modo de afastar a comida é não ganhando: se o parceiro não está perto não ganho o alimento/afeto do qual necessito. Quando o parceiro chega posso apenas deixar a comida chegar, apenas deixando-o vir, mas não sentindo sua chegada como restituição do momento perdido. Em alguns casais se observa a prática da mendicância de alimento: pedir e receber (donativos em espécie/donativos em dinheiro), esmolas de comida, de amor; ou sigo negando o alimento/carinho, não pedindo e não olhando (Barthes, 2003b, pp. 187-201).

São operações de anulação não apenas do alimento, mas também de sua solicitação. Refiro-me à analogia entre alimento e afeto, dar e receber alimento como sinônimo de dar e receber afeto. O ritmo das distâncias – um ritmo mortificador que supre o alimento. O ritmo das ausências – um ritmo neutro que ausenta o alimento, visando torná-lo transparente, insignificante, não afetivo. Barthes (2003b), referindo-se a Winnicott, afirma:

> O outro me arrebata: é o estremecimento de um fazer futuro, algo como um apetite. Esse desejo mexe com todo o quadro imóvel das distâncias. A ausência por poucas horas significa salivação, ilusão. . . . A presença do sujeito amado provoca um estremecimento físico e se revezam palavras "queridas", como palavras "favoráveis" (no sentido mágico do termo). São palavras "transicionais", análogas a essas pontas de travesseiros, a esses cantos de lençol que a criança chupa com obstinação. Como para a criança, essas palavras "queridas" fazem parte da área de jogo, e no fundo, uma espécie de ausência do objeto, do sentido que elas colocam em cena. (p. 147)

---

[1] A ideia original encontra-se no poema "A mesa", de Carlos Drummond de Andrade, em sua *Antologia poética*. Escreve: "Agora a mesa repleta" (p. 113).

Cardápio do homem solitário

Aqui utilizarei Barthes e Lévi-Strauss para dar substância a uma situação que encontro na clínica. Um casal jovem e recém-casado. Ela se encarrega com atenção, cuidado e prazer de todas as refeições do marido. Comidas saudáveis, nutritivas, quitutes, mimosuras. Ele é promovido e precisa morar em outra cidade. Imagino, imediatamente, o cardápio deste homem, sozinho, numa cidade qualquer do interior:

1) Refeições em maus restaurantes do bairro.

2) A comida toda denotando decadência, o estado de abandono.

3) Cólicas intestinais, dores de barriga, falta de chá.

4) Potes de comida congelada e etiquetada no *freezer*.

5) Ímãs de geladeira com todos os serviços de tele-entrega.

Barthes (2003) fala da comunhão como a ingestão comum de alimento simbólico. Comunhão de rito de inclusão, de integração, de imitação. A convivência como encontro, a refeição como uma cena erótica na qual ocorrem as coisas, conversa-se, apreciam-se as curiosidades, as delícias. Afasta-se a comida, afasta-se também o prazer, o prazer da comida associada à vida: ao vital (biológico)[2] (Barthes, 2003b, p. 214). Tanto um autor como o outro dizem do horror de comer sozinho. Da maldição do solteiro (Barthes, 2003b, p. 213). Da solidão, em essência, do homem que, casado, vive distante da pessoa amada. Lévi-Strauss (1982):

. . . uma das impressões mais profundas que guardamos de nossas primeiras experiências numa aldeia indígena, do Brasil Central, é a de um jovem acocorado horas inteiras no canto de uma cabana, sombrio, mal cuidado, terrivelmente magro e, ao que parecia, no estado de mais completa abjeção. Observamo-lo vários dias seguidamente. Raramente saía, exceto para caçar, solitário, e quando em redor das fogueiras começavam as refeições familiares, teria quase sempre jejuado se uma vez ou outra um parente não colocasse a seu lado um pouco de alimento, que ele absorvia em silêncio. Quando intrigados com esse singular destino perguntamos finalmente quem era este personagem, a quem atribuíamos alguma grave doença, responderam-nos rindo de nossas suposições; "é um solteiro". Tal era, com efeito, a única razão dessa aparente maldição. A mesma experiência renovou-se frequentemente desde então. O solteiro, miserável, privado de alimento nos dias em que, depois de infelizes expedições de caça ou de pesca, o menu limitava-se aos frutos da colheita e da apanha; as vezes da jardinagens, femininos, é um espetáculo característico da sociedade indígena.

Lévi-Strauss (1982) descreve, muito bem, o circuito de intercâmbio do comer e do beber, como atos conjuntos nos quais intervêm pelo menos dois. Utilizo esta analogia para falar do que acontece com pessoas divorciadas ou viúvas, quando esses atos são

---

[2] Os dois autores dizem que nascer de novo é igual a comer outro alimento; assimilação de outra substância para o crescimento: o leite materno dado ao bebê.

desinvestidos, tornando-se apenas incorporação, próximas ao biológico. Outros pensadores se utilizaram desse autor para falarem da dificuldade de comer e beber sozinho. Berenstein e Puget no seu livro *Psicanálise do casal* (1994, p. 65) e também Carlos Drummond de Andrade no poema "A mesa" (2005, p. 115), afirmam a necessidade de compartilhar o alimento/afeto em ocasiões especiais. Diz Drummond: "Como pode nossa festa ser de um só que não de dois?"

ESSE ESTRANGEIRO COMPANHEIRO DE QUARTO

Um casal discutia sempre antes da viagem do marido. Ele costumava demorar muito para arrumar as malas e se estendia noite adentro nesta tarefa. O casal não dormia. Ambos se angustiavam com a partida. Segue um fragmento de sessão:

Ele: Pela condição do meu trabalho, entro em contato com mulheres bem vestidas e bonitas, mas olho discretamente. Eu acho ela (sua esposa) bem atraente. Quando chego em casa quero tomar chimarrão, sinto atração por ela. Ela muitas vezes sente-se cansada e só no segundo dia quer namorar. Sinto muita falta do carinho e atenção dela e me sinto frustrado se retorno para casa e ela não quer tomar chimarrão comigo.

Ela: Ele não entende que tenho minhas coisas para fazer. Acha que tenho que ficar só em roda dele quando chega. Se alguma coisa não acontece como ele quer, já se emburra. De noite, depois do jantar, eu quero que ele fique comigo no sofá assistindo tv. Ele, ao invés de ficar comigo, vai lavar a louça.

Ele: Sempre gostei de lavar, eu relaxo, é uma forma de participar.

Ela: Mas eu gostaria que ele ficasse comigo assistindo ao filme. Às vezes as crianças estão querendo ver com ele algum programa e ele fica organizando a cozinha.

Ele: Eu não gosto de deixar a pia cheia, gosto de arrumar tudo primeiro.

Ela: Mas a gente sempre faz isso no dia seguinte senão fica tarde e dá sono. O que me chateia é ele não perceber que é mais importante ficar com a gente. A louça eu lavo no outro dia bem cedinho. A gente faz assim quando ele não está. Quando ele chega tem que ser tudo de outro jeito, do jeito dele. A gente tem que aceitar que ele não pode estar conosco em determinadas datas, festas, reuniões. Tudo gira em torno do trabalho dele, dos turnos que ele está cobrindo. Estou cansada desta instabilidade de a gente ter que agir diferente quando ele chega.

Ele: Ela está sempre reclamando dizendo que do jeito que eu fiz está errado, com ciúmes e desconfiança. Eu procuro ajudar quando não estou no serviço: eu lavo a louça, levo e busco as crianças no colégio, no dentista, essas coisas... Vou no supermercado, no banco.

Ela: Ele sempre chega atrasado com as crianças na escola e isso eu não aceito. Também não gosto se ele resolve comprar um produto diferente só para economizar. Se não pode comprar o que eu gosto ou usamos habitualmente eu prefiro que não vá ao supermercado. Sou sempre eu que faço as compras mesmo. Quando ele não está, fico sobrecarregada e, quando ele chega, fico estressada com essas coisas.

Um ritmo de cotidianidade acontece na ausência do marido e outro se impõe quando da sua chegada. Cada um sente a presença do outro como quebra dessa cotidianidade e percebe o parceiro como estranho. Aparece uma imposição de vontade, de um jeito de fazer que entraria no campo das relações de poder, tema desenvolvido em outro capítulo. Um não encontra o outro da mesma maneira como o deixou e não sabe o que se passou com o outro durante a ausência. Na chegada, encontram com o desconhecido e precisam fazer algo com esse desconhecido. Esse algo é o vínculo, pois onde há coincidência não há necessidade de trabalho vincular. E essa experiência do *entre dois*[3] é fugaz, aparece e desaparece.

Para haver o encontro amoroso precisa haver o reconhecimento do outro como sendo uma pessoa autônoma e diferente de si mesmo. O sujeito precisa reconhecer o outro na diferença e singularidade, que são os atributos da alteridade. Alteridade, assim como conceitua Berenstein (2004b, p. 76), deriva de alter: o outro entre dois. O outro em uma relação produz uma perturbação, um transtorno, provoca uma inquietude ao propor uma mudança no sentido de identidade do eu.

Em Barthes (1990) "a imagem está corrompida, porque aquele que vejo é de repente um outro, um estranho". Diz ainda,

vejo bem o outro como tal – vejo o tal do outro – mas no terreno do sentimento amoroso esse tal me é doloroso, porque nos separa e porque, mais uma vez, me recuso a reconhecer a divisão da nossa imagem, a alteridade do outro. (p. 188)

Neste fragmento clínico, o marido vive em eterno estado de partida, de viagem, ele é, por vocação, migrador e a esposa é sedentária, gostaria de ficar imóvel. "A ausência amorosa só tem um sentido, e só pode ser dita a partir de quem fica – e não de quem parte" (Barthes, 1990, pp. 20-27).

Historicamente, o discurso da ausência é sustentado pela Mulher: a mulher é sedentária. O Homem é caçador, viajante; a Mulher é fiel (ela espera), o homem é conquistador (navega e aborda). É a mulher que dá forma à ausência: ela tece e ela canta . . . (Barthes, 1990, p. 27)

A identidade sexual se define e se sustenta no encontro com o outro. Precisamos de "um outro" que nos afirme continuamente. Quando falamos de "outro" falamos de alguém específico. Que altera nossa identidade, ativa ou desativa, potencializa ou apaga identificações (Spivacow & Brengio, 1997). Aquele que não corresponde a especialidade do meu

---

[3] É o que produzem juntos, o meio de contato entre um e o outro que possibilita a novidade e que se interpenetrem.

desejo é qualquer um na multidão, e multidão e solidão aparecem como termos iguais, entendendo solidão como falência do ideal do vínculo.

O capítulo anterior referendou a experiência de não coincidência da expectativa do outro, da diferença e do desencontro. A vida a dois como aceitação da disparidade e da diversidade do outro. Há sempre algo que excede, que não se alcança e que faz do outro um estranho, um estrangeiro companheiro de quarto.

Tomo de empréstimo a palavra de Blanchot (2001, pp. 16-19) para tentar descrever a ausência do objeto de desejo e do silêncio que desdenha, que chega como uma recusa, ou como uma estranheza pela chegada de um outro qualquer, que não corresponde ao imaginado e esperado por mim e que me faz ficar mudo e não encontrar nada para dizer. E situações em que um precisa falar muito, sem interrupção, como uma tentativa de manter a continuidade mesmo o outro estando ausente. Momentos em que contamos tudo o que fizemos, por telefone, por e-mail, nos mínimos detalhes, recuperando o calendário com todos os horários do dia, de meia em meia hora, das sete horas da manhã até a hora de dormir, com todos os pensamentos pensados até o adormecer; para deixar claro, certificado, que o outro estava presente até o cerrar dos olhos e negar a falta. Fazer o outro presente na ausência, para sobreviver ou impedir que meu amante se transforme em meu amigo, muito mais assíduo, mas também muito mais desinteressado que um amante.

Em casais com esse tipo de rotina, quando o outro não está presente, perde-se o momento de contar "tudinho como acontece", com a excitação devida. E que, muitas vezes, quando o amado retorna, os fatos perderam a urgência, a graça, ficaram neutros, sem gosto e muitos sinais se perderam, se desgastaram com o tempo, como pegadas gastas na areia que não retornam ao lugar de partida. A palavra é menos exata, propõe algo, mas não comunica. O outro se sente culpado por não estar ali para escutar e, por fim, sente-se traído, excluído dos fatos, das cenas tão queridas do dia a dia. Um paciente comenta que ao chegar de uma viagem de negócios, a esposa costuma deitar a cabeça no seu peito à noite e falar, estimulada por ele, sem parar, por um longo período. O paciente costuma dizer: "Conta que eu quero ficar a par de tudo que ocorreu com vocês na minha ausência".

Como não sabem como viver a dois no constrangimento das distâncias, *colam* a um ideal do que deveria ser um bom casal, sem refletir. Não fazem uma representação de como deveria ser viver juntos, *colam* à ideia de como é viver, às famílias de origem, dando uma ideia de continuidade.

QUARTO DE CASAL — O LUGAR TOTAL

O quarto é o espaço da casa tido como individual. Isola-se da casa, espaço fechado, lugar de fantasias, na medida em que é protegido, subtraído à vigilância, símbolo de abrigo[4]. O quarto é o espaço de privacidade do casal, onde cada sujeito é dominante em seu espaço. A noção de território procura dar conta da oposição: público/privado podendo haver círculos concêntricos, isto é, um território dentro de outro território como, por exemplo: casa – quarto – leito (Barthes, 2003a, pp. 102-112).

---

[4] O quarto para o adolescente é o limiar da iniciação. Ter um quarto só seu configura símbolo de uma retomada de identidade, liberdade. A briga pelo quarto é igual à briga pela liberdade.

A lareira do quarto se reabastece do valor narcísico inicial. É um momento no qual o que conta são as sensações corporais. O calor do corpo da mãe. Uma gratificação narcísica que realimenta o vínculo. "É no calor da ninhada amontoada sob a mãe que se estabelece a relação afetiva, o laço que continuará depois da infância e, entre os humanos, até a idade adulta e mesmo senil" (Morin, 2005a, p. 52).

Sabemos que as altas temperaturas correspondem ao que é explosivo, mas também ao que é criador. Estar perto incendeia, a distância produz um esfriamento que corresponde a solidificações, cristalizações. Nesses casais condenados às distâncias falta a dialética caprichosa, complexa e desigual do quente e frio, próximo e distante.

MICROESPAÇO DA CAMA

Gostaria de falar, ainda, do espaço do casal, dos objetos que podemos atingir com um gesto, com o braço, quando às cegas. Espaço privilegiado do sono, do trabalho sedentário em casa, do "gesto imediato", como coloca Barthes (2003a, pp. 218-219). O espaço habitado afetivamente, "o ninho: alguns decímetros quadrados em volta dele" (Barthes, 2003a, p. 230) o cheirinho dela, o pé gelado, o ressonar. O livro dele, os óculos, objetos-centro com os quais o sujeito tende a se identificar. A lareira, o fogo, o calor, a lâmpada, o abajur aceso... ele lendo, lendo meus pensamentos, lendo para mim, lendo na minha presença, lendo ao lado, ele aceso dentro de mim.

Alguns objetos tocados pelo amado tornam-se parte desse corpo e o sujeito se liga a ele apaixonadamente (Barthes, 1990, p. 155).

O ninho, como toda imagem de repouso, de tranquilidade, lugar reduzido onde gostaríamos de encolher, aconchegar, ficar quieto, onde tudo acontece com toques simples, delicados e doces. Com o ninho, como observa Bachelard (2005), imagens primordiais:

Para o pássaro, o ninho é indiscutivelmente uma cálida e doce morada. É uma casa de vida: continua a envolver o pássaro que sai do ovo. Para este, o ninho é uma penugem externa antes que a pele nua encontre sua penugem corporal. (p. 105)

Se o parceiro está ausente, o outro está aprisionado de um lado da cama, vivendo uma exclusão forçada. O outro está fora do círculo, da zona de contato. Está onde não posso abraçar. "Levando em conta que na experiência do abraço a mãe está funcionando como um lugar, o filho a habita, aloja-se, no ato do estreitamento mútuo" (Rodulfo, 2004, p. 60). Encontrar é tornear, quase exatamente a mesma palavra que diz "dar a volta em", girar, indica movimento circular, e circular é envolver, rodear. É um movimento melódico. Complementarei com Baudelaire:

> lá onde o olhar alcança
> lá onde a gente leva, esconde
> lá onde alcançamos, tocamos.
>
> (Barthes, 2003a, p. 219)

Encontros & Desencontros

> sobre a cama está deitado o Ídolo;
> o soberano dos sonhos.

(Baudelaire, 1995)

A cama, território comum: espaço apropriado, defendido contra intrusões, onde o parceiro é dono, espaço ligado a funções recorrentes em termos humanos – hábitos, espaço do imaginário.

A antiga visão determinista do mundo era como uma visão de um mundo de gelo e não de fogo. O calor está ligado à criação do mundo e do *entre dois*. O calor, ardente e irradiante faz com que tudo se espiche, boceje, se coloque em movimento, mergulhe no devir. O calor da cama, entre os lençóis, pela proximidade dos corpos que permite que o casal se encaixe, encharque de desordens, surja no caos, entre em trabalho de parto. O ponto de combustão que o casal atinge tem a ver com a frequência do encontro que permite o descongelamento do afeto e o tempo necessário para a intimidade.

A casa, o quarto do casal, a cama – um bem – e só possuímos tal bem quando ele está de tal forma à nossa disposição que podemos usufruir dele quando queremos.

Os parâmetros definitórios do casal no constrangimento das distâncias

Qual a distância crítica, a distância ótima para o fluir da erogenidade? As regras da vida a dois são um sistema de hábitos com aparência de simples costume. O costume de uma mesa para dois, de uma cama para dois. Uma tensão entre hábito e novidade. É um hábito ele ou ela estarem ausentes? É uma novidade sua volta ou sua chegada? Qual a linha de divisão entre a regra e o regulamento? Todo costume seria uma forma disfarçada de lei? Como manter os parâmetros definitórios do casal (Berenstein & Puget, 1994) no constrangimento das distâncias? O territorializado pode se desterritorializar? A saber, os parâmetros são:

1) cotidianidade;
2) projeto vital compartilhado;
3) relações sexuais;
4) tendência monogâmica.

Para Berenstein e Puget (1994), os parâmetros definitórios do casal designam o tipo de estabilidade baseada em uma unidade temporal e espacial caracterizada pelos intercâmbios diários comunicativos e emocionais. Ao redor dos parâmetros definitórios, estabelecem-se os acordos e os pactos inconscientes. O *acordo inconsciente* seria o resultado de um tipo de combinação entre aqueles aspectos compartilháveis dos espaços mentais dos cônjuges com tendência a unificar os funcionamentos. O acordo seria uma apropriação mútua e compartilhada vincular de aspectos de cada *ego* através do mecanismo de identificação.

O *pacto* poderia reforçar um acordo, mas, normalmente, provém dos espaços mentais incompartilháveis de cada um e obriga a concessões.

A seguir comentarei particularmente cada um dos parâmetros, sob o aspecto da distância e da ausência.

COTIDIANIDADE

A cotidianidade é representada pelos lugares estáveis em que os cônjuges se sentam à mesa, ocupam na cama, no armário, no carro, em qualquer espaço. Este espaço é a projeção daquelas relações já estabelecidas ou simbolizadas que não precisam se redefinir dia após dia.

O espaço cotidiano é um organizador dos ritmos de encontros e desencontros, daquilo que é compartilhado e não compartilhado pelo casal. A cotidianidade ativa modalidades primárias de relação e provém de marcas impressas no sujeito que se incorporam à sua identidade. Um dos parceiros diz, por exemplo: "eu gosto de dormir e levantar cedo", "eu gosto de tomar café escutando as notícias no rádio"; o modo de ser de cada um está feito em cima dessas afirmações que formam sua identidade. Se o cotidiano se altera, o sujeito também se altera. Por isso, a saída de um deles para trabalhar em turnos alternados ou para morar em outro município afeta, sensivelmente, esta cotidianidade, que é um dos parâmetros que define o casal e esta relação, e cada um dos sujeitos que a compõem. Se, por um lado, esta ausência livra o casal da inevitável deterioração que produz a convivência cotidiana, com seus desencontros, relações de poder e confrontações narcísicas, a alteração da cotidianidade é vivenciada, na maioria das vezes, como perda do reasseguramento por ele fornecido e pode remeter a reações angustiantes e sensação de desamparo.

Um paciente falava da possibilidade de ficar trabalhando em local distante da residência familiar, por duas ou três semanas, e sentia-se assustado. Ao explicitar esse sentimento, diz: *Eu me sentiria sozinho. A esposa poderia precisar encontrar outra pessoa por eu não estar ali para suprir, eu ficaria longe da filha, dos amigos, não tomaria o meu chimarrão de manhã, essas coisas.* O desejado seria que esta alteração na cotidianidade pudesse ser vivida como algo novo que favorece zonas de encontros criativos.

Temos duas inscrições, a do sistema familiar e a do sistema social. O vínculo de casal oferecerá a possibilidade de mudança ou de repetição dessas modalidades de relação. A cotidianidade pode virar uma prisão se não há respeito pela individualidade, pela ausência do direito de sermos nós mesmos, assim, privados de nossa essência, nos sobreadaptamos. A cotidianidade pode ser vivida como algo pesado em que falham os acordos, como algo cerceante. O rompimento da rotina pode congelar-se em convenção. Um paciente costumava chamar a esposa de "generala" e descrevia o seu "estar em casa" como cheio de regras que tinha que cumprir para não se incomodar e sentia-se, como descrevia, "pisando em ovos"; cumpria as determinações para não discutir e depois sentia raiva e se distanciava da esposa considerando toda situação um submetimento. Em raros momentos do dia o casal se divertia, relaxava.

Para ser possível a convivência diária, o casal faz acordos e pactos inconscientes para tentar harmonizar hábitos, valores distintos, até que se construa um modo de convivência.

Encontros & Desencontros

a complexidade da vida a dois

A forma como cada casal vai lidar com essas alterações nos parâmetros definitórios do casal é determinante para o vínculo e são ditadas pelas características e histórias de cada um. Conhecemos a partir de nossas percepções e de nossas representações, dentro de um contexto. E o outro é dotado de uma realidade própria, exterior ao nosso entendimento e com possibilidade infinitamente diversa de nossas projeções.

Os acordos inconscientes são um tipo de combinação entre o casal com tendência a uniformizar seus funcionamentos. São operações específicas da metapsicologia vincular em que se estabelecem competências, modalidades de cotidianidade, sexualidade, circulação dos bens e dinheiro; como uma apropriação mútua e compartilhada de aspectos de cada um que altera o funcionamento mental e vincular (Berenstein,1993,1998). Há uma espécie de identificação, na qual um *ego* incorpora um traço do outro, que passa a funcionar como próprio, mediante uma transformação. Nesse sentido, o pacto é criado para manter o vínculo onde haveria uma parte incompartilhável, pois a tendência é um tentar dominar o outro de seu desejo e anular o parceiro naquilo que ele tem de diferente (Berenstein & Puget, 1994, p. 21). Um diz: "eu sou assim", e, diante desta dificuldade de aceitar a diferença, produtora de angústia, somos obrigados ao trabalho vincular. Este tema é trabalhado mais profundamente no capítulo a respeito das relações de poder.

Alguns casais se queixam da estabilidade como algo rotineiro, enfadonho, neutro. Outros da instabilidade como algo que assusta, faz sofrer e mata. A questão é: o que fazer com *esse estrangeiro companheiro de quarto?* Outra vez Carpinejar (2003):

> A aliança é um osso no dedo.
>
> Ter acostumado um com o outro
> Não significa que avançamos.
>
> Somos residências geminadas
> se correspondendo pelos muros. (p. 6)

PROJETO COMPARTILHADO

O projeto vital compartilhado de Berenstein e Puget (1997) engloba as representações de realizações e conquistas situadas num tempo futuro e implicará sempre num trabalho psíquico de elaboração da temporalidade. Quando o casal realiza um projeto, este passa a ser incorporado e um novo projeto compartilhado deverá surgir. Este projeto implica aceitação das diferenças e abre um espaço para a questão da transcendência.

Muitos casais apresentam dificuldades quando realizam um tipo de projeto, como por exemplo, a criação dos filhos, e se encontram no *limbo*, num intervalo, sem uma nova perspectiva, num vazio que sentem como quebra da relação. Estes casais chegam para tratamento e não conseguem definir com precisão o motivo de estarem em crise e buscarem o atendimento, como se não soubessem mais por que estão juntos. A tarefa de análise será ajudá-los a perceber o que falta nessa relação, um dos parâmetros que definem um casal, e possibilitar que pensem se ainda querem e podem criar um novo projeto a ser compartilhado.

Casais que vivem no constrangimento das distâncias muitas vezes possuem projetos individuais bem definidos, mas sentem dificuldade em planejar algo em comum para o futuro. Projetos mais simples e imediatos ficam em aberto porque o casal não sabe se estará junto em datas comemorativas, finais de semana, férias. Momentos nos quais a presença do outro é importante ou necessária.

Um casal cujo marido trabalha em turnos alternados refere-se seguidamente a este sentimento. Qualquer viagem é difícil de ser agendada com antecedência e pode sofrer alteração de data. Mesmo que o projeto seja a construção de uma casa nova, um deles, o ausente, parece não participar de forma efetiva, ainda que os recursos financeiros para esta obra provenham exclusivamente de seu trabalho. Alguns casais se adaptam com mais facilidade a esse estilo de vida, mas em outros o sofrimento vincular é intenso pelo fato de o projeto vital compartilhado passar a ser o de não compartilhamento do cotidiano.

Dentro desses projetos comuns entrariam as realizações econômicas, profissionais e sociais que correspondem à "terceira área" de Winnicott: área do jogo e da criatividade. Dentro do projeto de vida compartilhado o casal precisa aprender a lidar com a finitude e abrir um espaço para a transcendência.

EROGENIDADE DO CASAL[5]

Para que haja relações sexuais, deve haver uma aceitação da diferença, conceito fundamental, assim como do papel de um outro, para a obtenção de uma fonte doadora de prazer renovada. A necessidade de um outro está ligada à aceitação da incompletude. . . . Enquanto a diferença e a complementaridade forem aceitas, é possível que o parâmetro da relação sexual seja sintomaticamente mudo. (Berenstein & Puget, 1994, pp. 9-10)

Na sexualidade adulta o ser humano se encaminha para o encontro com o outro e o modo como esse processo se dará, seja neurótico, perverso ou psicótico, dependerá da estrutura de cada um, e também das influências sociais e ideológicas que irão determinar suas atitudes sexuais. Quando essas áreas da vida se encontram afetadas, em especial a relação com a Lei e o processamento simbólico da diferença, aparecem sintomas sexuais. Milmaniene, no seu livro *Extrañas parejas* (2000), afirma:

A constituição do casal é um processo complexo aberto a múltiplos fracassos e extravios. Dado que pretende dar conta da liberdade individual e do respeito ao outro em sua irredutível diferença. . . . O casal é o entrecruzamento do desejo com o amor, do excesso perverso por um lado e do enamoramento idealizante pelo outro. O casal humano tende a oscilar em um vai e vem . . . difícil equilíbrio entre narcisismo e libido objetal . . . um momento de perda e recuperação do ser, sendo a subjetividade o próprio vai e vem. (pp. 9-15)

---

[5] Este subtítulo, que pretende tratar do parâmetro definitório do casal – relações sexuais –, foi inspirado numa frase de Milmaniene. A erogenidade é tratada ao longo do texto, na eternidade das delícias, no microespaço da cama, na fidelidade etc.

Para este autor é difícil pensar o indivíduo que pode negar a diferença de sexo a favor da recusa perversa da castração. Mas nem todos colocam diferenças sexuais dentro da patologia. O complexo de Édipo continua vigorando como eixo organizador das relações de amor com o semelhante, mas não como o único, se articulando com o narcisismo, relações de poder, apenas para exemplificar. Um Édipo revisado a partir do paradigma da complexidade. Os casais na pós-modernidade inventam um modo de conjugalidade afetiva pelo qual, às vezes, não escolhem alguém do sexo oposto. O casal do futuro deve ser mais uma vez reinventado (Roudinesco, 2003) .

Estamo-nos referindo à sexualidade de forma ampla, abarcando toda atividade libidinal que organiza todo psiquismo, a partir do corpo erógeno e de todas as manifestações e expressões da vida do casal, como o amor, a ternura, o ato sexual. Um possuir o misterioso corpo do outro no universo dos imperativos cotidianos. O erotismo como o espaço do jogo da sexualidade, um retorno à intimidade, em que os gestos, os olhares, os cheiros, os silêncios dão lugar a um modo particular de encontro dos corpos e das almas, e a cada carícia uma preparação, uma cadeia erótica vincular que une os parceiros.

A erogenidade é um estado no qual o prazer predomina entre o casal e representa uma possibilidade de comunicação em que o "contato silencioso, os gestos, as mímicas, as entonações e os ritmos são, às vezes, tão importantes como a palavra para expressar as intenções" (Valtier, 2003, p. 31) estado que comunica "olhares que intensificam regiões e eletrizam superfícies" (Foucault, 1985a, p. 44). A intermitência é que é erótica com o aparecimento e o desaparecimento. Diz Barthes (2004c):

O lugar mais erótico de um corpo não é lá onde o vestuário se entreabre? É a intermitência que é erótica, a pele entre duas peças ou bordas ou ainda a encenação de um aparecimento-desaparecimento. Como manter o desejo sem esse jogo de cenas? Tem que haver uma revelação progressiva: toda revelação se refugia na esperança de ver o sexo (sonho de colegial) ou de conhecer o fim da história (satisfação romanesca). (pp. 15-16)

A presença/ausência constitui um atrativo, um fascínio. Irrevelada e, no entanto, manifesta, a imagem totalmente desnuda, descoberta, perde intimidade por estar fora do imaginário.

Como flui a erogenidade do casal sem esse jogo de cenas? O corpo doce e caloroso do amado, sujeito a acessos de afastamento, fica desajeitado, molengo, morno, padece de frio (Barthes, 1990, p. 60). Como o coração, órgão do desejo, irá se dilatar com o sexo no constrangimento das distâncias?

Gostaria de tratar ainda da sexualidade e do poder, a sexualidade cuidadosamente encerrada dentro de casa, confiscada pela família conjugal e pela necessidade da procriação, na qual o único lugar reconhecido de sexualidade, o único que sobra e resta é o quarto dos pais, onde o poder penetra e controla o prazer cotidiano. Em *História da sexualidade* (1985b), Foucault fala do prazer em exercer um poder que fiscaliza, espreita, espia, investiga, apalpa e revela. E, por outro lado, prazer que abrasa por ter que escapar a esse poder: confronto e reforço recíprocos (p. 45). Destaca a ideia de que, "prazer e poder não se anulam; não se volta um contra o outro; seguem-se, entrelaçam-se e se relançam, encadeiam-se através de mecanismos complexos e positivos de excitação e incitação" (p. 48).

As distâncias e as ausências na vida a dois nos colocam diante da pergunta: qual a frequência de carinho, de atenção e sexo que convém ao casal? Qual a melhor maneira e ocasião para exercerem a erogenidade quando a realidade impõe uma dieta dos prazeres? Como manter o corpo aquecido no frio das separações que instaura o medo de que o corpo se resfrie demasiado? Como resistir a este período de escassez e depois ser recompensado, sem se derreter pelo excesso de calor? Modificando bruscamente o regime partindo da abstinência para o excesso, o casal poderia perder o equilíbrio.

Os gregos já apontavam inquietação a respeito da atividade sexual por estar ligada à morte e o custo que ela provoca. Foucault (1985b, pp. 100-106) se refere a textos de Hipócrates que chegaram até nós e descrevem a relação sexual como uma atividade que emagrece, umedece e esquenta por causa do exercício, do secretar umidade, do expelir substâncias pela fusão das carnes. Platão fala do sofrimento do prazer que contrai o corpo "crispa-o às vezes até atingir sobressaltos e, fazendo-o passar por todas as cores, todas as gesticulações e todos os afagos possíveis, produz uma superexcitação geral com gritos de perdição" (citado por Foucault, 1985b). O ato sexual é entendido na Antiguidade como algo que arranca do corpo uma substância que é capaz de transmitir a vida e que, ao mesmo tempo, em excesso, priva o homem de elementos indispensáveis para a sua própria sobrevivência.

Somos levados a refletir sobre o significado da relação sexual para cada um dos parceiros individualmente e o seu significado para o vínculo. O casal costuma entender essa dificuldade como de um ou de outro, não entendendo a determinação de ambos, embora possa haver questões individuais em jogo. Essa forma de pensar é muitas vezes defensiva, quando um se sente castrado ou incompreendido pelo outro.

É oportuno lembrar que, iniciado o processo do tratamento, o casal passará a sentir-me melhor, a apresentar uma comunicação menos obstruída e distorcida, porém, quando passamos a analisar questões ligadas a erogenidade do casal, entramos num terreno mais regressivo que ameaça o rompimento do vínculo. Nos historiais clínicas, Freud costumava prestar atenção especial às resistências e à forma como uma representação intolerável era reprimida como defesa. Tratando-se de casais, nosso foco será dirigido às resistências à vincularidade, isto é, resistência a reconhecer a determinação intersubjetiva da vida psíquica em suas múltiplas facetas (Spivacow, 2008, p. 90).

Apenas para exemplificar, trago um casal que aponta uma dificuldade sexual e, consequentemente, afetiva como sintoma, e buscam o tratamento pelo sofrimento advindo dessa situação. Ele queixava-se da forma impositiva, mandona da esposa, e ela da sua falta de iniciativa, energia e acomodação. Ele insistia que se ela não se portasse como uma "generala" talvez não o fizesse sentir-se tão desqualificado e impotente para com ela. O fato do marido, costumeiramente, dormir no sofá é justificado pelo ronco que atrapalha o sono dela. A partir de tudo isso instala-se uma trama vincular na qual o marido ocupa o lugar do deprimido, daquele que precisa ser lembrado, do expectador. A esposa ocupa o lugar que ele descreve como "dona da verdade", insensível, mandona. Tudo isso está atravessado por discussões, acusações mútuas, sensação de incompreensão, desânimo. Digo-lhes que a denúncia só serve para descrever a situação e que temos que fazer algo com essas queixas.

Trabalhamos a problemática do casal, sem abordar diretamente a sexualidade, mas o significado dessa inibição ou sintoma, que denuncia um empobrecimento do vínculo. Este casal se mantém "virgem" como uma maneira de se manter fiel às origens, como se não pudessem confirmar o matrimônio, se constituindo efetivamente como um casal. Qual a imagem interna compartilhada? De uma relação sexual sádica, por ter havido experiências infantis traumáticas que impeçam a sexualidade? Um casal com um funcionamento predominante do tipo gemelar? A relação sexual, especialmente o orgasmo, recria a fusão com o objeto primário podendo dar a sensação de perda dos limites? Cada um pretenderia, desde a solidão, aproximar-se do parceiro, criando um espaço de intercâmbio e criatividade, para depois recuperar-se na solidão deles mesmos? Como poderia ser possível este movimento se o vínculo é atravessado por fantasias incestuosas? Interessa, fundamentalmente, considerar como as representações intrassubjetivas se estabilizam ou desestabilizam em função de sua articulação com os acordos, pactos, conluios e legados inconscientes.

A eleição de objeto resulta da solução de compromisso entre necessidades infantis e desejo. Entre ideais próprios e familiares. O casal se constitui, simultaneamente, a partir das partes mais arcaicas e mais maduras do funcionamento mental de cada indivíduo. No trabalho vincular, as identificações que interessam nos conflitos conjugais são relacionadas aos modelos oferecidos pelas famílias de origem a respeito do que seria um casal, ou como deveria ser uma relação amorosa, ou um modelo masculino, feminino, de pai, de mãe, fontes de prazer, a cotidianidade, a circulação do dinheiro, etc.

Os casais costumam negar a eficácia do vínculo no funcionamento psíquico. Nosso trabalho passa por esse processo de reconhecimento e pela dificuldade de aceitação desse entramado que sobredetermina nossa dor e nossa própria existência.

A TENDÊNCIA MONOGÂMICA E UMA QUESTÃO IMEDIATA: A FIDELIDADE

Se eu for fiel, ela será. Mas se ela não for...
Se eu for infiel, ele descobrirá. Mas se não descobrir...
Se eu não conseguir suportar o ciúme, serei seu
escravo e seu amo.
Mas se conseguir eu serei seu...
Se conseguir parar de me sentir culpado, posso fazer
o que quero.
Mas se eu parar de me sentir culpado, eu vou
querer...
Se conseguir guardar um segredo, serei livre.
Mas se tenho necessidade de guardar um segredo,
sou...
Se tiver de escolher, perderei alguma coisa.
Mas se não tiver de escolher, eu...
Se, mas se, então... a ladainha do monogamista.

(Phillips, 1997, p. 24)

Na barbárie, o regime de matrimônio era o sindiásmico, ou por grupos, no qual o homem tinha uma mulher principal entre outras tantas, e este homem era o esposo principal entre todos os demais. A família monogâmica, de acordo com Engels (1985), baseia-se no predomínio do homem: e sua finalidade expressa é a de procriar filhos cuja paternidade seja indiscutível pela qualidade de herdeiros diretos (p. 66). A família monogâmica é sólida e como regra só o homem pode rompê-la. A ele é concedido o direito à infidelidade conjugal, a mulher é castigada rigorosamente, situação na qual o vínculo conjugal poderia dissolver-se, permanecendo os filhos com a mãe, a quem pertenciam com exclusividade, pois a descendência por grupo só podia ser estabelecida do lado materno. "Em todas as formas de família por grupo, não se pode saber com certeza quem é o pai de uma criança, mas sabe-se quem é a mãe" (Engels, 1985, p. 43).

Iniciamos este parâmetro que define um casal trazendo o contexto histórico onde surge a família monogâmica e a ideia de que a monogamia pode ser considerada um progresso histórico, mas, ao mesmo tempo, um retrocesso relativo por significar o bem-estar e o desenvolvimento de uns à custa da dor e da repressão de outros.

Engels (1985) lembra que "monogamia na Grécia era só para as mulheres . . . não aparece na história como reconciliação entre homem e mulher ou forma mais elevada de matrimônio, pelo contrário, ela surge sob a forma de escravidão de um sexo pelo outro. . . . Com a monogamia aparecem duas figuras características: o amante da mulher e o marido corneado" (p. 70).

O contrato de casamento não era livremente firmado por ambas as partes e nem com igualdade, e o adultério era um eterno companheiro da monogamia. Estamos na época do Código das Leis Burguesas, elaboradas, sob Napoleão I, em 1804, na França (Engels, 1985, p. 66).

Na atualidade, a mulher reconquistou o direito ao divórcio, e o casal prefere se separar quando as partes já não podem entender uma à outra e desejam viver de uma forma muito diferente, forma na qual só haveria espaço para o desencontro. Os casamentos se definem a partir da monogamia, que tem como base a estrutura do "Objeto Único"[6] que traz consigo uma questão imediata: a exigência de fidelidade de um com o outro e, principalmente, o reconhecimento da alteridade e o problema do reconhecimento da preservação da diferença, marcando o percurso de um casal desde a etapa do enamoramento até uma fase de maior complexidade vincular. No pacto de fidelidade, o casal mantém a ilusão de continuidade e seguridade, de que estarão juntos para sempre e que um será para o outro e do outro, onde o futuro é o mesmo e igual ao passado, e a passagem do tempo e a mudança são ludibriados.

Por que tem que existir a *fidelidade* no casamento? Pelo pacto narcísico exclusivista: "Tu és único" e também pelo compromisso de preservação do grupo familiar, tecido pela representação mental do narcisismo. Mas como manter a fidelidade se o casal está condenado à distância? Frio e calor devem estar harmonizados.

Ocorreria a quebra da fidelidade, um distanciamento incalculável. A questão é: o que poderão fazer com isso? Poderão passar para um outro momento, um outro lugar? Não podem mais voltar atrás. Esse acontecimento é como uma origem. Por isso não adianta se perguntarem apenas pelo antes. Após esse acontecimento poderão repensar os parâmetros definitórios da relação, o pacto que estabeleceram no momento em que se uniram e o pacto que estabeleceram a partir do acontecimento infidelidade. O que esperam da relação hoje?

---

[6] Aquele dotado de caráter de exclusividade e necessidade, a quem ninguém poderia substituir, sem o qual se vê ameaçado pela vivência de aniquilação. O "Objeto Único" é investido de narcisismo originário de onde deriva a busca de uma sensação oceânica e de fusão com esse objeto investido de qualidades onipotentes, onipresentes e oniscientes. Único doador de segurança incondicional; tipo de relação recriada no "enamoramento" (Berenstein & Puget, 1994, pp. 138-139).

A eternidade das delícias

> . . . as cenas que, pouco a pouco, em vez de serem vistas fixas e móveis, espicham-se no tempo, enfiam-se e fundem-se no conjunto, arrastadas por um lento e incansável movimento, movimento que se sobrepõem os mais variados tempos, assim como nele se inscrevem os poderes e as formas contraditórias do tempo. (Blanchot, 2005, p. 32)

A física sempre tentou compreender e demarcar os distintos fenômenos que regem o universo. Na atualidade, a física do infinitamente pequeno (física subatômica) e do infinitamente grande (física cósmica) modificaram os conceitos clássicos, fazendo surgir uma nova forma de pensar e conceber as noções de espaço, tempo e causalidade (Zimerman, 2004). Os objetos, antes vistos como distintos, passaram a ser percebidos como um todo indivisível, numa complexa rede de relações. A maneira cartesiana[7] de considerar o mundo cedeu lugar ao paradoxal e contraditório, em que passamos a raciocinar com incertezas e indeterminações.

O tempo deve ser apreendido duas vezes, de duas maneiras diferentes complementares, exclusivas uma da outra, no dizer de Deleuze: "inteiro como presente vivo nos corpos que agem e padecem, mas inteiro também como instância infinitamente divisível em passado-futuro, nos efeitos incorporais que resultam dos corpos, de suas ações e de suas paixões. Só o presente existe no tempo e reúne, absorve o passado e o futuro, mas só o passado e o futuro insistem no tempo e dividem ao infinito cada presente. Não três dimensões sucessivas, mas duas leituras simultâneas do tempo" (2003, p. 6).

O tempo não tem o mesmo valor em todas as estações do ano, em todos os momentos da vida ou em todas as fases do desenvolvimento da família. Existe um tempo cronológico marcado pelos relógios ou calendários em horas, minutos que todos costumamos seguir. Há o tempo do inconsciente, da significação, que não obedece à ordem cronológica, que é reversível, não evolutivo. Há também o tempo mítico, que consiste em estabelecer uma determinação causal entre os acontecimentos passados graças a um tipo de relação, na qual existe uma relação temporal, um antes e um depois, e se introduz a explicação pela qual aquilo acontece, o antes é motivo do que acontece depois. O tempo mítico é fixo, invariável, tem a ver com a memória, lembranças encobridoras e está determinado pela confluência dos desejos, conflitos e incertezas que unem seus membros, passando pelo processo secundário[8].

Para alguns pensadores a noção do tempo é uma invenção para tornar a vida um pouco mais razoável, para levar a cabo uma terrível experiência de que nada pode deter o transcurso natural da vida.

---

[7] Cartesiano é uma maneira de considerar o fenômeno ou um conceito isolado da totalidade em que aparece.

[8] Ver mais em Berenstein (1988). Processo secundário – um dos dois funcionamentos do aparelho psíquico tais como foram definidos por Freud – sistema pré-consciente-consciente – energia ligada, onde a satisfação pode ser adiada, princípio de realidade. No processo secundário o pensamento deve seguir caminhos de ligação entre as representações. O processo secundário desempenha uma função reguladora tornada possível pela constituição do *Ego*, cujo principal papel é o de inibir o processo primário. A oposição entre processo primário e secundário corresponde a dois modos de circulação da energia psíquica: energia livre e energia ligada. Deve igualmente ser posta em paralelo com a oposição de princípio do prazer e princípio de realidade (Laplanche & Pontalis, 1998, pp. 475-477).

O casal não pode viver para sempre no enamoramento, na fascinação com o eterno; o tempo e a realidade estão ligados irredutivelmente, negar o tempo é negar a realidade. Borges (citado por Prigogine, 1996) escreve sobre este tema:

> Negar a sucessão temporal é negar o eu, negar o universo astronômico, são desesperações aparentes e consolos secretos. Nosso destino . . . não é espantoso por irreal: é espantoso porque é irreversível e de ferro. O tempo é substância de que estou feito. Tempo é um rio que me arrebata, mas eu sou o rio: é um tigre que me destrói, mas eu sou o tigre; é um fogo que me consome, mas eu sou o fogo. O mundo, desgraçadamente, é real: eu, desgraçadamente sou Borges. (pp. 257-269)

Para o sujeito apaixonado o tempo tem outra dimensão, ele para. Estamos permanentemente em ambos os registros, necessidade de conservação e desejo. O tempo amoroso é um tempo de nirvana, de suspiro, de arranjar um cantinho de preguiça e, ao mesmo tempo, de angústia por coisas infinitamente fúteis. O tempo amoroso escapa às formas do tempo cotidiano e ao mundo da verdade habitual, talvez de toda verdade a respeito do outro. "Cada uma das partes quer ser tudo, quer ser o mundo absoluto, o que torna impossível sua coexistência com o outro mundo absoluto; e, no entanto, o maior desejo de cada um deles é a coexistência e esse encontro" (Blanchot, 2005, p. 10).

A etapa do enamoramento pode ser vivida como um processo normal do desenvolvimento do casal, como o momento necessário inicial, como um processo de crescimento ou como algo que pelos efeitos negativos leva a uma estagnação.

Spivacow e Brengio, em seu texto *Sobre el enamoramiento* (1997, afirmam: "há sempre uma tensão entre desejo de perpetuar a vivência de enamoramento, mágica e atemporal e o desejo de colocar a relação em outro caminho, mas isso requer um doloroso processamento narcísico" (pp. 101-124).

O casal se encontra submergido numa crença ilusória de que encontrou sua "cara-metade" com predomínio do princípio do prazer. Quando nos referimos ao termo enamoramento estamos aludindo a este momento inicial, fundante (Spivacow, 2008, p. 41). Baudelaire descreve magistralmente essa questão: "Dois amantes (unidos num só) tempo e eternidade" (1995). Ou ainda:

> Onde não há minutos, não há segundos!
>
> O tempo desapareceu: é a eternidade que reina,
>
> uma eternidade de delícias.
>
> . . . sim, sim! O tempo reaparece. O tempo agora reina soberano, e vem com o hediondo velho seu demoníaco cortejo de lembranças, penas, espasmos, paúras, angústias, pesadelos, cóleras, neuroses. Posso garantir que os segundos são agora fortes e solenemente acentuados e cada um, jorrando do relógio, diz: "Eu sou a Vida, a insuportável, a implacável Vida. (Baudelaire, 1995, pp. 24-25)

No estado do enamoramento cada um se funde no outro em total despreocupação, como algo mágico, onde as inibições são abolidas e se admite todo tipo de audácia, jogando todo tipo de impedimento para mais tarde. O tempo adormeceu. Os enamorados, assim como os homens em sonhos e as crianças saudáveis, ignoram o desenvolvimento linear e cronológico do tempo.

O tempo de espera é sobrecarregado por um efeito de fascinação em que o desejo carece de um estranho apetite que nos permite fugir da experiência de finitude. Há um engano no tempo amoroso. Barthes (1990), ao descrever a espera amorosa, traduz a experiência como "um tumulto de angústia suscitado pela espera do ser amado, no decorrer de mínimos atrasos (encontros, telefonemas, cartas, voltas)" (p. 94). O tempo de espera é diferente no sujeito apaixonado, que em poucos segundos vai da angústia de espera à angústia de cólera, e por fim à angústia de abandono, como se o outro tivesse morrido (Barthes, 1990, p. 146). Diz Barthes:

> O cenário representa o interior de um café; temos um encontro, eu espero. No prólogo, único ator da peça (pudera), constata, registro o atraso do outro, esse atraso, por enquanto, é apenas uma entidade matemática computável (olho o relógio várias vezes); o prólogo termina numa decisão precipitada: decido derramar minha bile, solto a minha angústia de espera. Começa então o primeiro ato; ele é ocupado por estimativas: e se houvesse um mal-entendido sobre a hora, sobre o lugar? Procuro me lembrar do momento em que o encontro foi marcado, os detalhes que foram combinados. Que fazer (angústia de conduta)? Trocar de café? Telefonar? E se o outro chegar durante essas ausências? Não me vendo, ele pode ir embora etc. O segundo ato é a cólera; dirijo acusações violentas ao ausente . . . No terceiro ato, alcanço (obtenho?) a mais pura angústia: a angústia do abandono; acabo de pensar, num segundo, da ausência à morte, é como se o outro tivesse morrido. (p. 94)

Outra questão interessante é que o sujeito pelo qual estou apaixonado e que espero não é real, é aquele que eu imagino. Aquele que adivinharia minhas necessidades, toda a carência que sofri no seu abandono e aceitaria minha cólera, o ignorar da sua chegada, caso não chegue, onde ou quando eu espero. A espera em Barthes (1990) é um delírio: 'se ele não vem eu alucino'. . . Nesses breves momentos, instantes em que falo a toda, é como se eu morresse (p. 151). Diz ainda que: somos normais por nos igualarmos à maneira pela qual "todo mundo" suporta a partida de um ente querido. E acrescenta, inspirado em Winnicott: "Manipular a ausência é retardar, quando possível, o instante em que o outro poderia oscilar secamente da ausência à morte" (Barthes, 1990, p. 29).

Foram alguns dias ou vários séculos? O tempo de amor não se computa pelos momentos de um relógio. O relógio, um dos primeiros instrumentos modernos, não foi inventado para medir o tempo de espera amorosa, mas exclusivamente para a finalidade de realizar alguns experimentos com a natureza. O tempo que tinha sido um calendário de eventos na agricultura, por volta da virada do século XVI se transforma em ciclos de nascimento, casamento e morte, começa a tique-taquear em unidades monetárias em taxas por hora e remunerações semanais, salários mensais, dividendos semestrais, aumentos anuais ou bônus, pensões ou aposentadorias (Buchan, 2000, p. 88).

Mas sua utilidade prática foi percebida, mudando o ritmo e a própria fisionomia da humanidade[9] funcionando como instrumento de tortura quando da espera do outro na categoria de especificidade: o único, o eleito, o corpo que minha carência escolheu para

---

[9] Ver mais em Arendt (2005, p. 302) sobre as consequências das descobertas da era moderna.

fazer a transferência de amor. O caráter imperativo da paixão e o sentimento de exclusividade e a voracidade do tempo como inseparáveis. O tempo jorra implacável do relógio e marca a insuportável falta da presença do outro.

Chesneaux (1995) diz: "A confusão temporal abate todas as gerações, desloca e desqualifica as etapas da vida" (p. 10). Fala ainda do tempo da modernidade que se contrai no imediato.

> Além do tempo individual, vivemos no tempo que está fundado na lembrança, na convivência; tempo em que estivemos juntos ou separados. . . . O tempo compõe a relação entre o aqui e o ali, o próximo e o distante, o dentro e o fora, o central e o periférico, o antes, o agora e o depois – a relação espaço temporal.

Barthes, cuja influência pode ser evidente, fala da perda da temporalidade e profundidade e do impacto do instantâneo. O casal está fixado nas aparências, nas superfícies, a relação não tem profundidade e qualquer motivo precipita um questionamento da relação. Os movimentos cíclicos do café da manhã, ou do deitar juntos escutando um o ressonar do outro, oferece uma sensação de segurança num mundo desconhecido.

A temporalidade atravessa o casal desde a sua formação até sua dissolução. O casal pode viver num tempo congelado, sem passado, soldado às origens, num presente absoluto que não abre passagem para a descendência e para um projeto de continuidade da cadeia geracional. Vivem num tempo detido e não num tempo que flui da endogamia para a exogamia, onde os filhos deveriam tomam o lugar dos pais, ocorrendo uma permuta de lugares e uma divisão entre os membros anteriores e os sucessores (Gomel, 1997). Diz Warat (1990): "O tempo é implicante. . . . O pior dos exílios é o do tempo, o passado que pretende voltar como leitura tanática do novo. *A vida está apaixonada pelo novo*" (pp. 49-50, 112).

Todos os acontecimentos, fatos descontínuos que muitas vezes provocam ruptura, marcam a história do casal. Quando nos contam sua história, o fazem por meio de um encadeamento dos fatos sejam eles nascimentos, mortes, mudanças.

O corpo vincular se desenvolve na cotidianidade, de forma diacrônica, isto é, com eventos em sequência como uma história, até mesmo em forma cronológica, mas em regime de coexistência com um regime sincrônico.

Ser um casal moderno é encontrar-se num ambiente que promete aventura, crescimento, transformação de si e do mundo – e, ao mesmo tempo, que ameaça destruir tudo o que cada um tem ou construiu. O ambiente e as experiências de um casal moderno vão da alegria do enamoramento à luta e contradição, em que reina a ambiguidade e a angústia e se desloca toda reflexão. A vida moderna está permeada pelo sentido do fugidio e do contingente. A imediatez não é o tempo dos afetos. Causar tempo é o mesmo que causar vínculo. Em nosso meio, Fruett (2007), ao falar do impacto do excesso de informação afirma:

> Diferente das tecnologias de ponta, que podem processar em segundos uma quantidade enorme de informações, a natureza humana é lenta porque não se constrói a partir das quantidades, mas sim de qualidades. Quando o aparelho psíquico é invadido por quantidades improcessáveis, não retém, não cria marcas mnêmicas e, portanto, o aprender com a experiência não se realiza, resultando em falhas na historicização das vivências, o que contribui para o surgimento de verdadeiros vazios representacionais. (p. 24)

Encontros & Desencontros

a complexidade da vida a dois

O casal moderno vive num redemoinho de completa desintegração e renovação que causa muito sofrimento, costuma não respeitar o seu passado e nega a continuidade histórica na ânsia de fazer algo novo. A transitoriedade na qual as relações estão inseridas dificulta o sentimento de continuidade histórica. Não estão acorrentados em uma relação "para sempre" como na Antiguidade, mas encontram dificuldades de encontrar o amor eterno ou a sensação de que nada irá mudar o que sentem um pelo outro. "No amor moderno as coisas se desfazem sem avisar" (Merleau-Ponty, 2000). O pensamento moderno, de acordo com Merleau-Ponty (2000) é difícil, porque não tem as ideias claras do senso comum que lhe trazem tranquilidade, na verdade inverte o senso comum, por não ter nem o dogmatismo e nem a segurança dos clássicos, oferecendo um caráter duplo de incompletude e de ambiguidade, em que tudo é provisório e aproximado (p. 10, 68-69). Portanto, o casal moderno só poderia falar de eterno congelando o tempo e todas as suas qualidades transitórias, *a eternidade das delícias*.

Nas últimas décadas surgiu uma nova forma de relação: a "pós-moderna". Que vem provocando uma mudança na sensibilidade dos casais. O romance "pós-moderno" traz a ideia de que realidades radicalmente diferentes podem coexistir e se interpenetrar. Há uma total aceitação do efêmero, do fragmentário, do descontínuo e do caótico (Harvey, 2005, p. 49), em que se percebe o gosto pela divisão, pelas parcelas, as miniaturas, os contornos, buscando a elegância na confusão dos detalhes. A inspiração está em Baudelaire e nas ideias de Foucault, por terem sido fonte de argumentação pós-moderna como a relação entre poder e conhecimento, ênfase na descontinuidade e na diferença, na história e na "correlação polimorfa, em vez da causalidade simples ou complexa" (Harvey, 2005, p. 19), levou juntamente com o desconstrucionismo iniciado por Derrida no final dos anos 1960 após sua leitura de Heidegger.

Foucault, citado por Harvey (2005) instiga-nos a "desenvolver a ação, o pensamento e os desejos através da proliferação da justaposição e da disjunção" e a "preferir o que é positivo e múltiplo, a diferença à uniformidade, os fluxos às unidades, os arranjos móveis aos sistemas" (Harvey Foucault, 2005, p. 19). Nessa ótica os casais passariam a viver esse entrelaçamento intertextual, quando o que um faz ou deixa de fazer transmite sentimentos que não estavam contidos na intenção inicial (estamos falando de intersubjetividade). Como o autor que ao escrever transmite sentimentos que não estavam contidos no texto e não encontra palavras, muitas vezes, para transmitir o que quer dizer. Dessa forma, Derrida considera a colagem/montagem a modalidade primária do discurso pós-moderno, dando ênfase no *processo*, no *fazer*. Neste contexto, a fragmentação e a instabilidade nos sentimentos levaram a uma nova concepção das relações, na qual parece ocorrer um colapso na cadeia significante, e a vida a dois passa a ser uma série de presentes não relacionados no tempo.

Para finalizar, mas não para concluir, caberia ainda pensar: como sincronizar o tempo individual de um com o de outro? Há simultaneidade do tempo de um e de outro? Como o casal pretende compartilhar o tempo da cotidianidade?

Os casais digitais

Muitos casais funcionam como relógios digitais, precisam conectar-se instantaneamente, não são capazes de viver um tempo de duração de um antes e um depois do encontro[10]. Os casais digitais conhecem apenas o instante pontual de estar na presença do outro e os momentos são efêmeros. Parece não haver passado e nem futuro, só o instante. Não há conexão com o antes do casal, nem um projeto de um futuro compartilhado, nem possibilidade de passagem de gerações. O outro precisa ser onipresente, fazendo com que o espaço do *entre dois* se decomponha ou se dissolva em temas que girem segundo a lógica particular de *um*. Um precisa que o outro coincida, urgentemente, com sua necessidade. Privação zero, nem que para isso o tempo de convivência tenha que ser programado, tarifado, rígido. O tempo do casal deveria ser habitado de outra maneira, como um campo de liberdade que permitisse a compreensão, a ternura, *um tempo de delicadezas.*

Alguns autores falam das inúmeras consequências da aceleração do tempo. O espaço e o tempo são categorias básicas da existência humana e nosso sentido comum do tempo organiza nossas rotinas diárias (Chesneaux, 1995, pp. 187-259). Quero destacar a influência desta velocidade do tempo na nossa maneira de pensar, agir e sentir. A dinâmica da sociedade é o descartável, atirar fora estilos de vida, relacionamentos estáveis, apego a pessoas, lugares e objetos. O bombardeio de estímulos gera sobrecarga sensorial que nos força a desconectar e fragmentar. Não temos tempo para escutar, cuidar, brincar, não fazer nada. O casal é obrigado a redefinir as noções mais fundadas e criar novas, com novas palavras para designá-las, empreender uma "verdadeira reforma no entendimento" (Merleau-Ponty, 2005, p. 16).

Para Schüler (1994), a "aceleração do movimento e a comunicação instantânea elidem a profundidade e distância. A informação rápida inibe a reflexão. A velocidade abrevia o espaço, apaga a perspectiva. O vídeo converte pensamento, tempo e distância em superfície plana" (p. 146).

Precisamos de tempo para a confrontação das diferentes línguas, medir até que ponto as palavras se assemelham, qual a densidade e similitude. Os sentidos gramaticais prescrevem certo número de leis de evolução e de mutação. No casal, ambos proveem de famílias distintas, e de uma família (a de origem) ao novo casal há descontinuidade. A partir daí encontraram-se duas línguas distintas, em que uma não é proveniente da outra e juntas devem formar uma terceira. Um sistema diferente por um lado e análogo, por outro, mas no qual foi necessária uma transformação, uma redistribuição de sentidos, sentidos novos, uma nova "gramática diacrônica" (Foucault, 2007, p. 535).

Um casal. Ele escreve na dedicatória para ela "muitas zenaides". Para este casal "muitas zenaides" não adquire o leque de sentidos que poderia assumir. Este casal teve tempo para produzir secretas expressões que anunciam parcialmente sua subjetividade e sua própria história. Nos casais digitais, o olhar é apressado e seu murmúrio não se sabe mais de onde vem. O casal precisa de tempo suficiente para permitir que os elementos significantes circulem ao longo das representações e deslizem à superfície, adquirindo uma designação própria da dupla. São analogias, metáforas criadas pela convivência e pela imaginação de cada casal. Um tempo para estabelecer um sistema de signos num quadro de identidades e diferenças. Os acordos não serão convenções arbitrárias, mas acomodações estabelecidas por sujeitos distintos para que possam viver num mesmo espaço. Não se trata de uma justaposição sem falha de valores e formas de pensar, mas a construção de uma língua própria que facilite um meio de contornar diferenças radicais e que possa criar algo único, inédito, apenas desse par.

---

[10] Como acontece se acompanhamos a passagem do tempo nos relógios convencionais de ponteiros. Olhamos o mostrador redondo ou quadrado e sabemos o tempo a esperar para que o ponteiro chegue na hora pretendida.

Encontros & Desencontros

MULHERES DE ATENAS – AS VIÚVAS DOS MARIDOS MORTOS E VIVOS

Passei a vida aprendendo a respeitar teu espaço.
Como povoá-lo após tua partida?

(Carpinejar, 2003)

As viúvas, as estropiadas da vida, abortadas do prazer diário da convivência a dois, resmungam, suspiram, se reviram na cama vazia, na turbulência do neutro, à deriva, onde tudo é frágil, constrito, gelado, órfão. Nos gestos rígidos e abatidos nada teu a abraçar. A fome e o frio silenciosamente superados. Dias a fio sem conversa, tudo deserto, morto e mudo.

A linguagem é uma pele: "esfrego minha linguagem no outro . . . envolvo o outro nas minhas palavras, eu o acaricio, roço, prolongo esse roçar, me esforço em fazer durar o comentário, ao qual submeto a relação" (Barthes, 1990, p. 64). As viúvas precisam fazer alguma coisa com a ausência brutal. Não dispõem de recurso para lançar o carretel, para simular a partida e assegurar a volta, para prolongar esse momento. Sobrou apenas a falta, a morte. Nada mais para dizer, uma carta sem resposta, cartas endereçadas a ninguém. "Nesses breves instantes em que falo à toa, é como se eu morresse" (Barthes, 1990, p. 22, 25, 29, 151). Sem confidente, sem uma pequena orgia, um banquete. Drummond, no seu poema "A carta" (2005, p. 103), explicita esse sentimento no qual o tempo disparou ontem quando estávamos bem juntos e hoje está paralisado aguardando a tua chegada:

Vai-se tornando o tempo
Estranhamente longo
À medida que encurta.
O que ontem disparava,
Desbordado alazão,
Hoje se paralisa
em esfinge de mármore,
e até o sono, o sono
Que era grato e era absurdo
É um dormir acordado
Numa planície grave.

Triste despertar da viúva, cinzento, onde tudo parece inerte, separado, deserto. Em Baudelaire, o tempo no quarto do casal, quando deixa de ser eterno, é sentido como um golpe, uma infame concubina, e toda a magia do ídolo, o soberano dos sonhos se desfaz. Para a viúva, o tempo de espera é eterno e denso, pelo esforço em manter o luto fechado, o pacto de fidelidade. Retornar noite após noite sozinha ao leito fúnebre, respirando desolação, ociosa e divagante.

Meu pensamento deve ser um grande vagabundo para ir procurar tão longe o que deveria estar perto de mim . . . O prazer e a felicidade estão no primeiro albergue, no albergue do acaso, tão fecundo de volúpias . . . . O sol já tinha se escondido. A noite solene tomava o lugar. Cada um em camas solitárias, ao sabor das circunstâncias, e dos acasos, escandalizar o próximo, gravitar rumo à desonra. (Baudelaire, 1995, p. 78)

O corpo do outro me perturba, crio certas regras com relação à distância dos outros corpos, desencadeadores de desejo, mesmo sabendo que se eu matar o desejo, mato também o desejo de viver. Se não posso mais desejar, tocar o corpo do amado, de que adianta viver?

Em *O amor tomado pelo amor – Crônica de uma paixão desmedida*, de Warat (1990), o autor descreve a solidão como um sintoma de um profundo isolamento, de um desesperado espaço interior vazio de significados, como uma falta de expectativas em relação a um amor. A solidão da viúva não é uma oportunidade de recuperar aspectos de sua personalidade hipotecados em outros vínculos, não é um ato emancipatório, é ilusão perdida.

A viúva está privada de todas as formas de contato com o objeto amoroso: tato, visão, audição, gustação. E por um longo tempo convive com um membro fantasma que conserva a mesma posição em que estava a presença real do marido. Foi no vazio do corpo que o fantasma apareceu, exatamente para tapar esse buraco. Uma emoção, uma circunstância que relembre o marido e o faz reaparecer como acontece com o fenômeno do membro fantasma. A representação do corpo do objeto de amor aparece mesmo ele não estando mais ali. Ela primeiro sente como se um membro do seu próprio corpo tivesse sido amputado. Depois esse membro vira um fantasma que ela não perdeu e pode continuar a contar eventualmente. É como se não houvesse representação da perda do corpo, e sim a recusa da mutilação. Depois de muita dor, o corpo é representado, mas não como algo morto. Preservar o fantasma do marido como um membro fantasma é permanecer aberta a todas as ações às quais o marido era capaz de realizar antes da mutilação. A viúva espera uma resposta e sente que esta não virá, não existirá. Tem que se defrontar com o silêncio, com o nada. No dizer de Schüler (1994) "a fala desbrava o ausente, dá-lhe voz. Palavra nenhuma absorve, entretanto, o ausente" (p. 149).

A viúva ignora a perda, porque conhece a dor no próprio corpo e está presa a um passado que permanece como um verdadeiro presente. Berenstein e Puget (1994), escrevendo sobre a representação corporal no vínculo de casal, falam que quando, depois de algum tempo mais ou menos longo de convivência, os casais se separam " surgem manifestações de estranheza corporal, da parte sua que faltou, ou algumas vezes, sensações equivalentes a um 'membro fantasma', o que ocorre após uma amputação". Para esses autores: "o limite do corpo parece se ampliar ou se prolongar, até incluir o vínculo ou estabelecer um corpo vincular" (p. 49). A morte vincular ocorreria mais lentamente do que a morte real do outro, e ainda dependendo da capacidade de elaboração de cada um.

Liliana Bracchi (2004, p. 49, 65), dando continuidade a essa ideia, afirma que o vínculo não morre junto com a morte real do parceiro, continua por um tempo, como uma relação fantasmática quase corporal com o outro, por meio de representações substitutivas, lugar na cama, na mesa, lugares que podem ou não ser ocupados como se o outro estivesse provisória e não definitivamente ausente (Berenstein, 1996, p. 193). Um corpo enlaça o outro corpo ampliando-se – as relações alargam os corpos.

O termo *fantasma*, no sentido empregado pelos neurologistas, designa a imagem ou a lembrança de uma parte perdida do corpo, normalmente um membro, que persiste durante meses ou anos depois da perda. Oliver Sacks (2000) comenta que todas as pessoas que sofrem amputação sabem que um membro fantasma é essencial para o uso de um membro mecânico (p. 82). Portanto, o desaparecimento de um fantasma pode ser desastroso, e sua recuperação, sua reanimação, necessária para que os mutilados possam colocar a prótese e andar, porque persiste a lembrança ou imagem do membro perdido.

O termo "as viúvas" refere-se também às mulheres sozinhas, para quem o tipo de vínculo é de uma ausência fortemente impregnada de uma presença esperada. Temos ainda as viúvas dos maridos vivos. Essas não podem preencher o vazio com um fantasma, e não incomumente o preenchem com um amante. O amante está no lugar do marido ausente. Ele se (ir)realiza no papel do amante. Um lugar possível para o marido ausente é o de "corno". Um lugar possível para o marido desleixado é o de nojo, repugnância.

O corpo fantasma não é uma rememoração, ele é um quase presente, ele recoloca quase alucinatoriamente a emoção que não quer ser abandonada em um lugar original. O fantasma preenche o lugar vazio deixado pelo marido para que não exista repentinamente o nada. Da recusa e do "delírio" até a ilusão, e depois a representação simbólica, a viúva percorre um longo caminho. Merleau-Ponty (2006) diz: "O corpo[11] é o veículo do ser no mundo. No sentido de que: O corpo habitual é uma necessidade para uma existência mais integrada" (Merleau-Ponty, 2006, p. 22). Diz ainda que:

> A existência pessoal é intermitente, e, quando essa maré refluir, a decisão só pode dar à minha vida uma significação forçada. . . . O olhar envolve, apalpa. O mesmo corpo vê e toca, o visível e o tangível pertencem ao mesmo mundo. Imbricação e cruzamento entre o tocado e quem toca. (Merleau-Ponty, 2005, pp. 130-131)

Berenstein (2004a) deixa claro que a origem do vínculo, como entendemos hoje, baseia-se na impossibilidade de ausência do outro. Isto é atestado na seguinte passagem, onde enfatiza que:

> É impossível construir um vínculo com um outro ausente. O vínculo não é selado pela união de dois sujeitos, ele se realiza a cada instante pela existência do alheio. . . . A ausência é condição para a representação inconsciente, já que não se pode representar quem está presente. Não é equivalente a "não estar". A ausência é uma forma de estar. Um pai ausente não é o mesmo que um pai que não está no lugar de pai. . . . A presença não é só da ordem da percepção, se refere tanto à ocupação de um lugar que gera um novo sentido como à permanente excedência do sujeito em relação ao lugar. Se o sujeito ocupa o lugar de pai, esse lugar de pai está associado indissoluvelmente ao de filho. Mas cada um deles fará do lugar algo singular, por isso seu duplo caráter de alheio e de novidade. (p. 101)

A viúva não pode mais conversar; pode, sim, escrever uma carta e estabelecer uma ilusão de simultaneidade no espaço e no tempo, própria do objeto interno. O marido não está mais ali, impondo sua presença, sua não coincidência que traz a necessidade do trabalho do vínculo. A imagem do amado à qual a viúva estava colada e que deixa de existir provoca uma queda do imaginário. As palavras queridas não podem se renovar e ficam sendo escutadas como um disco arranhado até que a viúva decida que a sua imagem deve morrer.

---

[11] O corpo, para este autor, não é apenas um objeto entre todos os objetos, um complexo de qualidades entre outros, é um objeto sensível a todos os outros, que ressoa para todos os sons, vibra para todas as cores, e que fornece às palavras a sua significação primordial através da maneira pela qual ele as acolhe (Merleau-Ponty, 2006, p. 317).

O trabalho clínico deve percorrer os padecimentos derivados da representação da perda e passa pela elaboração, pela repetição e pelos transtornos da simbolização. A viúva precisa superar a perda dos lugares predeterminados, que a precipita no desconserto do desconhecido, no acontecimento de estar sem o corpo do marido. Depois da dor poderá haver uma abertura para o novo, um outro espaço mental que possa incluir outros relacionamentos e retomar a produção de subjetividade.

O ESPAÇO E A DISTRIBUIÇÃO DOS BENS: UM SISTEMA DE COMUNICAÇÃO

O CASAL SE CONVERTE EM UMA CASA PARA DOIS

A casa: lugar de lembranças inesquecíveis, símbolo de proteção, estabilidade, espaço de intimidade, conforto, funcionalidade, a casa é múltipla. Reúne tanto características objetivas quanto subjetivas e se desdobra na interioridade e exterioridade de seus espaços. A casa é reveladora. Retrato dos habitantes que a povoam com suas preferências, desejos, sonhos e expectativas. Ela torna visível, por mínimos detalhes, segredos escondidos. Convivem na casa as necessidades de ontem e de hoje. Ao mesmo tempo objeto utilitário e símbolo, a casa pode ser o resultado de articulações espaciais promovidas por seus próprios usuários, resultado da interpretação de um especialista ou resultado da imposição projetiva de alguém, independentemente do ponto de vista deste usuário. Assim podemos encontrar casas amigáveis, receptivas e calorosas[1].

No capítulo sobre as distâncias e as ausências na vida a dois, falei do quarto de casal e do microespaço da cama. Falo agora do espaço da casa no sentido de um sistema de comunicação onde observamos quem está mais próximo ou distante através da distribuição espacial dos aposentos da casa, dos lugares que ocupam na mesa, na cama, no carro, no consultório, do sistema das portas abertas ou fechadas. No espaço, consideramos o fator localização e o fator distância, como, por exemplo, se o quarto de um membro da família está perto ou distante, se o marido senta perto ou distante da esposa, se a casa onde residem é separada ou próxima da família de origem, evidenciando o predomínio da família materna ou paterna e um funcionamento endogâmico ou exogâmico do casal.

O espaço familiar apresenta uma distribuição convencional e, portanto, contém a representação inconsciente da estrutura familiar (Berenstein, 1988). A forma como o casal ou grupo ordenou um espaço permite que possamos recuperar dimensões psicológicas, uma forma de expressão psíquica considerada como uma linguagem.

Observamos os espaços vazios, nomeados ou não, espaços particulares e comuns, o espaço tolerado entre as pessoas e o significado de distância como forma de regular o

---

[1] Escrito em um folder da Casa Cor Rio Grande do Sul, anos atrás.

intercâmbio afetivo e correspondendo a um modelo inconsciente. Uma gaveta vazia, um armário onde não há espaço para as roupas dele, tudo informa, denuncia. Se um cômodo da casa não possui uma denominação, como uma palavra em branco que circula sem ser dita, ou se aquele espaço permanece em branco sem modificação no tempo, sem uma nominação ou apropriação, podemos indagar acerca do seu sentido particular. A casa não pode ser totalmente indeterminada para aquele casal, deve ser "a nossa casa".

Utilizando-se da noção de "abrigo" de Xenofonte, Foucault (1985b) busca definir as funções de marido e de esposa na casa: "ao criar o casal humano, os deuses teriam, de fato, pensado na descendência e na continuidade da raça, na ajuda de que se tem necessidade na velhice, enfim, na necessidade de não se 'viver ao ar livre como o gado'". Mas até o gado tem seu paradouro, o lugar onde gosta de dormir (p. 141):

> ... para os humanos, "é evidente que é necessário um teto. À primeira vista, a descendência dá à família sua dimensão temporal e, o abrigo, sua organização espacial. O "teto" determina ao homem uma região externa e uma região interna, uma das quais concerne ao homem e a outra constitui o lugar privilegiado da mulher; mas ele é também o lugar onde se junta, acumula e conserva o que foi adquirido; abrigar é prever para distribuir no tempo, de acordo com os momentos oportunos. Fora, haverá, portanto, o homem que semeia, cultiva, labora e cria o gado; ele traz para casa o que produziu, ganhou ou trocou; dentro, a mulher recebe, conserva e atribui na medida das necessidades, é a gestão da mulher que, o mais frequentemente, regula o gasto."

Os dois papéis se complementam e a ausência de um tornaria o outro inútil. Barthes (2003) fala de dois lugares, o de homem e o de mulher, duas formas de atividade e duas maneiras de organizar o tempo e o espaço; sobre as técnicas de arrumação da casa, em que cada um dos cônjuges tem uma natureza, uma forma de atividade e um lugar que se define em relação às necessidades.

Levamos em conta o espaço que cada indivíduo ocupa dentro do grupo. Essa linha de investigação considera, em especial, o intersubjetivo que abarca o entre dois ou mais sujeitos. O transubjetivo que seria o espaço do atravessamento da cultura e o intrapsíquico correspondendo ao sujeito do pulsional, lembrando que tudo que é interior se abre para o exterior, tomando ali a forma de uma imagem.

O espaço habitado transcende o espaço geométrico e aqueles que projetam casas sabem da dificuldade de condensar no papel manteiga a "casa natal" e a "casa sonhada" de Bachelard (2005). Para ele, a casa sonhada deve ter tudo e "por mais amplo que seja seu espaço, ela deve ser uma choupana, corpo de pomba, um ninho, uma crisálida. A intimidade tem necessidade do âmago de um ninho" (p. 78).

É verdade que Bachelard refere, logo de início, que para um estudo fenomenológico dos valores de intimidade do espaço interior, a casa é evidentemente um ser privilegiado. Uma espécie de atração de imagens. Como observará Bachelard (2005):

> A casa é o nosso canto do mundo. Ela é, como se diz amiúde, o nosso primeiro universo. É um verdadeiro cosmos. A casa não é vivida somente no presente, nosso bem-estar têm um passado. Todos os abrigos, todos os refúgios, todos os aposentos convergem para um canto do mundo, que buscamos na memória e imaginação. (pp. 24-25)

Vivemos fixações, diz o autor, "fixações de felicidade. Reconfortamo-nos ao viver lembranças de proteção". Nossa casa nos protege e nos permite sonhar em paz.

> Sem ela, o homem seria um ser disperso. Ela mantém o homem através das tempestades do céu e das tempestades da vida. . . . Antes de ser jogado no mundo . . . o homem é colocado no berço da casa . . . . A vida começa bem, começa fechada, protegida, agasalhada no regaço da casa. (Bachelard, 2005, pp. 25-26)

"Viver na casa é como alojar-se no próprio corpo (n)o corpo da mãe . . . A casa é um lugar simbólico, construído por processos de ocupação" (Rodulfo, 2004, p. 77). Esses atos podem ser inscritos pelos seus ocupantes até mesmo na escolha dos "enfeites" (pondo um enfeite).

A CLÍNICA

Eles chegaram num momento de intensas brigas e dúvidas quanto à continuidade do casamento. Disseram que ainda havia amor, conviviam desde a adolescência e tinham um filho de cinco anos na época. Ele, que chamarei de Paulo, trabalhava com o pai dela. A ela chamarei de Neca. Residiam no prédio da família dela, no mesmo andar, inclusive, mantendo as portas dos apartamentos sempre abertas para que o filho/neto pudesse circular livremente de um lugar para outro. Os pais de Neca já estavam separados, o pai havia constituído outra família com uma das muitas namoradas que teve, e tinha um comércio na parte de baixo do prédio, onde trabalhavam Paulo e o cunhado. Todos acabavam almoçando juntos por ser mais cômodo, pelo fato de Neca trabalhar muito e por sua mãe cozinhar muito bem e estar acostumada com o gosto de todos, principalmente do ex-marido, que "não gostava de comer fora".

O negócio do pai de Neca havia falido há meses, e por isso Paulo não recebia salário. Pretendia procurar outro emprego, mas não tomava iniciativa, sentia-se culpado em abandonar o sogro/pai nesse momento. Tinha desistido da faculdade depois de não poder se rematricular por falta de pagamento das mensalidades do semestre anterior. O sogro pagava um salário pequeno ao genro e se responsabilizava pelos estudos. Com a falência, tanto o salário quanto as mensalidades do curso deixaram de ser pagas.

O apartamento em que moravam estava hipotecado e o nome de Paulo comprometido depois de haver emprestado cheques para o sogro/patrão. Nem mesmo a luz da residência era individualizada. O pai de Neca costumava pagar a conta total da luz pelo fato de o negócio ser no mesmo prédio e consumir muita energia. Com a desorganização financeira, deixara de pagar a conta, que reunia os dois apartamentos e a sala comercial, e o casal teve a luz de sua residência diversas vezes cortada. A casa é a projeção espacial do vínculo, a deles, *não tinha luz própria*. Custou muito trabalho psíquico separar, individualizar as contas de luz. Todos os sinais indicavam um funcionamento endogâmico: a forma como ocupavam o espaço habitacional, o tempo dedicado ao convívio familiar, e a circulação dos bens e dinheiro.

No mito familiar havia a fantasia de que as separações eram trágicas, pois histórias de traições e suicídios marcaram as famílias de ambos os lados. Traziam seu sofrimento

Encontros & Desencontros

juntamente com o desejo e impossibilidade de um corte com a família doadora. Apresentavam, porém, muita dificuldade de viver dentro de um contexto próprio do casal e aceitar as diferenças de cada um.

Mais da clínica

Uma mulher telefona no início da manhã e solicita um horário. Diz que está muito mal e que não dormiu na noite anterior. Ela custa a compreender onde fica o consultório. Liga do celular duas vezes até conseguir chegar ao endereço. A mulher, chamada Leonora, era magra, elegante, bonita, passava dos cinquenta anos e demonstrava estar sofrendo muito. Comentou que já havia ligado meses atrás, mas achou que poderia resolver o problema sozinha.

Disse ela:

> Não estou aguentando mais e acho que estou ficando louca. Estou separada há três anos, mas ao mesmo tempo não estou. Eu e o meu marido moramos no mesmo terreno em casas separadas, em condomínio, como diz a advogada.
>
> Ainda possuímos contas conjuntas. Só para tu teres uma ideia, ele lavou o carro no fim de semana e pediu o aspirador emprestado para limpar o carro dele. Joga futebol com os filhos no pátio de casa, que é comum. Eu vejo ele entrar e sair; escuto o barulho do chuveiro quando ele está no banho e depois dele se perfumar, escuto ele abrir o porta-malas do carro e sei que ele vai dormir na casa da outra. É uma tortura diária. Às vezes não sei onde está a realidade.
>
> Esta mulher ele já tem desde dois anos antes da separação, um dia eu resolvi encarar. Numa noite liguei para aquele número do celular dele, o número que se repetia, e foi ela que atendeu o telefonema e colocou meu marido na linha. Ele não respondeu nada, mas a mulher fez uma gritaria. Disse que ele não tinha contado que era casado.
>
> Meu casamento terminou ali, ou antes, mas nem sei se terminou direito, porque ele não admite sair desta casa. Justifica-se dizendo que nasceu aqui, que adora o bairro. Mas esta casa é minha e dos meus filhos. Sempre fui muito apegada a essa casa e à família dele. Minha família mora em outro país. Eu era considerada como uma filha e muitas vezes eu tinha horror disso. No início do nosso casamento fomos morar numa casa bem modesta e distante. Mas meu sogro não sossegou enquanto não nos trouxe para junto deles. Eu era muito jovem, ingênua e não me dava conta da sutileza do controle que eles exerciam sobre mim. Não achei ruim quando meu marido deu uma cópia da chave da nossa casa para eles, apesar disso ter-nos tirado, aos poucos, muito da nossa privacidade.
>
> Nossas conversas eram cortadas, muitas vezes, pelo som de uma campainha que eles instalaram para chamar o filho, e o faziam com muita frequência. Eu não tinha a liberdade de receber nossos amigos sem a presença deles. Se eu não convidava, consideravam uma ofensa. Aos poucos era como se morássemos juntos. Até nos passeios de final de semana ou caminhadas matinais não estávamos sozinhos.

a complexidade da vida a dois

Quando eu quis dar um limite, diziam que me amavam, que eu era como uma filha, que nunca fui nora, e se eu tentava ser mais incisiva, eles me ignoravam. Meus sogros costumavam dizer que não tinham perdido um filho, mas que tinham ganhado uma filha. Quando os pais dele morreram, eu pensei: "Agora vou ter meu marido só para mim!". Peguei na mão dele e senti algo muito estranho, como se ele não estivesse mais ali, como se a alma dele tivesse morrido com os pais [a traição coincide com o agravamento da doença da mãe meses após a morte do pai]. Meu marido, quer dizer, meu ex-marido, ainda dorme na cama deles, por cima dos corpos mortos.

Solicitei que Leonora fizesse um desenho das residências. Mesmo sabendo da proximidade das casas, me surpreende a forma como as representa naquele papel. Vejo duas casas dispostas lado a lado, quase grudadas, com um pátio em comum na frente, a sacada de onde costumava ver o marido tomando banho na casa ao lado, e as garagens na parte inferior da casa dela, o que possibilitava saber quando ele chegava e saía diariamente. Se não fossem as garagens, as casas seriam idênticas e quase geminadas, em condomínio, conforme disse a advogada. O desenho da planta baixa da residência e todo relato denunciam o tipo de *relação gemelar*, endogâmica, de repetição e de morte nesta família.

Quando o casal não encontra um espaço privado para o seu desenvolvimento, o vínculo de aliança permanece débil. Se os pais dele(s) possuem a chave da casa, o espaço privado ou íntimo não existe, é como se não houvesse uma porta entre uma residência e outra. Não existe uma delimitação entre o íntimo, o privado e o público. A ex-esposa sabe que o ex-marido sairá para se encontrar com outra mulher. O filho (marido) permanece na casa dos pais e a lei que circula é a da família dos pais dele. A esposa é convertida em irmã para que nada mude, para negar a passagem do tempo e o vínculo de aliança.

Os pais morrem e o casal deveria ficar livre, mas ambos estão deprimidos, desamparados e o marido atua por meio da traição, o luto impossível de ambos. Um espia e controla o outro através da campainha e da proximidade dos aposentos. Todos os ruídos são compartilhados como se não houvesse paredes, divisórias. Toda vez que ela escuta os movimentos dele no banheiro, na garagem, é obrigada a compartilhar de sua cotidianidade e sua sexualidade como se estivessem juntos. Não há separação entre os pais dele(s) e o casal, entre uma casa e outra. Convivem no mesmo pátio, ela e o ex-marido, como se não houvesse separação de fato, gerando constrangimentos e confusão. Ela se questiona sobre se está separada e se está lúcida. Os vivos ocupam o mesmo lugar dos mortos. O ex-marido habitando a casa dos pais (a casa ao lado – gemelar) repete a situação invasiva dos pais dele, como se entrasse na casa da ex-esposa sem ser convidado em função da proximidade. Existe apenas uma casa ou as casas são iguais, gêmeas.

O jardim é considerado como um espaço intermediário que serve de transição entre um fora aberto e um dentro fechado. Contíguo à casa, amortece a diferença entre o interior confiável e um exterior potencialmente hostil. Nesta família não existe este espaço intermediário, o pátio é comum, não há distanciamento entre uma casa e outra, diferença entre a casa dos pais e a casa deles ou a casa de um e de outro, na atualidade.

Habitualmente "o fora" se apresenta como desconhecido, arriscado e ilimitado e "o dentro" como tranquilizador, já que podemos delimitá-lo (Valtier, 2003, p. 203). Leonora não se sente tranquila dentro de sua própria casa, não se arrisca a sair deste condomínio. Foi difícil achar o consultório, lugar "fora", desconhecido e possível para pensar a relação.

Outros fragmentos clínicos

Um casal chega encaminhado pela terapeuta da filha. Falam pouco do problema da filha e muito de suas famílias de origem. Nas primeiras entrevistas relatam espontaneamente essas histórias e parecem encontrar imenso prazer nisto. A mãe daquele que chamarei de Celso teve uma filha e depois diversos abortos espontâneos. O último deles ocorreu após uma briga do casal, que culminou no retorno deles para o sul do país, onde residia toda a família materna. Após esse aborto e essa mudança, nasceu Celso, de oito meses, depois de a mãe permanecer deitada quase todo o período de gravidez. O tratamento que os pais tiveram que fazer para que levassem a gravidez a termo endividou a família. Celso nasceu no meio de sete tias e muitas dívidas. Sempre muito "paparicado", vivia de colo em colo e só caminhou aos três anos de idade. As tias costumavam chamá-lo de "florzinha de estufa". Enquanto a mãe foi viva, ganhava café na cama e muitas gentilezas. O pai casou novamente e foi morar numa praia. Apesar disso, o filho está sempre por perto ajudando o pai.

Celso é muito dedicado e perfeccionista no que faz, trabalha sem parar, até ver o fim de um serviço. A esposa, Marta, queixa-se de ele não ter um horário para ela e a filha. Diz ainda que ele é prestativo demais. Que a família dele vive chamando-o para tudo e ele acaba trabalhando mais para os outros do que para ele próprio. É como se fosse o "faz tudo", e a família se aproveita. Até a família da ex-mulher fica chamando-o para "quebrar esses galhos" ou pedir opinião.

Desde que a filha nasceu, Marta não trabalha e engordou muito, sente-se desvalorizada, mas não consegue deixar a filha com outra pessoa para poder retomar a profissão e nem possui vida social independente do marido ou famílias. A escola solicitou uma avaliação psicológica para a filha do casal. A queixa é falta de limites, agressividade, impulsividade, imaturidade emocional, desorganização na realização das tarefas.

No início do casamento moravam com a mãe de Marta. Dormiam na cama de solteiro de Marta, costumavam tomar banho juntos e usavam a mesma escova de dente. Depois de alguns anos, conseguiram comprar um apartamento pequeno, de um quarto, motivo pelo qual a filha dormia com eles e frequentemente na mesma cama. Marta se dedicou muito à filha e diz não gostar mais de ter relações sexuais como antes, quando dormiam amontoados na cama de solteiro de Marta. Celso não se sente tão carinhoso e sedutor, além disso, trabalha muito, muitas vezes "vira as noites" para concluir um serviço.

Essa filha leva o mesmo nome da mãe de Marta. Seu nascimento foi tido como "traumático". O casal conta:

> Não havia vaga no hospital, e como eu estava com a pressão alta não podia fazer cesariana. Léia veio de parto normal, no seco, sem qualquer anestesia, saiu a

---

[2] Relação dual ou gemelar significa o desejo de repetir na relação a primeira experiência de satisfação.

fórceps. Me rasgaram toda! Nunca mais pensei em ter filhos. A bolsa estourou aos oito meses, a Léia veio prematura, com 32 semanas, mas já pesava dois quilos, só que pegou amarelão e tivemos que ficar quinze dias no hospital. Acabei indo para casa sem a minha filha e dando "mamá" de copinho. Via ela sendo picada pelas enfermeiras dia e noite para os exames, injeções até na cabecinha.

Antes do nascimento da filha, costumavam passar os finais de semana na casa de praia da mãe de Marta, e dormiam todos juntos no único quarto da casa. Atualmente Celso anda se indispondo com a sogra, e Marta não sente muita vontade de sair de casa, mas apesar disso se inscreveu num concurso. Ambos dizem estar assustados, pois se Marta for aprovada no concurso, pode ser locada em outra cidade.

Comentam que gostam de fazer tudo juntos. Que gostam de tomar banho os três juntos. Celso diz num tom de brincadeira: "O meu ideal de casa era ter um banheiro com três privadas, uma para cada um". Neste casal, a cláusula do contrato de casamento incluía a ilusão de atemporalidade, em que a passagem do tempo não existe, ficando comprometida a noção de espaço, que permanece indiferenciado. A menina continua dormindo no quarto dos pais, assim como o casal permaneceu dormindo em cama de solteiro e na casa da família materna. Era como se Marta permanecesse na condição de solteira e morando com a mãe, como se o tempo não seguisse seu curso.

A chegada da filha é prematura, traumática, rasgando essa ilusão de pele comum entre o vínculo de aliança e o de consanguinidade. Léia é tirada a fórceps do corpo da mãe. A filha leva o nome da avó (Léia) e permanece no meio do casal numa repetição que impossibilita qualquer novidade. Todos dormiam juntos desde o princípio na cama de solteiro, na casa de Léia, na casa da praia, nesse pequeno apartamento, onde há o ideal de um banheiro com um vaso sanitário para cada um, para que possam ocupar o banheiro ao mesmo tempo. Nesta família, não há divisão entre o espaço público e o espaço privado. A escova de dentes é um objeto de uso pessoal, mas é usado pelo casal indiscriminadamente. Quando a sala é dividida, criando-se um espaço privado para a filha, esta não consegue habitá-lo sozinha.

Ela se refere ao marido e não ex-marido, as casas não estão em terrenos separados assim como as contas bancárias.

Percebemos o quanto pode ser significativo e revelador observar como o casal ocupa o espaço habitacional, e como lida com a passagem do tempo, e com o dinheiro. Ainda assim, encontramos pouco material a respeito desse significado no processo de tratamento do casal. Fruett (2007) lembra que "a casa é uma extensão da representação da imagem do corpo; ela nos referencia como parte integrante da identidade, não é por outro motivo que as primeiras representações gráficas que as crianças produzem são o desenho da casa e o da figura humana".

A FUNÇÃO, O SIGNIFICADO E A CIRCULAÇÃO DOS BENS E DO DINHEIRO

A "casa" incorpora tudo aquilo que o casal vem a possuir, como terras e bens. Estão intimamente implicados os bens da família e a expressão "a casa" como o território que o casal necessita para prover suas necessidades. A circulação dos bens e do dinheiro é

Encontros & Desencontros

outro fator que nos dá indício do funcionamento do casal, Berenstein (1976a) caracterizou os nomes próprios, o espaço familiar e o ordenamento do tempo como indicadores da *Estrutura Familiar Inconsciente,* elementos nos quais poderíamos perceber o predomínio do vínculo consanguíneo sobre o vínculo de aliança, ou o predomínio da linhagem materna ou paterna.

Outros autores, ampliando esta teoria proposta por Berenstein, acrescentaram a circulação do dinheiro e dos bens (Rojas, 1991) e a distribuição e o manejo da economia doméstica, tal como aparecem no relato das sessões vinculares, como reveladores de intercâmbios inconscientes e clandestinos em que poderíamos perceber, ainda, relações de monopólio, apoio, situações de exclusões, preferências e antagonismos, entre quem deve receber os bens da herança e como gastá-los (Gomel & Czernikowiski, 1997).

O dinheiro não é um simples objeto, ele representa uma relação social e afetiva, não é simplesmente uma aparição comercial, num determinado momento histórico. Os homens inventaram o dinheiro para tornar possível uma divisão internacional do trabalho, o emprego mediante remuneração, nossos mutáveis desejos e múltiplas necessidades. Para Buchan (2000) o dinheiro "provavelmente não foi inventado num determinado lugar e numa determinada época, mas surgiu em múltiplas essências, por múltiplos propósitos".

O dinheiro permitiu que os seres humanos expandissem não apenas as suas posses, mas os seus desejos (Buchan, 2000, p. 362). O copo permanece um copo e o dinheiro se torna dinheiro no instante em que incorpora um desejo. Só o dinheiro dá a medida do sucesso ou fracasso, infelicidade ou infortúnio. Só o dinheiro pode recompensar ou punir (Buchan, 2000, p. 24, 26, 38, 48, 84). Seu valor é estabelecido pelo senso comum e serve para expressar nossas necessidades, nossa propriedade, nosso poder, nossa sujeição. O dinheiro personifica a liberdade e a sujeição a outro ser humano.

O valor que é posto no dinheiro pela humanidade, afirma Buchan (2000),

> é extrínseco ao dinheiro, e tem sua real localização naquelas boas coisas, através da avaliação posta oportunamente nelas, que ele é capaz de comprar . . . pois a coisa não tem valor em si mesma, é a opinião e a moda que os põem em uso e lhes dão um valor. (p. 145).

Diz ainda o autor: "O dinheiro é puramente uma função. O dinheiro não é o valor pelo qual os bens são trocados, mas o valor através dos quais são trocados: o uso do dinheiro é para comprar os bens" (Buchan, p. 187). E mais adiante complementa: "O dinheiro (ou alguma outra álgebra) avaliaria não apenas produtos tangíveis de terra e trabalho, mas Arte, Opinião, Favor, Convivência, Interesse, Amigos, Eloquência, Reputação, Poder, Autoridade. Os seres humanos são dessa forma intercambiáveis" (Buchan, 2000, p. 146).

Outra questão interessante encontrada na leitura desse autor é a de que o dinheiro fortalece a desigualdade. Para uma mulher o dinheiro vem por três canais principais: o primeiro é a herança, o segundo é o trabalho e o terceiro é o sexo. O autor lembra do trabalho serviçal da mulher medieval carregando água e carvão, um trabalho interminável: "o trabalho de uma mulher nunca está feito". O sexo pode ser uma forma de trabalho que se converte em dinheiro.

Historicamente, o noivo pagava o preço da noiva aos parentes de sua esposa com a intenção de oferecer uma garantia de que a mulher não seria maltratada, ou no sentido de uma compensação para a família devido à perda. Buchan (2000) afirma que no Islã uma

O espaço e a distribuição dos bens: um sistema de comunicação

esposa conserva a sua propriedade no casamento mesmo que o marido a administre, e pode exigi-la de volta quando desejar.

Na Inglaterra, esposas sem casamento constituído não podiam adquirir, manter ou dispor de propriedade sem a intervenção de um curador, até o aparecimento da Lei da Propriedade da Mulher Casada, de 1882. As mulheres, portanto, tiveram um papel menor na grande expansão das operações monetárias (Buchan, 2000, p. 226). Posteriormente, a mulher passou a trabalhar fora mediante remuneração e foi libertada da tarefa interminável de dona de casa, pois "há sempre uma panela para lavar ou camisa para costurar" (Buchan, 2000, p. 235).

Até a fase inferior da barbárie, a riqueza duradoura limitava-se mais ou menos à habitação, às vestes, aos adornos primitivos e utensílios necessários para a obtenção e preparo dos alimentos; ". . . o barco, as armas, os objetos caseiros mais simples. . . . O alimento devia ser conseguido todo dia, novamente. . . . Agora com suas manadas de cavalos, camelos, asnos, bois, cabras e porcos, os povos pastores iam ganhando terreno e adquirindo riquezas" (Engels, 1985, pp. 57-59).

Com a introdução da criação de gado nasceu a propriedade da família monogâmica. Os rebanhos passaram a ser propriedade das famílias e para cuidá-los precisava-se de mais pessoas; passou-se então a utilizar prisioneiros de guerra e escravos. A propriedade podia multiplicar-se tal como o gado. A domesticação de animais e a criação de gado haviam aberto mananciais de riquezas até então desconhecidos, a propriedade podia se multiplicar tal como o gado, criando relações sociais inteiramente novas.

Esta evolução ocasionou uma modificação na divisão do trabalho da família: ao homem cabia procurar os alimentos e os instrumentos de trabalho necessários para isso. O homem passou a ser proprietário do gado e consequentemente do escravo, e passou a ocupar uma posição mais importante que a da mulher na família. Antes disso, a divisão do trabalho era espontânea. Acompanhamos Engels (1985):

O homem vai à guerra, incumbe-se da caça e da pesca, procura as matérias-primas para a alimentação, produz os instrumentos necessários para a consecução dos seus fins. A mulher cuida da casa, prepara a comida e confecciona as roupas: cozinha, fia e cose. Cada um mantinha seu domínio: o homem na floresta, a mulher em casa. Cada um é proprietário dos instrumentos que elabora . . . o homem possui as armas e os petrechos de caça e pesca, a mulher é dona dos utensílios caseiros. A economia doméstica é comunista, abrangendo várias e amiúde numerosas famílias. O resto é feito e utilizado em comum, é de propriedade comum: a casa, as canoas, as hortas . . . . Com o desmoronamento do direito materno, a grande derrota histórica do sexo feminino em todo mundo, o homem apoderou-se também da direção da casa; a mulher viu-se degradada, convertida em servidora, em escrava da luxúria do homem, em simples instrumento de reprodução. Essa baixa condição da mulher manifestada, sobretudo entre os gregos dos tempos heroicos e, ainda mais, entre os dos tempos clássicos, tem sido gradualmente retocada, dissimulada e, em certos lugares, até revestida de formas de maior suavidade, mas de maneira alguma suprimida. (p. 178, 61)

O homem passou a ocupar um espaço que pertencia exclusivamente às mulheres, e o trabalho doméstico começou a perder sua importância, comparado com o trabalho produtivo do homem, que passou a ser o chefe da casa e mantinha sobre seu poder a mulher, os filhos e os escravos. O homem passou a ser o dono da casa, a movimentar as finanças e a se ocupar da compras e vendas mais importantes, sobretudo as de terra, atribuições anteriormente femininas. Seu pátrio poder lhe dava o direito de vida e morte sobre todos eles, e sua herança era transmitida por testamento.

A família passou a ser monogâmica, há o predomínio do homem e sua finalidade é procriar filhos cuja paternidade seja indiscutível. Os filhos, na qualidade de herdeiros diretos, estarão um dia na posse dos bens do pai (Engels, 1985, p. 66).

Em "O caráter e o erotismo anal" Freud, partindo de suas experiências clínicas, propôs algumas hipóteses sobre a formação do caráter. Já em 1897, havia concebido que o excremento, o dinheiro e a neurose obsessiva estavam intimamente ligados, e que os pacientes, retendo suas fezes, exibiam de um modo típico os traços de caráter relacionados com a ordem, a parcimônia e a obstinação. Sobre este conflito e vicissitudes suscitadas pelo controle esfincteriano, a criança organizará seus vínculos objetais.

A noção de propriedade privada aparece durante a fase anal do desenvolvimento psicossexual. Com o progressivo domínio do controle esfincteriano, torna-se possível à criança reter ou expulsar o que crê lhe pertencer, visto que suas fezes podem ser oferecidas ou negadas. Quase simultaneamente, a criança desenvolve a noção de poder e de posse.

Sempre que pensamos nos bens do casal e da família levamos em consideração os aspectos históricos, sociais e econômicos para podermos dimensionar o significado desses conceitos (dinheiro, bens, propriedade privada, herança) em cada família, ao longo das gerações, bem como dimensionar a importância das relações de poder ligadas às questões de gênero, mencionadas no capítulo "A dinâmica das relações de poder na conjugalidade".

Uma das questões mais difíceis de acordar na maioria dos casais e que, costumeiramente, aparece como fonte de conflito ou formação de sintomas, é a forma como se organizam em relação ao dinheiro, bens, propriedades, herança, dívidas e legados. Essas combinações ou a falta delas, juntamente com os acordos e pactos inconscientes, pretendem ser explicitados, e entendidos seus significados ao longo do tratamento; também as expectativas e frustrações referentes a valores, investimentos, gastos, enfim, toda a economia doméstica. Por exemplo: quem se responsabiliza pela contabilidade? Como lidam com o dinheiro recebido de herança? Ambos trabalham e são remunerados por isso? O dinheiro não tem o mesmo valor para ambos (Sager, 1976). Foucault, no seu livro *As palavras e as coisas*, diz que "as relações entre riqueza e moeda estabelecem-se, pois, na circulação e na troca, não mais na preciosidade do metal" (Foucault, 2007, p. 246).

Qual o significado do dinheiro nas famílias de origem e para o casal? Dinheiro e sua relação com a competitividade, o poder ou a afetividade. Através da psicanálise passamos a compreender um pouco mais a respeito do processo psicológico envolvido e sua relação com o dinheiro.

A forma como os casais realizam as trocas é outro fator a ser observado, pois o sistema de troca não tem somente nem essencialmente um caráter econômico, "mas é dotado de significação social e religiosa, mágica e econômica, utilitária e sentimental, jurídica e moral". Lévi-Strauss (1982, p. 92) assinala que a troca é feita por ocasião de acontecimentos importantes como nascimentos, casamentos, tratados de paz, delitos e culpas. Esse sistema de trocas, também chamado de dotes recíprocos, tem as seguintes funções:

1) Proceder à restituição dos presentes recebidos, acrescido de juros (que podem chegar a 100%).

2) Estabelecer publicamente a reivindicação de um grupo familiar ou social a um título ou uma prerrogativa.

3) Anunciar oficialmente uma mudança de situação.

4) Superar um rival.

A troca constitui um conjunto de manobras conscientes e inconscientes para adquirir garantias e prevenir contra o risco no duplo terreno das alianças e das rivalidades. O importante não é o bem em si, mas a posse de um bem ou riqueza que confira prestígio ao seu dono e, principalmente, a distribuição dessa riqueza. A mulher já foi considerada o bem mais valioso de troca, comparada a um presente supremo. Trocando mulheres de uma tribo com a outra, estava garantida a sobrevivência do grupo através da exogamia e do princípio de reciprocidade[3].

O direito das sucessões define a herança, mas muitas famílias não respeitam as leis e determinam, através de testamento, quem herdará determinado bem, apontando preferências entre os filhos e formando alianças com uns, em detrimento dos demais.

Quando se trata de casais, muitas vezes o que é despesa para um é receita para outro. E quando se está em dívida ou se tem dificuldade para pagar uma dívida, ocorre uma depreciação, uma desvalorização. A circulação do valor, do afeto, da autoestima se esconde e há uma redução do capital, entre outras consequências. Não é incomum um dos cônjuges pagar adiantado as contas, o outro entrar frequentemente no cheque especial e isso tornar-se motivo de discussões. A maneira como lidam com o dinheiro costuma ser diferente e provoca mal-entendidos. O casal não é composto de dois seres que formam um conjunto de linhas simples e sólidas. No tratamento analítico, o dinheiro forma parte do contrato e, juntamente com o tempo e o espaço, constitui material a ser visto com cautela.

FRAGMENTO CLÍNICO

Recebo para atendimento um casal que estava vivendo seu início do casamento. A queixa era a falta de divisão entre o tempo de trabalho e o tempo para uma vida privada. Ambos tinham a mesma profissão e trabalhavam juntos em casa. As despesas eram divididas igualmente, embora ele ganhasse o triplo dela. O pai dele se propôs a emprestar dinheiro para que o casal pudesse dar entrada em um apartamento. Posteriormente, o pai deu o mesmo valor da entrada deste apartamento para outro filho, e considerou este empréstimo como um adiantamento de herança. A dívida do casal foi extinta, ainda assim a mulher achava que devia devolver a metade do dinheiro para o sogro. Como o sogro não aceitou a devolução, sentia-se em dívida.

Quando o apartamento começou a ser mobiliado e decorado, novamente combinaram dividir igualmente as despesas, embora ele tivesse uma remuneração muito superior a

---

[3] Na atualidade, constatamos que uma das formas de restituição/retribuição pela saída dos filhos é a chegada dos netos.

dela. Anotavam os centavos que gastavam e que deviam um para o outro, sem conseguir compartilhar o dinheiro. Havia sempre a sensação de que um devia para o outro, de que um tinha dado mais que o outro. Se a conta não fechava, pairava sempre uma pergunta: "Aonde foi parar o dinheiro?" A forma como lidavam com o dinheiro denunciava uma fissura no vínculo de aliança, um aspecto "não casado".

Um dos parâmetros que definem o que seja um casal é a forma como organizam a sua cotidianidade, em que consideramos a realização de atividades compartidas ligadas ao consumo e ganho dos bens e do dinheiro. Pensando no sistema de troca, é como se o marido não estivesse satisfeito com a mulher recebida e ela tivesse que pagar o resto da vida em agradecimento pela "saída" exogâmica. Ela não consegue receber o presente do sogro por não sentir pertencer a esta família, como se não tivesse sido doada. O dinheiro que tem mais valor é o da família paterna.

Evidentemente que todas estas questões apareciam na transferência. Foi custoso acordarem um horário, cada um pagava metade do valor do tratamento, aparecia muito mais a divisão do que a soma.

Em seguida ficaram grávidos e apareceu a dificuldade de criar um espaço para o bebê, assim como não havia um espaço para a intimidade do casal. A barriga crescia e a mulher seguia trabalhando no mesmo ritmo, apesar dos enjoos e da recomendação médica para fazer pequenos lanches e repousos. O marido achava ruim se ela não conseguisse ter a mesma disposição e ritmo para finalizar tarefas. Não conseguiam escolher um nome para a criança, que continuou sendo chamada de "bebê" até o último mês de gestação. O enxoval não era preparado porque não teriam onde guardá-lo, já que o quartinho do bebê também não havia sido providenciado, motivo pelo qual parentes e amigos foram solicitados a não comprarem nada para o enxoval da criança até que o armário ou cômoda fossem entregues pelo marceneiro. Não havia ainda um espaço no vínculo para o terceiro.

A chegada do bebê empurrou o escritório para fora de casa, e um par que ainda não havia se constituído em casal a se transformar em uma família; como que desarranjando seu modo próprio de funcionamento. O bebê altera, interfere, desorganiza o que estava estruturado. Eles alugaram uma sala comercial próxima da residência para ser o novo escritório. O quarto do bebê foi montado, mas continuava com a aparência do antigo escritório, pela permanência do computador que a mãe usaria para trabalhar e a ausência de uma cadeira para a amamentação.

Não havia a delimitação do tempo – um tempo dedicado para a família e um tempo dedicado para o trabalho – um tempo dedicado para o bebê. A distribuição do espaço também denunciava, juntamente com o dinheiro, o predomínio do vínculo consanguíneo sobre o vínculo de aliança.

No discurso desse casal em tratamento, o tema do dinheiro aparece como área de conflito e de sofrimento vincular. Há uma clara relação entre os acordos, pactos, o dinheiro, seu manejo e administração . Neste casal o acordo de dividirem as despesas não é baseado na realidade, pois seus ganhos são diferentes. Pensam que dividindo as contas estão fazendo o certo e vivendo como parceiros, mas o sentimento dela é o de sentir-se prejudicada com a combinação que fizeram e que acordou desde o tempo do namoro. Por outro lado, se não entra com a mesma quantia que o marido sente-se em dívida. A mulher estava sempre em dívida, até mesmo pelo fato de não ter uma família de origem tão nobre e com tantos bens, por não ser um bem precioso, valioso no momento da troca.

OUTRO FRAGMENTO

No caso de Paulo e Neca já comentado anteriormente, a circulação do dinheiro denuncia o predomínio da família materna. Paulo participa de todas as falências da família da esposa e enquanto os familiares dela se reorganizam financeiramente, permanece falido e não consegue ganhar o dinheiro que levaria Neca para longe da família de origem. Os bens do casal (apartamento e carro) pertencem à família de Neca. O acordo ou pacto inconsciente é o de permanecerem ligados e dependentes da família de Neca, um acordo endogâmico.

Paulo emprestou cheques para o sogro e agora seu nome está "sujo" no comércio. Os únicos cheques que circulam são os de Neca, o único dinheiro que circula é o de Neca, que passou a assumir todas as contas, assim como o pai dela pagava a faculdade de Paulo, a conta de luz da residência (que estava no nome dele). Seu "nome sujo" não inspira segurança, mas não é forte o suficiente para realizar o corte com a família doadora da mulher.

Em outro caso já visto, Leonora diz:

> Não estou aguentando mais e acho que estou ficando louca. Estou separada há três anos, mas ao mesmo tempo não estou. Eu e o meu marido moramos no mesmo terreno em casas separadas, em condomínio, como diz a advogada. Ainda possuímos contas conjuntas.

AMORES IMPERFEITOS SÃO AS FLORES DA ESTAÇÃO

NASCE UM CASAL

Descrever um casal é escrever uma autobiografia. Uma vez que começamos nossa vida num casal, e nascemos de um casal, quando falamos de casais estamos contando a história de nossa vida. Podemos tentar fazer o casal o mais abstrato possível, porque um e outro estão demais chegados à nossa experiência de casa. Ou melhor, porque são a ideia de casa; porque outrora não havia outro lugar onde morar. (Adam Phillips,1997)

O casal se constitui através de um ato psíquico primordial, a eleição mútua, que corresponde a determinações inconscientes e que, ao mesmo tempo, necessita introduzir algo diferente para que "o resultado não seja uma mera cópia do endogâmico" (Gomel & Czernikowiski, 1997, p. 193).

A interdição é a ponte e a solução de continuidade entre a cultura e a natureza. Desde então, natureza e cultura são dois fenômenos de um único processo, combinam-se para produzir um sujeito e interferem-se e contrapõe-se ao longo da vida deste. A aliança também é um encontro da natureza com a cultura, ligando todos os pactos da conjugalidade. O natural é a nossa família de origem com seus valores e tradições e a cultura representa o novo código que o casal terá que criar, atualizando o preexistente e também criando algo próprio e inédito que transforma, diferencia e amplia o psiquismo de cada um deles através de novas representações[1].

Duas famílias se enfrentam por meio de um casal (pois sempre há o predomínio da família materna ou paterna) que tenta se constituir como a novidade. O casal precisa vencer os obstáculos das culturas de origem para poder traçar uma trajetória própria daquele vínculo. Valtier, em seu livro *La soledad en pareja: islas del sentimiento amoroso* (2003), diz o seguinte:

O casal é o encontro de dois territórios distintos. A família de origem é o território específico da herança, identidade e pertencimento. O casal é a encruzilhada do singular e do plural. O

---

[1] A aliança institui "um novo contexto de significação", que opera complexizando as lógicas subjetivas e imprime novas marcas psíquicas (Pachuk & Friedler, p. 33).

casal delimita um antes e um depois na sucessão das gerações, e cada um contribui com a transmissão de sua própria cultura, que agora deve converter-se em uma só para o filho. O dois implica três e o três aberto ao múltiplo. (p. 106)

Durante esse processo da construção do casal ou do início da família, alguns princípios de convivência são acordados entre as partes, como por exemplo: a divisão do trabalho doméstico, o uso do espaço habitacional, a responsabilidade de cada um em relação aos filhos, diversas obrigações a respeito da vida diária, como o trabalho e a vida social. O casal convive e cria hábitos nos pequenos pedaços do cotidiano, e nos pequenos prazeres da vida a dois.

Já nos primeiros contatos com o casal percebemos se há alguma similaridade no estilo de vida, o que facilita a convivência, ou se os cônjuges conseguem aceitar e administrar as diferenças existentes. Observamos o grau de dependência ou independência com as famílias de origem, se existe ressentimento, dívida, incomunicabilidade ou desprezo de um em relação à família do outro.

Como se organizam em relação a datas comemorativas, festividades, visitas, bem como a atitude de cada um dos pares com respeito às amizades. Como lidam ou quais as regras básicas a respeito dos amigos comuns, com os amigos de cada um, com os amigos do trabalho ou do sexo oposto e questões de fidelidade e dinheiro. Em relação aos filhos, observamos quem possui a autoridade sobre estes e como são tomadas as decisões sobre a educação e o cuidado, se o pai ou a mãe estabelece aliança com um dos filhos, com que finalidade ou a serviço de quê o fazem.

Num casamento ou em outra forma familiar de amor sexual existe um modelo de direitos e obrigações, baseado em pactos e acordos que servem para articular os desejos e expectativas individuais. A relação deveria ser de troca, intercâmbio, isto é, circulação entre a nova família e as de origem. O conceito de intercâmbio, a partir do pensamento complexo, se relaciona menos com a ordem estrutural dos sistemas cerrados e mais com a ideia de sistemas abertos em permanente desequilíbrio e auto-organização.

A estrutura do outro (porque o outro tem sempre uma estrutura de vida, da qual não faço parte) tem qualquer coisa de derrisório: vejo o outro teimar em viver segundo as mesmas rotinas: retido em outro lugar, ele parece fixo, eterno. (Barthes, 1990)

Abandonar os seus para criar uma aliança com um desconhecido nunca é simples, nunca se faz sem tensão, significa principalmente uma co-habitação das diferenças. Como ultrapassar um umbral, sair de um universo familiar. Esta passagem se converte em uma tarefa para toda a vida, já que construir um casal, este dispositivo mínimo que os seres humanos empregam para construir a vida, é o recurso mais habitual para proteger-se do desconhecido e da solidão.

"Desde a noite dos tempos, todos os seres vivos do planeta necessitam por em prática estratégias defensivas. A vida se assemelha a uma luta incessante contra a destruição" (Valtier, 2003). Lévi-Strauss diz que: "a família é o meio mais simples e também mais seguro para proteger-se do desconhecido, se não dos inimigos, consiste em convertê-los em aliados através do matrimônio. Só se escolhe mulher entre aqueles com quem se fez guerra" (1982).

O encontro amoroso

Parto da ideia que vem do social de que "casado" corresponde a repartido, dividido e que "encontro amoroso" significa acasalamento e entrelaçamento. Que Um (1) é feito de Dois (2) e que o Dois (2) é uma unidade – o par (fusão de amor). (Barthes, 1990)

"Encontro amoroso" refere-se ao tempo feliz que se seguiu imediatamente ao primeiro *rapto* (Barthes, 1990, p. 165)[2], antes que nascessem as dificuldades do relacionamento amoroso, o cansaço, as rugas da existência amorosa (Barthes, 1990, p. 113). O encontro, diz Barthes (1990), "é uma descoberta progressiva das afinidades que imagino manter eternamente, temo só de pensar que o 'meu outro' possa se transformar em estranho, pois a cada encontro descubro no outro um outro eu-mesmo" (p. 45).

O sujeito apaixonado vive cada encontro com o ser amado como uma festa, um júbilo. "O enamorado gasta seu amor todo dia, sem espírito de reserva e de compensação" (Barthes, 1990, p. 117). Diz ainda: "Tudo o que o outro não me concerne, me parece estranho, hostil . . . tenho medo e reprovo o ser amado desde que ele não 'cole' mais à sua imagem" (p. 187).

No enamoramento o sujeito apaixonado é "raptado" (Barthes, 1990, p. 165), capturado e encantado pela imagem do amado. Cada vez que o sujeito "cai" de amores por alguém, afirma Barthes, ele faz voltar um pouco o tempo arcaico onde os homens deviam raptar as mulheres para assegurar a exogamia.

Para me apaixonar, preciso cumprir a formalidade ancestral do rapto, surpreendo o outro, e por isso mesmo ele me surpreende: eu não esperava surpreendê-lo. Falo, portanto, de afetação recíproca (Barthes, 1990, pp. 168-169).

O sujeito apaixonado vive reconstruindo a cena inicial na qual foi raptado. Como se dissesse: "Quando 'revejo' a cena do rapto, crio retrospectivamente um acaso . . . não paro de me espantar de ter tido essa sorte: encontrar o que vai de encontro com o meu desejo . . ." (Barthes, 1990, pp. 169-170).

No final do "fato amoroso", que iniciou como uma "gamação", o sujeito apaixonado bate em retirada, sente-se abandonado.

No encontro amoroso o apaixonado alimenta fartamente seu amado, com palavras queridas, acaricia com a ponta das palavras, dos dedos, pois o romance é diálogo.

O discurso amoroso, em que há esse dom de ouvir e entender, está relacionado com a escuta polifônica a que me refiro no capítulo "Os sonhos desde a perspectiva intersubjetiva".

O apaixonado recebe seu amado em sua "casa-quarto-cama-mesa" como se fosse um banquete, prepara o alimento com todo cuidado e dedicação que o "momento solene exige". Faz o que está ao seu alcance para que seu convidado sinta-se bem, sinta-se em casa; desde a forma como coloca a mesa: as toalhas engomadas de linho, lindamente bordadas, a porcelana fina, os cristais e as velas e, por último, um vinho ou licor raros. Iguarias que ninguém compraria para consumir sozinho (Lévi-Strauss, 1982).

---

[2] "Rapto: Episódio tido como inicial (mas pode ser reconstituído depois) durante o qual o sujeito apaixonado é 'raptado' (capturado e encantado) pela imagem do objeto amado (nome popular: gamação; nome científico: enamoramento)" (Barthes, 1990).

Quando o sujeito apaixonado escolhe um presente costuma envolver-se e dedicar-se de uma maneira nunca vista antes. O presente não se restringe ao valor em si, procura-se regalias com valor estético, sensual, de apreço emocional, pois o presente tem uma função mágica. Por isso, a embalagem precisa ser especial, ela contém o significado, traduz à sua maneira o vínculo amoroso. O apaixonado e o presente são simultaneamente e propriamente o mesmo, o presente amoroso é o sinal mais claro de que existe amor, e ser amado equivale a receber um presente. Barthes (1990) fala do presente amoroso como imagem do amor:

O presente amoroso é procurado e escolhido e comprado na maior excitação – excitação tal que parece da ordem do gozo. Calcula-se ativamente se esse objeto agradará, se não decepcionará, . . . o presente amoroso é solene . . . me transporto nele por inteiro. Através desse objeto, te dou meu Todo, te toco com meu falo; e é por isso que estou louco de excitação, que percorro as lojas, que teimo em encontrar o bom fetiche, o fetiche brilhante, exato, que se adaptará perfeitamente ao teu desejo. (p. 65)

No encontro amoroso ocorre a carícia que opera como uma marca que liga um corpo ao outro, formando o corpo vincular ou pele vincular. A carícia, que se dá pelo tato, pelo olhar, pela voz, pelo olfato, pela intenção de dar – dádiva –, vai ligando um corpo ao outro, delicadamente. Trabalho contínuo e suave que se faz ao longo de toda vida amorosa, formando uma experiência de satisfação, uma experiência intersubjetiva, que inaugura o espaço do entre dois. "O ato de acariciar como uma prática significante . . . ela é mais que uma expressão de afeto, ela subjetiviza" (Rodulfo, 2004, pp. 50-60). É muito mais do que dar/receber, o esquema da reciprocidade parece, muitas vezes, inadequado para representar a complexidade de uma operação como esta. Poderíamos falar de uma injunção? Injunção tem a vantagem de valorizar uma pluralidade informe sincrônica não submetida ao princípio de não contradição nem é regida por oposições, mas "vem tudo junto". Essa marca imprevisível do entre dois é intensa, encarna, subjetiva.

Em Barthes (1990), a trajetória amorosa parece cumprir três etapas ou três atos, no dizer do autor: a primeira é instantânea, a captura, o rapto; a segunda é uma série de encontros no qual estou extasiado pela perfeição do ser amado e sua adequação ao meu desejo, em que observamos algumas particularidades do corpo do outro, como se fossem grãos de beleza; a terceira é onde o tempo feliz adquire uma limitação e começa o desfile de aflições, embaraços, sofrimentos. O tempo do desencontro onde o casal vive sob a ameaça do cansaço, da decadência (pp. 85-86). Partindo de suas concepções, pensei nas três etapas do desencontro: o cansaço amoroso, rusgas da existência amorosa, a dupla dividida dilacerada

O CANSAÇO AMOROSO

Quando se avista o cansaço, no espaço amoroso, o desejo que estava em cada dobra do lençol estanca; a escuta amorosa se torna distante, fugidia e o que era "nosso" flutua dolorosamente quase sem existência.

Nada mais doloroso do que uma voz amada e cansada: voz extenuada, rarefeita, poder-se-ia dizer, voz do fim do mundo, que vai ser tragada muito longe pelas águas frias. Ela está no ponto de desaparecer, como o ser amado está no ponto de morrer. (Barthes, 1990, p. 109)

A voz se torna breve, quase sem graça, pela raridade. Há a desculpa de que vai acabar a bateria do celular, de que a caixa do correio eletrônico está cheia demais, começam os esquecimentos, os espaçamentos entre os telefonemas e as mensagens. A comunicação passa a ser dura, telegráfica.

A fala é quase sempre cacofônica, tentando negar a iminência da separação. Como se o sujeito que vive o cansaço amoroso pensasse:

E depois, o outro está sempre prestes a partir; ele se vai duas vezes, pela voz e pelo silêncio: de quem é a vez de falar? Nós nos calamos juntos: acumulação de dois vazios. Vou te deixar, diz a cada segundo a voz do telefone. (Barthes, 1990, p. 109).

O espaço afetivo onde o som não circula transforma-se em um recanto morto. "No cansaço muda rapidamente a cena, sombras ligeiras, incertas passam sobre a relação, mudam a luz, o relevo; é de repente outra paisagem" (Barthes, 1990, p. 157). O que era um encontro virou um desencontro apenas. No desencontro a escuta se torna fosca, indiferente, tapada, impenetrável.

Sabemos que o vínculo é encontro e desencontro, prazer e sofrimento, ao mesmo tempo. O desencontro intercalado com o encontro é uma situação inerente ao vínculo. O desencontro pode ser algo enriquecedor para o vínculo pela aceitação de certas situações paradoxais que são estruturais e constitutivas do vínculo. Quando o desencontro predomina, o desenvolvimento e a complexidade do vínculo fica ameaçado.

RUGAS DA EXISTÊNCIA AMOROSA

Tudo que abala a relação dual altera a cumplicidade e desfaz o sentimento de posse. Mínimos acontecimentos, incidentes, entraves, bagatelas, mesquinharias, futilidades, se transformam em rugas da existência amorosa. O "bate-boca" se torna comum, fútil, e, ao mesmo tempo, denso o suficiente para arrastar tudo, atrair toda linguagem. No imaginário amoroso nada distingue a provocação mais sutil de um fato realmente consequente, um rastro se espalha e tudo fica arrasado, na memória só o ressentimento.

Nesta etapa da trajetória amorosa, imagina-se várias soluções para a crise amorosa: dar um tempo, realizar uma viagem, mudança de residência, de parceiro. Soluções extremas, desesperadas, eventual gravidez.

Quando aparecem rugas na existência amorosa, as imagens são frias, aborrecem. O toque arrepia, gela, as palavras contestam, discutem. Um se deprecia ao olhar do outro. Um está ligado ao outro pelo mau humor. O mau humor aparece aqui como uma mensagem, o indício do descontentamento, um signo grosseiro. Nas rugas da existência amorosa há falta de paciência e o desaparecimento de qualquer delicadeza.

Encontros & Desencontros

O outro não me enxerga mais, é como se eu não existisse, como se desabasse sobre mim toda a infelicidade, apenas pela suspeita de que o objeto no qual depositei todo meu amor possa deixar de gostar "tanto" de mim. Nesse momento Barthes (1990) localiza e descreve o sentimento do apaixonado: "Estou dissolvido, e não em pedaços – caio, escorro, derreto . . . diluição etérea . . . lufada de aniquilamento".

Nesta etapa da trajetória amorosa, o analista pretende mostrar aos casais que a vida a dois não tem nem a segurança, nem o dogmatismo de outrora, nem mesmo a tranquilidade que se esperaria[3]. As relações estão afastadas do equilíbrio, no espaço da desconstrução onde as agitações e turbulências criam condições para o reencontro. A vida a dois é inevitavelmente cheia de encontros e desencontros, perturbando nosso ideal do que seria uma boa relação. As zonas de encontro estão associadas à união e sensações de bem-estar; e as zonas de desencontro estão associadas ao mal-estar, onde ocorrem os mal-entendidos. Não somos "La pareja buena" que "implica complementariedade perfeita e seus membros exigem a si mesmos serem para o outro a metade da laranja" (Spivacow, 2008, p. 51).

Na contemporaneidade, mais do que nunca, os amores imperfeitos são as flores da estação.

A DUPLA DIVIDIDA, DILACERADA

Outra ideia interessante que vem da literatura, dos romances, é que há um contraponto entre paixão e casamento: os amantes quando se encontram, não se casam e, quando se casam, não se encontram, como em cenas nas quais o marido parte e, ao retornar, a esposa morreu, ou casou com outro.

Alguns casais têm pudor em falar em separação, e de tanto calar-se, foram ficando aos poucos mudos, não tocam no conflito, na ferida, habituando-se a intermináveis refeições em silêncio, uma economia restritiva, uma proibição, muda[4]. Os silêncios apontam para a mentira, ocultamento, distanciamento, e podem estar associados à agressão, ou ainda, usado como um artifício para irritar o outro.

Outros casais ensaiam a separação frente à menor fissura, nos mínimos desencontros e, da mesma forma, não podem falar sobre o risco de separação, sentida como desintegração, esfacelamento, desmembramento. Provavelmente, a própria escolha do parceiro com características que não despertariam a sensação de descontinuidade com as famílias de origem, ou sensação disruptiva para o *ego* funcionem como uma defesa. Spivacow (2008) afirma que o enamoramento é acompanhado de um conglomerado fantasmático de "fantasias de continuidade, completude, transcendência e assistência recíproca" (p. 42), e que "a liberdade de separação pode coincidir com a existência de alguma liberdade de eleição do parceiro para a construção de um casal" (p. 39).

Outros, demasiadamente preocupados com a manutenção da "instituição casamento", encenam um pequeno teatro dia após dia e negam qualquer esforço de repensar a relação. No momento em que deveriam passar do enamoramento ao desenvolvimento de um

---

[3] Ver mais no cap. I "Encontros & desencontros – A complexidade da vida a dois".

[4] No segundo capítulo é desenvolvido o tema do alimento significando uma relação afetiva.

vínculo de amor, se separam. Sua capacidade de enfrentamento de uma convivência diária não acontece. Diz ainda o autor: "o amor inclui um trabalho psíquico de múltiplos aspectos: de elaboração da frustração, de processo secundário, de prazer postergado. O enamoramento, pelo contrário, se apoia e vai de encontro com os processos mais primitivos" (Spivacow, 2008, p. 43).

A sexualidade se torna economicamente útil e politicamente conservadora, cada um cumpre religiosamente sua obrigação, o sexo torna-se limpo, sempre igual, sem graça. "O casal legítimo", como diz Foucault, "com sua sexualidade regular, tende a funcionar como uma norma" (1985b, p. 100) onde movimentos, sentimentos, gestos, ficam cerceados e apartados. Tentam manter "a todo custo" a relação, pela fantasia de ameaça de desorganização ou desintegração de um ou de ambos.

Os casais possuem uma envoltura imaginária, que atua como continente e sustentação para ambos, chamada de pele vincular. Uma pele que filtra e limita, contornando o que é do interior e o que é do exterior do vínculo. Uma pele comum armada e articulada em conjunto e que recobre os casais, promotora da fantasia de proteção, um lugar confiável, dando lugar a um encontro, como comentei no capítulo da discussão conjugal. O limite do corpo parece se ampliar, se prolongar, até incluir o vínculo estabelecendo um corpo vincular. Ricardo Rodulfo (2004) diz que o corpo vincular é um "novo ato psíquico", território por excelência do acontecimento (pp. 28-77).

No desencontro surgem manifestações de estranheza corporal, que se equivalem a um "membro fantasma", algo que mencionei quando me referi às viúvas no segundo capítulo.

Quando falta esse trabalho de ligação que deveria iniciar no encontro amoroso, encontramos patologias do vínculo. A cada desentendimento que porá em evidência que essa ligação corporal não é um dado, não é algo que este casal já construiu e tem assegurado, precisa empreendê-la e consegui-la novamente a cada ameaça de separação (Rodulfo, 2004).

Losso (2001) afirma que "todo casal se organiza e se mantém ao redor de elementos positivos, investimentos recíprocos, certo grau de admiração mútua e de enamoramento" (p. 120). Quando fala a respeito da dissolução conjugal diz, porém, que neste momento surge a parte do pacto que estava fadada ao silêncio e que havia permitido conter os aspectos mais psicóticos e indiferenciados de cada sujeito.

Em muitos casais de funcionamento predominantemente narcisista, quando um dos cônjuges é colocado no lugar do ideal, a desagregação da aliança traz consigo efeitos violentos pela ameaça da integridade psíquica. Os pactos que funcionam como organizadores do vínculo são constitutivos e possuem uma função defensiva, são os aspectos que não puderam ser acordados e ficam reprimidos, desmentidos ou rechaçados do espaço mental de ambos (Losso[5], 2001).

No momento da separação, podem aparecer enfermidades orgânicas graves em função dos aspectos depositados no outro e sensações de despersonalização[6], além do predomínio de angústias paranoides em que um dos cônjuges passa a ver o outro como o inimigo a ser atacado e destruído (Losso, 2001, p. 235).

---

[5] O autor cita o pacto denegativo de Kaës: acordo inconsciente pelo qual certos aspectos permaneceriam reprimidos, renegados ou enquistados do espaço mental de ambos os sujeitos, p. 120.

[6] Pichón Rivière desenvolveu a teoria do depositante, depositário, depositado, na qual o sujeito deposita aspectos seus no outro, inclusive do esquema corporal o que justifica a sensação de membro amputado.

Encontros & Desencontros

Quando o vínculo de aliança sofre um alto grau de deterioração, os parâmetros que definem um casal tornam-se disfuncionais e esta passagem de "casados" para "separados" demanda bastante tempo e pode ser medido pela persistência dos familiares e amigos em significarem os cônjuges como um casal. Este processo pode ser lento, completo ou interminável; para melhor compreendê-lo, utilizarei, como referência, os três eixos do encontro e da separação propostos por Bracchi, descritos no seu texto "Disolución del vínculo conyugal: Acto o acting?" (1996, p. 149).

Nesse texto, a autora afirma que para que possa ocorrer o "encontro" precisaria haver um investimento mútuo dividindo o vínculo em um antes e um depois, e para a "separação", um desinvestimento mútuo, quando um deixa de ser objeto de desejo do outro na ordem da exclusividade ou especialidade. Mesmo que este nunca volte a ser igual aos demais, deixa de ser o único, o todo, porque este homem e esta mulher, depois de terem se constituído como um casal, terão sempre uma qualidade que os diferencia de outros.

Outra condição para o encontro seria *o corte com a família de origem* e a construção dos pactos e acordos inconscientes deste novo vínculo. Em se tratando de separação, *o corte vincular,* que consiste na decisão e ação de separar-se, implica dissolução do vínculo como encontro, ocorrendo um desmembramento do corpo vincular[7].

Por último, o reconhecimento do familiar e do social de que existe um casal ou, no caso da separação, a desocupação da posição de marido e de mulher passando ambos a ocupar a posição de ex-marido e de ex-mulher.

Nos casais condenados às distâncias e às ausências[8], não é possível, muitas vezes, o cumprimento dessas três condições do encontro. O risco de haver um desinvestimento do outro como alguém específico aumenta o retorno à família de origem, retorno provocado pela fragilidade que a distância cotidiana do amado provoca. O outro, deixando de ser objeto privilegiado, coloca em risco a tendência monogâmica, outro parâmetro definitório do casal. O reconhecimento que vem do externo de que ali existe um casal é flutuante, pois em muitas ocasiões familiares e sociais apenas o marido ou a mulher está presente, gerando suspeitas de que o casal não está bem. Evidencia-se desconforto, solidão, falta de cuidado – o casal em exposição. Além disso, nesses momentos de ausências, podem ser postas em cena situações narcísicas. Por exemplo: se o que uniu um casal foi a ilusão de que o outro estaria sempre ali, se oferecendo contra o desamparo, como fica o desamparado na ausência? As fantasias ligadas ao momento originário do casal tentam responder a algo incognoscível: por que escolheram um ao outro? Como? Quando? A eleição mútua contém representações inconscientes.

SEPARADOS PELO CASAMENTO[9]

O mundo em que vivemos talvez seja um mundo de aparências, a espuma de uma realidade mais profunda que escapa ao tempo, ao espaço, a nosso sentido e a nosso entendimento. Mas nosso mundo da separação, da dispersão, da finitude, significa também o mundo da atração, do encontro, da exaltação. (Morin, 2005a, p. 8)

---

[7] Um corte que divide o Dois.
[8] Tema tratado no cap. 2.
[9] O subtítulo leva o nome de um filme de 2006, estrelado por Jennifer Aniston e VinceVaughn.

Amores imperfeitos são as flores da estação

Quando um casal procura atendimento, o motivo da consulta é o sofrimento oriundo do mundo intersubjetivo[10], embora haja projeções de objetos internos por parte de ambos os cônjuges. Este casal, que pensa em separação, não sabe que ambos estão implicados ativamente na forma como funcionam, que um influi e condiciona o modo de agir do outro e que seu sofrimento é sustentado e gerado por ambos. A separação é um produto do vínculo, é o resultado do que articularam juntos. No momento da separação a pele vincular se rompe e é sentida como um desmembramento pelos aspectos de nossa personalidade depositados no outro e pelo fato de o corpo expressar o reprimido do pacto inconsciente do casal (Losso, 2001, p. 235).

Muitas vezes, o casal precisa separar-se de um modo de convivência que não serve mais no contexto atual, de um modo de relacionar-se que é mortífero para ambos. Procuram um analista em uma situação de crise, quando todos os mecanismos habituais de lidar com o conflito intersubjetivo falharam ou tornaram-se ineficazes. Existe uma falta de recursos para pensar a relação, ausência de critérios consensuais e dos limites de cada um no momento. Ou, ainda, quando já não existem mais como um casal e não sabem disso, não podendo enxergar esse fim por diversas razões, e precisam, portanto, de um espaço para pensar e elaborar essa separação.

A partir desse clima de separação, o vínculo adquire características violentas que aparecem sob a forma de críticas, desqualificações, agressões verbais e corporais. As falas anunciam batalhas e por toda parte há ferimentos e cortes. Observamos o aparecimento da violência no momento de rupturas de acordos e pactos inconscientes.

No enquadre multipessoal, é comum que a presença do *partenaire* configure uma situação em que as palavras assumem com facilidade um tom de ameaça. Nossa linguagem não corresponde apenas às necessidades práticas e utilitárias, mas corresponde a uma necessidade afetiva. Falamos palavras gentis, banais e palavras que cortam, rasgam e mutilam.

O gesto mostra esse real do "casal em guerra", que de tão violento não consegue, muitas vezes, traduzir seu ódio e seu medo em palavras. Esses casais encenam uma "peleia"[11] repetitiva, circular, na qual se perde qualquer intenção de *insight*. A "peleia" é a única intenção e tende a perpetuar-se ocupando repetidas sessões. Na ética da guerra interessa a violência, se resolve pela violência e não pela palavra. As normas são "normas de guerra" não são as regras morais do resto da sociedade. Frequentemente o analista se sente frustrado, paralisado frente a esses funcionamentos muito regressivos e de difícil modificação. Nesses casos, a intervenção deve denunciar a estereotipia desse jogo. Esta forma de intervenção guarda relação com o que Anzieu (1996) chama de "meta-comunicar", quando há uma centralização mais na comunicação do que nos conteúdos do diálogo.

Desde a perspectiva vincular se fala de dois tipos de situações paradoxais, do ponto de vista estrutural e outra do ponto de vista patológico. O paradoxo patológico refere-se a situações a que pode chegar o vínculo de casal como resultado de formas falidas de relação, em que predomina a ambiguidade e a confusão e não a ambivalência que caracteriza o conflito. Esta pode se apresentar como uma forma de comunicação paradoxal continuada e repetida em que é produzido um dano no psiquismo daquele que se encontra em situação

---

[10] A dimensão intersubjetiva abarca os funcionamentos que dependem da bidirecionalidade e considera o psiquismo do sujeito como um sistema aberto que constitui uma unidade de funcionamento com o outro ou com os outros do contexto intersubjetivo.

[11] Autores de língua espanhola costumam usar a expressão "peleia" para referir-se à discussão conjugal. No sul do país "pelear" ou "pelejar" significa brigar, lutar.

Encontros & Desencontros

de submissão, ou ainda, como um recurso egoico de um dos integrantes quando sente que o outro o coloca numa situação "sem saída". Os cônjuges apresentam características distintas, mas complementares (Pachuk & Friedler, 1998). É o vínculo que porta a situação paradoxal, enlaçado com a ação destrutiva de um sobre o psiquismo do outro.

Nesse encadeamento, é possível reconhecer o que Gomel e Czernikowiski (1997) denominam de uma dupla apoiadura do vínculo no psiquismo individual e na presença do outro. O intersubjetivo e o intrapsíquico se mobilizam e articulam reciprocamente (p. 179).

Berenstein & Puget (1994) justifica essas situações loucas nos paradoxos estruturais do vínculo de casal, em situações ineludíveis à constituição da aliança como: a endoga-mia-exogamia, o encontro-desencontro, a capacidade de estar só na presença do outro e de sentir-se acompanhado na solidão. São situações que, pelo seu caráter fundante, estão no núcleo da formação do casal e sua manutenção é essencial para o desenvolvimento e complexização do vínculo.

Os paradoxos estruturais ou constitutivos do vínculo foram abordados no primeiro capítulo "Encontros & desencontros" e os que funcionam como uma defesa paradoxal ou como uma forma de comunicação paradoxal, no capítulo "Ligações amorosas & perigosas".

No discurso dos casais aparece, com frequência, a queixa de que o outro não é mais o que era no momento do enamoramento, que está muito diferente daquele com o qual trocou aliança. Essa crítica corresponde a uma *resistência de vincularidade*, por negar a desigualdade dos desenvolvimentos individuais e pela necessidade de um trabalho psíquico que dê conta desta problemática.

O casal não aceita a passagem do tempo e pensa que o cônjuge será o mesmo, garantindo que permanecerão juntos para todo o sempre, como se o tempo não existisse e o modo de vinculação devesse ser o mesmo "até que a morte os separe" (Spivacow, 2008, p. 263).

A própria cotidianidade designa um tipo de estabilidade baseada em uma unidade espacial e temporal, na qual se dá, pelas trocas diárias, uma sensação de continuidade e seguridade e, ao mesmo tempo, uma sensação de enfado e aprisionamento, criando um paradoxo no qual a cotidianidade teria que ser a mesma e ser nova, simultaneamente.

Casais com mais de sessenta anos referem-se frequentemente a um tipo de sofrimento vincular relacionado com a passagem do tempo ou uma angústia de finitude. O futuro, ligado ao envelhecimento, costuma ser semantizado como morte do vínculo.

Em muitos desses casais, a separação é imaginada como o único projeto possível, e um novo parceiro é confundido com um messias que poderia salvar o casal do enfrentamento da passagem do tempo, tanto individual, quanto da relação. O luto pela irreversibilidade temporal inclui, em um mesmo momento, a aceitação da passagem do tempo e da sucessão de gerações que questiona certezas anteriores, podendo ocorrer uma mudança ou mesmo uma desidealização da imagem dos filhos em relação aos pais.

Há uma tendência nos casais jovens de buscar tratamento ao se defrontarem com o sofrimento relacionado ao desprendimento dos vínculos com as famílias de origem. Também com o desejo e a dificuldade de criarem um vínculo inédito, resultado da transformação dos modelos parentais de cada um. A possibilidade de um *projeto compartilhado* abarca, na maioria dos casais, a construção de uma família própria.

Esses casais desejam oferecer condições favoráveis para o desenvolvimento físico e psíquico dos filhos, num clima de segurança e afetividade e dentro de uma cultura própria do casal, de acordo com seu estilo de vida e escala de valores. Nestes projetos comuns entrariam também as realizações econômicas, profissionais e sociais, e a expectativa de corrigir experiências que não foram satisfatórias em suas famílias de origem. Para tanto, é necessário certo grau de enamoramento de discriminação e aceitação das diferenças, assim como uma boa comunicação entre o casal, do contrário, o *mal-entendido* predomina perdendo-se, gradativamente, a riqueza comunicacional. O mal-entendido é uma disfunção própria do processo de comunicação, é o equivalente do lapso para o paciente singular, e ocorre quando duas pessoas ou mais supõem compartilhar significados e sentidos transmitidos, desconhecendo que existe divergência de interpretação (Pachuk & Friedler, 1998, p. 245). E, por último, o projeto comum e a possibilidade de viverem o mais criativamente possível, no espaço dos intercâmbios diários, que serve como um organizador dos ritos de encontros e desencontros.

No vínculo conjugal, o outro me oferece um caráter duplo de incompletude e de ambiguidade, quando tudo o que sei a seu respeito é provisório e aproximado, fulguração e enigma.

Nesse momento da crise conjugal, o cônjuge torna-se irreconhecível, conforme aponta Barthes (1990), é o "enigma insolúvel" do qual depende minha vida:

> Estou preso nesta contradição: de um lado, creio conhecer o outro melhor do que ninguém e afirmo isso triunfalmente a ele ("Eu te conheço. Só eu te conheço bem!"); e, por outro lado sou frequentemente assaltado por essa evidência: o outro é impenetrável, raro, intratável; não posso abri-lo, chegar até sua origem, desfazer o enigma. De onde ele vem? Quem é ele? Por mais que eu me esforce não o saberei nunca. (p. 134)

Tudo que é novo incomoda, não como um fato, mas como um signo que é preciso interpretar. "O coração dos modernos é, portanto, um coração intermitente e que nem mesmo consegue se conhecer" (Merleau-Ponty, 2000, p. 69). O trabalho do clínico é o de tentar levar o casal a viver experiências de conhecimento das diferenças, complementariedades e momentos de encontro que possam dissolver discussões que não levam a uma mudança construtiva.

A *intervenção vincular* deve levar o casal a um *insight* que produza uma elaboração da incompletude narcísica, para que ambos possam experienciar a responsabilidade pelo vínculo. Responsabilidade que antes era desconhecida ou negada. Esse processo permite uma revisão dos estereótipos e normas oriundas das famílias de origem ou do social, devolvendo ao casal uma possibilidade de abertura que possibilite recíprocas curiosidades, conhecimento e respeito pela singularidade e os efeitos do *entre dois*. O objetivo no tratamento de casais inclui o de alcançar, ou talvez construir, um conhecimento sobre o "clima vincular".

O reconhecimento e a elaboração da *bidirecionalidade*, em que cada um promove ou paralisa o crescimento do outro, costuma ser doloroso e provoca comportamentos defensivos. Um dispara uma ressonância subjetiva no outro e vice-versa, ocorrendo um intercâmbio manifesto e latente entre os sujeitos que permite uma produção recíproca de subjetividade. A relação entre dois sujeitos alterando a ambos, com o efeito de resignificação do mundo infantil e novas inscrições.

Quando termina um tratamento de casal?

> "O final de um tratamento de casal é singular".
>
> (Spivacow, 2008)

Nas relações amorosas existem períodos de plenitude e períodos de apagamento, que oscilam e se alternam, e esta variedade é pouco tolerada, especialmente nos casais de funcionamento gemelar.

> Casais com aspirações fusionais e oceânicas tendem a desconhecer a assincronia ou a vivem de forma traumática. Há casais em que há mais coincidência que em outros, casais que manejam melhor que outros a falta de coincidência, mas isso não evita de maneira alguma a assincronia. É situação habitual de todos os vínculos não coincidir. (Spivacow, 2008, pp. 56-57)

Sendo assim, o trabalho vincular é interminável. Então quando termina um tratamento de casal? "A finalização do tratamento em clínica de casais pode dar-se por interrupção que tem um sentido de resistência, de *acting out*, e nesse caso poderíamos falar de fracasso do tratamento. Mas também pode dar-se por finalização" (Bracchi, 2004, p. 20). A autora citada chama a atenção do analista para a diferença entre um possível final de uma atuação transferencial-contratransferencial. Para esta autora, o casal pode finalizar um tratamento: 1) por repetição de uma situação para que não possa ver o novo (seria uma interrupção). Articular o novo no vínculo significa um novo posicionamento vincular, transformação e complexização. 2) Porque não podem tolerar estar juntos. 3) Acordam com o analista um momento para a finalização.

Rojas (1991) considera ideal a normatização das funções e a instauração da função paterna simbólica, o que garantiria o cumprimento do mandato exogâmico e a perda da ilusão de uma relação sem fissuras, total e equilibrada, e a desidealização do parceiro, do analista e da relação (p. 152-202).

Berenstein e Puget (1997) afirmaram que o trabalho analítico termina quando o casal adquire um potencial criativo que lhe permite criar seus próprios espaços de pensamento, construindo um espaço de interação onde se dá a vigência do mundo intrasubjetivo, intersubjetivo e transubjetivo, e suas diversas vicissitudes, o que significaria o cônjuge não ocupar, somente, o lugar de projeção do mundo interno do outro.

Spivacow (2008) desenvolve o tema do término, analisando-o conjuntamente com os critérios de avaliação da evolução do tratamento analítico de casais, que dura em média dois anos, com a frequência de uma vez por semana e sessões de sessenta minutos. Afirma que o término do tratamento depende das mudanças ocorridas durante o mesmo e que a sintonia recíproca é o indicador mais confiável quanto à solidez e progresso do funcionamento psíquico e vincular; indicando se o funcionamento vincular sustenta, consegue hospedar os conflitos que existem e que poderão surgir ao longo da vida conjugal.

Sintonia recíproca é um conceito que abarca a capacidade de *insight*, simbolização, conexão, pensamento e registro dos afetos na relação com o outro. Consiste em poder colocar-se no ponto de vista do outro e entender suas motivações e condutas, "imaginar" o que se passa dentro do outro, algo da ordem da identificação (embora não signifique aceitar o ponto de vista do outro ou dar-lhe razão). Um membro do casal empresta seu consciente para pensar o outro, sobre o outro, num clima de colaboração.

Num segundo momento, a sintonia recíproca consiste em metabolizar o outro como distinto (processamento da alheidade) e criação de um espaço comum, que não é exclusivo de nenhum deles. E, por último, a sintonia recíproca significa abertura para a novidade, acompanhada de bom humor e diminuição das resistências vinculares.

Conforme Spivacow (2008), os casais consultam porque a relação produz mal-estar e está determinada por funcionamentos psíquicos que convêm trabalhar em um dispositivo vincular, e propõe o seguinte a esse respeito:

> Um tratamento de casal é um caminho que se empreende e que pode dar-se por terminado em diversos momentos do trajeto. Sempre ficam coisas por trabalhar, e desde essa ótica, todo tratamento é interminável. . . . Se as coisas vão bem e não há uma interrupção prematura, a terminação de um tratamento de casais supõe uma avaliação realizada entre os membros do casal e o analista na qual acordam se foi cumprido um ciclo e se houve modificação de forma satisfatória de funcionamentos que os trouxeram para tratamento. (p. 118)

Para este autor, cumprir um ciclo significa elaborar alguns conflitos, podendo também terminar esse ciclo em separação. Lembra ainda que os conflitos intersubjetivos continuam em toda relação, podendo gerar novas crises. Quando ocorre uma interrupção do tratamento, significa que as modificações foram insuficientes ou precárias para sustentar a dificuldade do momento. O casal não consegue sustentar ou hospedar os conflitos e nem a tensão do processo do tratamento.

Na minha experiência, alguns casais retomam anos depois de haverem terminado o tratamento, iniciando um novo, após algum acontecimento como o nascimento de um filho, o crescimento dele (como na crise da adolescência), ou a saída do mesmo na vida adulta; desemprego, aposentadoria, migrações, falências, doenças ou morte na família, traições, envelhecimento, etc. As dificuldades na metabolização das diferenças aparecem em discussões intermináveis, mal-entendidos, conflitos que se tornam crônicos. Portanto, a comunicação ocupa um lugar central na vida dos casais.

O que se esperaria no final de um tratamento de casal? Significaria o cumprimento de uma proposta de trabalho de forma satisfatória e muito longe do que poderia ser um ideal de casal perfeito ou sem conflitos. Numa linguagem simples, o que se esperaria é que o casal pudesse elaborar melhor os conflitos que fossem surgindo ao longo da relação, pois sempre haverá aspectos a serem trabalhados. Que houvesse uma mudança no clima e no funcionamento vincular, mas isso não significa, absolutamente, algo que poderíamos chamar de "alta" ou "cura". Portanto, no final de um tratamento psicanalítico de casal, pretenderíamos que:

1) O casal compreendesse a bidirecionalidade do vínculo, aceitasse melhor as diferenças e retomasse a condição de produção de subjetividade. O diferente é o que constitui um casal com mais complexidade e riqueza;

2) Pudessem romper com valores e ideais que não servem mais e inventar novas formas, sempre provisórias, de viver a conjugalidade, novas combinações, um novo pacto

conjugal reinventado pelo casal, padrões de convivência que não são mais os "dados" pelas famílias de origem ou pelo social;

3) Reconhecessem as identificações que foram necessárias para realizarem a escolha do outro como esposo ou esposa;

4) Conseguissem detectar ao longo do tratamento a força dos mandatos familiares e, ao mesmo tempo, como construíram o sentimento de pertencimento a esse novo vínculo;

5) Compreendessem que hoje assumem (considerando os itens anteriores) uma responsabilidade que não existia antes;

6) Assumissem uma maior sintonia recíproca (conforme descrito anteriormente);

7) A comunicação fosse menos distorcida, provocasse menos mal-entendidos e que prevalecesse o diálogo e não a violência;

8) O casal atingisse uma nova forma de se relacionar, na qual pudessem agir melhor em momentos de crise, diminuindo o mal-estar que a antiga relação produzia;

9) Retomassem a intimidade que é constituinte do vínculo de casal;

10) Que o casal recuperasse a espontaneidade, o bom humor e a criatividade.

Ao término de muitos tratamentos de casais pode acontecer que um dos membros do casal (ou ambos) se interesse por um tratamento individual, normalmente com outro analista.

UM TOQUE DE INFIDELIDADE[1]

A infidelidade, temida às vezes, desejada outras, algumas ignoradas, negadas e muitas vezes fantasiada, pareceria ser um ingrediente presente na relação do casal. (Moscona, 2008)

A fidelidade é um pacto a dois, embasado na necessidade de satisfazer tendências regressivas que buscam restaurar o arcaico vínculo de exclusividade com o Outro primordial. No enamoramento, o repertório é seleto, os corpos se entrelaçam e as almas se fundem. O casal enamorado se encontra *quieto de felicidade*. Em seu livro *Fragmentos de um discurso amoroso* (1990), Barthes trata da especialidade do desejo:

Encontro pela vida milhões de corpos; desses milhões posso desejar centenas; mas dessas centenas, amo apenas um. O outro pelo qual estou apaixonado me designa a especialidade do meu desejo (p. 14). Quando amo sou exclusivista. (Freud citado por Barthes, 1990, p. 47)

A tendência monogâmica define-se como a "ligação matrimonial com apenas um cônjuge. Parâmetro que indica uma marca simbólica – a preferência –, e pode pensar-se como um lugar onde se detém a possibilidade metonímica de substituição do objeto" (Pachuk & Friedler, 1998, p. 33). A monogamia leva-nos a pensar a fidelidade e invoca dúvidas, vestígios. Schüler (1994) pensa a poligamia e a monogamia como dois sistemas que se opõem. Uma outra pessoa não pode intervir no vínculo matrimonial, "a intromissão de terceiros restaura tensões que a união dual deveria apaziguar" (p. 39). Diz Phillips (1997):

A monogamia já vem com a infidelidade embutida nela. . . . Nesse sentido, a monogamia é como uma comunicação. É absurdo ser contra ela tanto quanto defender a causa. Pelo fato de estarmos sempre sendo sexualmente fiéis a alguém, toda preferência é uma traição. Estamos sempre praticando a monogamia, ainda que nem sempre seja óbvio com quem a estamos praticando. . . . A infidelidade torna fundamental uma vida de absoluta monogamia. . . . Na melhor das hipóteses, a monogamia pode ser o desejo de encontrar alguém com quem morrer; na pior, é uma cura para os terrores de estar vivo. Um e outro objetivo se confundem facilmente. (p. 27, 31, 46, 73)

---

[1] O título foi tomado de empréstimo do filme *Um toque de infidelidade*, de 1988, dirigido por Joel Schumacher, tendo Isabella Rosselini como a atriz principal.

Na traição, a realidade aparece bruscamente, se descobre, se revela, e o vínculo encontra-se roído pela dúvida, que rasga. Com a traição ocorre a queda do imaginário, um luto sem elaboração – hemorragia narcísica. Badiou (2002) introduz-nos a questão quando salienta:

... passa-se de uma hipótese a outra por dúvidas metódicas. Cada dúvida substitui a hipótese precedente, e a cada substituição aparece a questão dos vestígios que teriam sido deixados na situação precedente. Esses próprios vestígios devem ser determinados de novo como vestígios, pois nenhum é prova "objetiva" de que o acontecimento teve lugar. (p. 166, 189)

Quando a dúvida se instaura nos casais o imperativo é: reflitamos. Toda operação é de pensamento, não é de rememoração ou de anamnese, e não adianta inspecionar o lugar do crime buscando os vestígios da traição. Um vestígio não comprovado instaura um "mas", uma dúvida corrosiva, vestígio para sempre misterioso. A memória é inútil, a confissão não abranda a pena, a dimensão das consequências do crime é impossível de determinar. As condições são modificadas a partir do acontecimento – traição ou indícios de traição, acontecimento que cria um longe. O tema da infidelidade remete ao secreto, à ruptura do pacto de monogamia. Um dos cônjuges é excluído da cena primária. A infidelidade apaga a ilusão de continuidade narcísica.

Cada situação de infidelidade é única, particular e cumpre diferentes funções, podendo enriquecer a vida do casal e, em alguns casos, gerar ansiedade, distanciamento e alteridade não tolerada. Existem fantasias eróticas que surgem espontaneamente, que são inerentes ao humano e respondem ao desejo, e nesse sentido tendem, também, a enriquecer a vida erótica do casal, mas nada tem a ver com encontros clandestinos, atuações; são revitalizantes no imaginário de cada sujeito, ou do vínculo.

Nesses doze anos de clínica, observei que o tema da infidelidade atravessa praticamente todos os casais, de maneira real ou imaginária e, na maioria das vezes, é uma tentativa falida de resolver o intenso sofrimento vincular, que se apresenta muitas vezes silencioso.

A infidelidade se põe em manifesto de diversas maneiras e produz distintos efeitos, desde romper o vínculo, o qual está ordenado por acordos e pactos inconscientes no intento de dar a ilusão de continuidade, até armar uma nova forma de convivência em que a fidelidade passa a implicar um desafio, uma construção conjunta e cotidiana. É um tema complexo a se abordar e podemos entendê-lo de distintas maneiras segundo diferentes autores: como patologia, como vicissitude do desejo, como falha do ideal do vínculo, como conflito conjugal, como *acting out* (Moscona, 2007, p. 51). Em algumas ocasiões consideramos as condutas infiéis como manifestação da transgressão, em outras, como expressão do narcisismo[2], podendo funcionar também uma defesa frente à intimidade emocional ou à excessiva dependência, ou de outra forma, contra o medo de fusão indiscriminada e contra a perda da própria identidade (Losso, 2001). Através dos mecanismos secretos sobre os quais se apoia a infidelidade, conhecemos características peculiares do vínculo de casal. A infidelidade se realiza com o intento de recuperar um vínculo baseado na idealização sem que se perca toda a segurança proveniente da

---

[2] A infidelidade, segundo Berenstein e Puget (1994), possui uma vertente narcisista e uma vertente transgressiva.

cotidianidade e da estabilidade do vínculo matrimonial. Para outros casais, ainda, a infidelidade ocorreria como uma forma de negar a impossibilidade de modificar o vínculo que produz mal-estar.

Seguem-se algumas vinhetas visando ilustrar o tema da infidelidade, exercitando-se de diferentes formas na relação de casal.

Vinheta um

Trata-se do casal Lya e Rob (vide descrição e vinheta completa no próximo capítulo). Rob, marido de Lya, anda inseguro. Reage fazendo perguntas, interrogatórios, investigações. Ele até desconfia de tudo e de todos.

Como um louco, ele estanca todo movimento dialético. Queria Lya excessivamente disponível para encobrir toda sensação de falta. Sufoca qualquer não coincidência e anula todo limite entre o seu *ego* e o dela. Depende tanto dela que não sabe discriminar entre o que ocorre lá fora e o que ocorre dentro dele. Fracassa em reconhecer o direito de Lya de ter um lugar próprio, secreto e íntimo. Rob suspeita, gerando um clima paranoide de desconfiança, sustentado por um mecanismo de denegação, que leva a negar a própria percepção, produzindo consequências na subjetividade. Rob rechaça um sentimento plausível da realidade e a substitui por um juízo que se origina no seu mundo interno (ele não demoraria tanto para realizar a prova da faculdade, ele provavelmente trairia). Ele não se sente suficientemente amado, não está tranquilo, ele suspeita, tem ciúmes, tem medo de que a amada prefira um outro. A infidelidade implica concepção de privacidade do corpo do outro que remete a formas arcaicas do amor, quando a libido pretendia o controle, a posse e a incorporação do outro.

Vinheta dois

Um casal com mais de trinta anos de casados. A mulher relata que não consegue mais ter intimidade com seu marido e justifica este comportamento pelo fato de ter visto, pela sacada lateral do apartamento deles, o marido conversando com um travesti na calçada, perto da parada do ônibus. Em seguida, ele retorna ao apartamento e entra no quarto do casal, abre o armário no local onde costumava guardar dinheiro e sai, em silêncio, do quarto escuro. A mulher finge estar dormindo, mas acompanha os movimentos do marido. Quando ele sai, ela retorna para a sacada, mas não avista mais o travesti. O marido logo entra em casa. A mulher pede satisfação do ocorrido. Ele nega a cena e desmente a percepção da esposa com o propósito de impedir a ruptura da relação. A situação aumenta a vulnerabilidade, de modo a acentuar o temor de abandono, com a consequente ameaça de desamparo. A convivência é mantida, mas sem vida sexual. O marido passa semanas em outro estado do país, cuidando do pai enfermo. Durante todo o tempo da sessão ocorria-me a hipótese de que este homem, de mais de setenta anos, pudesse estar com dificuldades sexuais, talvez impotência, e que necessitasse se excitar de maneira não habitual. Lembrava, enquanto os escutava, de outro casal, bem mais

Encontros & Desencontros

idoso, que eu havia atendido e que se constrangia com dificuldades na sexualidade após uma tentativa do marido de fazer sexo anal com a esposa (religiosa e recatada), que se sentindo agredida e confusa distanciou-se dele. A esposa não conseguia entender e perdoar o marido, que, no entender dela, não a amava e respeitava como antigamente. Outra associação veio do período em que atendi em um ambulatório hospitalar mulheres com câncer de mama. Lembrei particularmente de um casal em que a esposa queixava-se de que o marido trabalhava muito e não a procurava sexualmente como antigamente, o marido acusava a esposa pelo ocorrido e desconfiava que ela estivesse interessada em outra pessoa. A mulher estava com o expansor e faria uma cirurgia para reconstituir a mama. No momento em que seu corpo tinha sofrido uma amputação, era absurdo imaginar disponibilidade para um amante. O marido não atribuía seu desinteresse ao acontecimento – câncer e angústias ligadas à morte. A infidelidade imaginária estava a serviço da negação e, por vezes, do rechaço desta realidade dolorosa, ligada à finitude.

Para muitos casais, a infidelidade pode ser vista como uma forma de resgate da virilidade do marido e uma negação da passagem do tempo. Especialmente nos casais em que há uma grande diferença de idade entre os cônjuges.

Vinheta três

O pacto que fundou o casal Neca e Paulo, ao qual já me referi anteriormente, era o de fidelidade em um duplo sentido: fidelidade para com a família doadora da mulher – Paulo não tiraria Neca de casa e esta se manteria fiel à sua família de origem – e, ao mesmo tempo, Paulo não poderia repetir a infidelidade do pai de Neca.

Algum tempo depois do fechamento do negócio do sogro, Paulo foi trabalhar de gerente em um negócio com um tio de Neca, e convidou a sogra para juntar-se a eles, porque ela perdera sua função de cozinheira e precisava de um salário, pois como não fizera a separação judicial, não recebia ainda pensão do ex-marido. Neca fez um concurso e assumiu a maior parte das despesas fixas da casa. Paulo ainda encontrava-se sem crédito, pelas negociatas do sogro, e estava saldando muitas dívidas. Testavam uma eorganização financeira.

O telefonema provocou uma sucessão de brigas; o pacto que uniu o casal e o compromissso de pertencerem um ao outro se rompe. Buscam novamente tratamento.

A infidelidade aparece neste casal como ruptura do pacto explícito de fidelidade entre um e outro e, ao mesmo tempo, mantém o pacto implícito de fidelidade para com a família doadora. O vínculo de aliança frágil empurra a esposa de volta às origens. A desilusão gera uma angústia tão intensa, ativada por situações infantis, que leva a um sentimento de impossibilidade em relação à continuidade do vínculo de casal. A traição é tida como intolerável para Neca, mas, ao mesmo tempo, diz não saber se conseguirá se separar de Paulo.

Paulo perdeu o pai muito cedo e foi acolhido nesta família como um filho. Sempre trabalhou com a família: com pai, tio ou cunhado e, portanto, dependendo sempre, financeiramente da família dela. Negou ter havido relação sexual entre ele e a ex-funcionária. Neca não acredita. Sente-se humilhada, traída e acha que o marido foi egoísta e imaturo.

Um toque de infidelidade

Eu desconfiava dessa relação, ele levava ela em casa depois do serviço. Ele dizia que eu estava inventando coisas, que eu estava ficando louca. Eu não aceito isso! Eu estava certa no que eu desconfiava e ele me fez passar por uma louca. Ele me traindo e eu trabalhando feito um burro para pagar as contas. Como é que ele pode fazer isso com a gente! . . . Eu não admito que ele tenha perdido tempo com outra, que ele tenha gastado um dinheiro que não tínhamos levando outra qualquer no motel . . . . E o pior é que ele permitiu que a gente convivesse com esta mulher, ela chegou a pegar os nossos filhos no colo, me dá uma raiva dele que tu nem imagina.

Neca exige do marido o relato em detalhes minuciosos do ocorrido, ela quer recuperar a experiência, quer entender o que não pode ser explicado (da ordem do incognoscível). Há uma obsessão pela verdade (que verdade?) e medo da verdade. Nos pontos de inconsistência, Neca cria certezas que não possibilitam ao casal pensar sobre o que levou a um deles ser infiel. Ela maltrata o marido nessas inquirições em que ele fica "sem saída", ele tem que ter a coragem de confessar que teve relações sexuais com a ex-funcionária, mas se o fizer ela terá razão para deixá-lo.

Paulo diz:

Estou cansado de repetir a mesma história e ela não acreditar. Eu fui mesmo até o motel, mas nada aconteceu, eu não consegui consumar a traição. Ela sabe que sempre fui fiel, que me arrependo de ter me envolvido com essa mulher, que ela não merecia. [Chora e pede perdão e uma segunda chance (novamente)].

Neca diz que isso ela não consegue perdoar. Que desde o namoro haviam combinado que se um deixasse de gostar do outro ou se acontecesse de um sentir-se atraído por outra pessoa, contaria ao outro. Jamais pensou que seria a última a saber.

Neca:

Eu tolerei o fato dele não ganhar bem, da gente não ter conquistado o que esperávamos, mas o que não tolero é essa mentira. Eu não sou ingênua, burra, de acreditar que não houve nada, como ele afirma. Para mim é traição da mesma forma, eles tiveram encontros antes da ida ao motel, quer que eu acredite que não se tocaram [começa a chorar].

Maria Cristina Deprati (2007, p. 149) refere o cinismo nos vínculos como uma defesa frente a dor e desmentida da castração, como desejo de preservar algo que se corrompeu. No capítulo "Quiero saber la verdad! Quero?", Sara Moscona (2007) recorre a um repertório de conceitos: verdades-mentiras, lealdades-deslealdades, confiança-desconfiança, engano, secreto e escândalo. O casal encontra-se nesse dilema a respeito da verdade, possibilitando o aparecimento do cinismo e do mal-estar no vínculo.

A infidelidade, neste casal, é produto de uma identificação de ambos com a família da mulher e está a serviço de não renunciarem aos objetos incestuosos[3]. A própria eleição

---

[3] Lembremos que o marido é praticamente um filho adotivo da família da esposa.

Ariane Severo

97

do par se deu de forma a impossibilitar uma saída exogâmica. Paulo segue sujeitado ao poder da família de sua mulher.

Ocorreu a ruptura do pacto monogâmico por uma das partes, mas a separação é tida como impensável, e ao mesmo tempo eles não conseguem re-pactuar a relação. Eles se encontram em uma situação difícil: nem juntos, nem separados. A infidelidade permaneceu como um segredo. A exclusão vivida por Neca colocou-a no lugar de terceiro excluído da cena, lugar de terceiro curioso, onde a fantasia dominante é a de que há sempre algo mais a ser contado, investigado, duvidado.

A infidelidade provocou uma ruptura no sentimento de continuidade, Neca desconhece Paulo, ele é outro, é diferente daquele pelo qual se apaixonou e que prometeu não desapontá-la, repetindo um comportamento do pai. Neca não pode abandoná-lo como fez seu pai e o pai dele próprio ao morrer. A família precisa permanecer unida para que os filhos não padeçam da mesma dor dos pais. São pactos que constituem a vincularidade ameaçada.

Rompe-se, então, o pacto monogâmico e instala-se a desconfiança. A memória é de ressentimento, memória de luto. Neca, identificada com a mãe, não perdoa, reage com agressões verbais e fúria narcísica. A palavra perdeu seu valor ressignificante. O pacto era de fidelidade com a família materna. O nascimento do segundo filho deveria fortalecer o vínculo de aliança, ocorrendo um natural distanciamento da família materna. Neca está envolvida com um bebê e outro filho ainda pequeno e trabalhando muito. O lugar de pai e de marido está enfraquecido. Ocorre a infidelidade, o anel, a aliança, se despedaça. A traição é como uma defesa contra a separação da família, que deveria ter doado a mulher, neste casal em que as separações são registradas como traumáticas, mortíferas.

A forma como circula o dinheiro denuncia o predomínio da família materna. O que poderia ser um acontecimento é repetição. O que deveria interromper a linearidade se converte em um encarceramento, em uma relação onde os dois não estão mais casados, e muito menos separados. Neca sente que se engana, que se permanecer no casamento se tornará infiel a ela própria.

A amante, em função das experiências anteriores, funcionou como um acontecimento que não pode gerar uma renovação, um reposicionamento vincular para não deixar morrer a relação. A presença da amante eclodiu como uma avalanche que vem destruindo e soterrando tudo. Não soou como um alarme, um alerta que adverte que não podem seguir vivendo desta maneira.[4]

VINHETA QUATRO

Layla casa com um marido que tem a profissão de piloto. No início do namoro, ele foi transferido para outro estado e ela tentou viver junto dele. Sentia muita falta da família e dos amigos e alegava ter tido que interromper sua carreira profissional. Cada vez que o casal brigava, Layla retornava para junto da sua família de origem. O casal acabou retornando para o mesmo estado dos parentes, permanecendo a residência do casal no território da família dela.

---

[4] *Ibidem* p. 137.

A profissão do marido possibilita que Layla permaneça arraigada à sua família. Há um acordo implícito de que ele jamais a apartará de suas raízes. Anos depois, o marido precisa assumir um trabalho em outro país. Ela decide não acompanhá-lo, apesar de saber que a decisão do marido é correta e a melhor para o bem-estar da família. O marido tentou de todas as formas convencê-la a acompanhá-lo, juntamente com os filhos. Não houve acordo. Ele partiu sem a família e retornou quatro meses depois quando então decidiram o que fazer.

Em meio a esses acontecimentos o casal se desentende. Ambos sofrem intensamente neste período que antecede a mudança do marido de um país para outro. Pelos preparativos da viagem, a convivência fica entrecortada e eles acabam não podendo passar juntos fins de semana e outras datas comemorativas, conforme o combinado. Layla sente-se abandonada e põe em cena uma situação de agressão explícita ao marido, como reação a uma ação que ela percebeu como um descaso para com ela e os filhos. Layla vai a uma festa e beija um homem na frente da cunhada e dos amigos deles. Comete uma infidelidade e a torna pública, para que não possa haver reparação. Um beijo avuncular[5], que sentencia sua permanência junto à família de origem.

Cabe a nós, analistas vinculares mostrar que estas transações simultâneas em que um transgride, por se sentir desconsiderado, por se sentir lesado, funcionam como uma tentativa de reparação narcísica.

O marido, ferido narcisicamente, decide separar-se judicialmente o mais rápido possível, para que tudo se resolva antes de sua partida. A sequência dos acontecimentos ocasiona muita decepção e sofrimento. Layla se dá conta do que fez, dos motivos que a levaram a beijar outro homem na festa, entre amigos e familiares, e também do quanto o ama e por isso não desejaria perdê-lo. Se ele aceitasse, estaria disposta a acompanhá-lo e aprender "outra língua", a deles.

O marido, longe da mulher e filhos, repensa a situação. Dois meses depois, a analista recebe um telefonema: o casal comunica que está de partida para uma vida nova e pensaram que a analista gostaria de saber disso.

Moscona (2007) diz que na infidelidade a pessoa sente-se enganada, "corneada" e que o destino pode ser "acusações mútuas, *actings* escandalosos, ciúmes paranoides, violência e loucura vincular".

Vinheta cinco

Luigi e Nana estão casados há vinte e cinco anos e suas dificuldades conjugais são as que acompanham a maioria dos casais comuns. Uma filha adolescente desestabiliza a relação com freqüência, muita frequência. No passado ocorreu uma infidelidade por parte dele. Nana se deprimiu profundamente e o casal esteve separado por dois anos. No que se converteu o casamento naquele momento? Luigi, homem sério, trabalhador, afortunado, sensato tornou-se infiel. Ele fechou-se na parte reservada de si mesmo, a parte secreta, e passou a desprezar valores e deveres que considerava. Havia algo enigmático

---

[5] Avúnculo, segundo Lévi-Strauss, é literalmente o tio materno, aquele que detém o poder de doar a mulher para constituir outra família.

e uma dependência recíproca. Retomaram o casamento de forma mais verdadeira e independente das famílias de origem. O relacionamento é, então, tido como satisfatório, como algo que enriquece a ambos. Sentem que produzem um relacionamento com muito mais erotismo, ternura e intimidade do que antes da separação. O humor, característica desta dupla, parece ter aliviado uma vida que em sua substancialidade parecia rígida, opressiva e deprimente.

Abordaram a infidelidade desde a lógica vincular e puderam questionar-se sobre o que sucedeu com a sexualidade. Mas, toda vez que o vínculo de aliança se fragiliza, ela volta a ter medo de que o marido seja infiel. São momentos em que o marido não a procura sexualmente como esperaria, momentos em que não se sente segura de seu amor, de seu poder de sedução. Há a fantasia de que alguém sabe o que seu marido quer e pode satisfazer seu desejo. Uma ilusão neurótica de pensar ser possível um complementar o outro. Nestes momentos a comunicação fica inacabada, permanentemente aberta, deceptiva, angustiante e enganadora. A situação de infidelidade imaginária, conectada com o que viveram no passado, incrementa o estado confusional existente no casal e coloca em evidência a fragilidade vincular. Aparece o vazio, que permanece indizível, e o que estava desconectado, ocorrendo uma ruptura do imaginário amoroso. Uma vez vivida a experiência de infidelidade, há sempre uma exigência de precauções, uma relação atormentada por antigos fantasmas.

Vinheta seis

Uma mulher telefona no início da manhã e solicita um horário. Diz que está muito mal e que não dormiu na noite anterior. Ela custa para compreender onde fica o consultório. Liga do celular duas vezes até conseguir chegar ao endereço. A mulher, chamada Leonora, era magra, elegante, bonita, passava dos cinquenta anos e demonstrava estar sofrendo muito. Comentou que já havia ligado meses atrás, mas que achou que poderia resolver o problema sozinha.

No caso de Leonora, já referido ateriormente, a traição do marido coincide com o agravamento da doença da mãe dele, meses após o falecimento do seu pai. Lembremos que esta família tinha um funcionamento do tipo gemelar, onde todos funcionavam sem diferenciação, com um código mínimo de comunicação onde a linguagem era desnecessária (campainha, abrir o chuveiro ou a porta da garagem) onde poderia existir apenas um ou iguais, onde um sabe o que o outro pensa ou deseja, onde "somos um só". A separação ou morte ativa um tipo de angústia e a traição funciona como uma defesa contra esta realidade intolerável.

Vinheta sete

Certa vez atendi um casal jovem, casado há seis meses. Vieram porque tiveram uma briga mais séria, que assustou a ambos e foi motivada por ciúmes envolvendo uma colega de trabalho dele. Reconheceram que desde que casaram brigavam com frequência e pareciam insatisfeitos. O homem se queixava da falta de companheirismo dela nas atividades esportivas que fazia, de forma obstinada, nos últimos meses. Ele perdeu mais de vinte quilos, comprou roupas novas, carro novo. A mulher disse: *"Tem uma coisa estranha, ele parece outra pessoa, até a risada é diferente. Não sei se ele está "se achando" porque emagreceu e está mais bonito, ganhando melhor, não sei, mais ele parece mais arrogante".* Contam como se conheceram, os anos de namoro, o apego dele com a família dela, devido ao fato de os pais dele serem distantes e separados. O pai dele receberia alta de uma clínica para dependentes químicos. O marido pouco fala e parece distante e incomodado, apesar de ter sido sugestão dele a procura do tratamento.

Na segunda entrevista, falam do desejo de permanecerem juntos e do projeto de terem filhos. A mulher andou sentindo enjoos. Ele queixa-se da excessiva presença da família dela e do desejo de não almoçarem todo domingo com os pais da esposa. A mulher concorda e diz que ele não oferece uma alternativa, outra programação e que muitas vezes é ele próprio que se convida para o almoço na casa deles.

Na terceira entrevista, aparece um pouco mais a história da família dele. O pai costumava beber e trair. A relação era tensa, triste e permeada de brigas. Neste momento, o marido diz estar repetindo o casamento dos pais dele.

Na entrevista seguinte vem apenas a mulher. Conta que estão separados. No final de semana ele se despediu com um bilhete amoroso e foi para uma festa da empresa. Como demorou bem mais do que o combinado e o de costume, a mulher ficou preocupada após tentar falar pelo celular com o marido e escutar, por diversas vezes, a mensagem: "este celular encontra-se desligado ou fora da área de cobertura, tente mais tarde". Ligou para um colega de trabalho e ficou sabendo que a confraternização havia terminado e que o marido dela havia saído cedo, sozinho e não estava alcoolizado. Ela aguarda. Mais tarde pensa no que pode ter acontecido e começa a acionar a família pelo telefone. Ninguém sabe o paradeiro dele. A chave gira na fechadura já quase ao amanhecer, e entra pela porta um homem embriagado, com o rosto manchado de maquiagem. O casal briga, ele nega que esteve com outra, seu álibi é ter ficado rodando de carro por horas e sem bateria no celular. A mulher não acredita, ele sai de casa dizendo que não aguenta mais e que quer a separação. Que só voltará no apartamento para pegar as coisas dele. Não a procura e nem a família para dar uma explicação. A mulher decide segui-lo na saída do trabalho. Segue os carros e o flagra esperando a colega de trabalho num quarto de hotel. Ele, então, a trata com desprezo e a humilha. A repercussão do caso vira um escândalo, o desenrolar das cenas é chocante e o incrimina cada vez mais; para ela, ele cometeu um crime, o mais horrendo de todos, ferindo parentes e amigos. O "casal perfeito", antes mesmo de ver o álbum de fotos do casamento, terminou de forma trágica, abrupta, escandalosa e inimaginável.

Por que este casamento precisou terminar dessa forma? Difícil saber. O casal não está mais ali para contar. Ele falou pouco, disse apenas que não queria mais estar casado, que tentou dizer de outra forma, antes mesmo da cerimônia do casamento. Sabia que ela não merecia, que não o aceitará mais, que não há retorno. Teria agido assim para garantir o desgarramento de uma família que o cuidou como um filho? Disse estar desejando outras mulheres e que não queria fazer isso dentro do casamento. Separou para não repetir a história dos pais? Casou para poder terminar com uma relação de anos que já sentia insatisfatória? Depois de casados iniciou uma história de repetição que provocou uma atuação da parte dele? A traição pode ser vista como uma forma de separação? Houve intenção calculada? Depois, soube-se que o carro foi comprado com "dinheiro sujo", oriundo da venda ilegal de produtos. A polícia andou batendo no apartamento, fazendo perguntas. Teria ele fugido para proteger a esposa? Buscado o tratamento para tentar encaminhar uma separação? Difícil saber, a dupla não está mais ali. A dupla está dilacerada.

O AMOR E SUAS INFIDELIDADES

Todas essas vinhetas clínicas foram lembradas apenas com o intento de interrogar: como funciona um casal com uma infidelidade em curso? Esperaríamos que a infidelidade formasse parte da desestruturação do vínculo, o que ocorreria nos últimos tempos do matrimônio e terminaria irremediavelmente em divórcio. Mas o que observamos é que a infidelidade é efetivamente um tema de abordagem bem mais complexa.

Quando a vertente transgressora predomina, nos encontramos com relações falsas e de dependência grosseira, em que dissimular, falsificar, trapacear, esconder, mentir, iludir faz parte ou funciona como condição para a existência da relação. Podem ocorrer situações de triangulação de alto risco, pois esses casais buscam a transgressão e o consequente castigo. Acompanhado de passagens ao ato violento, perseguições e ciúme delirante. Podem buscar um amigo do parceiro para trair, ou um colega de trabalho, até mesmo um parente, evidenciando escassa distância simbólica.

Alguns casais convivem com a traição permanente e sistemática sem maiores alardes, como se pensassem ser a traição melhor do que o abandono. Como se a traição recíproca fosse o único modo de dissolver uma relação que não pode desenvolver-se.

Existem mentiras que afetam os casais, gerando um clima paranoide, algo além dos segredos e intimidades que todos possuímos. "Quando a intimidade dos casais é atacada, se produz uma transformação subjetiva e vincular em simultaneidade que pode levar à violência, produzindo fragmentações, rupturas e perdas" (Colaiacovo, Folks, Prátula & Cababié, 2007, p. 57). O amante pode surgir para provocar uma separação num casal que funciona como uma díade narcísica. Funcionando como um terceiro que ajuda na triangulação, apesar do sofrimento que acarreta.

A infidelidade pode ser interpretada como uma defesa contra o encontro estável com o cônjuge. Pode ainda dissimular a dificuldade do casal em alcançar uma relação satisfatória, sendo a marca inequívoca de uma sexualidade débil em que o excesso delata um déficit.

Nos casais de funcionamento neurótico, a possibilidade de dissolução produz um corte (uma desorganização e uma nova organização) que permite aos casais pensarem as vicissitudes desse vínculo e muitas vezes possibilita a re-erotização do vínculo. O matrimônio se reformula, com uma infidelidade a ser elaborada. Em cada encontro, aspectos da sexualidade, da atração, do erotismo, da ternura e intimidade estão interatuando de forma particular e, se coincidem, temos um encontro amoroso satisfatório, que enriquece a relação, com a possibilidade de que produza algo diferente. E o que sucede com a sexualidade dos casais? Como as representações intrasubjetivas se estabilizam ou desestabilizam em função de sua articulação com os acordos e pactos inconscientes? Quando o intersubjetivo estabiliza ou desestabiliza o intrasubjetivo?

A resposta é um desafio que consiste em abordar amplamente o tema da infidelidade, pensando-a desde a lógica vincular.

LIGAÇÕES AMOROSAS & PERIGOSAS: VENENO DE UM LADO – REMÉDIO DE OUTRO[1]

> O discurso amoroso, ordinariamente,
> é um invólucro liso que adere à imagem,
> uma luva suave envolvendo o ser amado.
> Quando a imagem se altera,
> o invólucro da devoção se rasga
>
> (Barthes,1990, p. 21)

Decidi escrever sobre as coisas que não dão certo, de um lado, e ao mesmo tempo funcionam, de outro, sobre esse lado obscuro da cotidianidade dos casais, esse lado complexo, meio fatalista, meio trágico, que a vida a dois possui. Detenho-me neste capítulo sobre a discussão conjugal, esse meio de sobrevivência que desgasta, corrói e, no entanto, mantém o vínculo.

Esses casais, dos quais me ocupo com alguma frequência na clínica, não toleram algumas fraturas mínimas na ideia de amor absoluto. O cotidiano, entretanto, não mantém aquela promessa da paixão inicial: ele se perde nas rotinas, nas repetições.

Pretendo focar-me no momento em que os casais instauram a desordem, desprezando as regras que haviam convertido o enamoramento, e reivindicam o grito, o desabafo, a confissão pública. Tematizarei estas questões num ir e vir da clínica para a literatura,

---

[1] A ideia do título e do capítulo surgiu a partir do romance francês *Ligações perigosas*, de Laclos, publicado originalmente em 1782, cujas características são a fragmentação da narrativa e a focalização, entrelaçadas em uma complexa rede. Existe um sincretismo entre a personagem que escreve a carta e o narrador. As cartas não se contentam em contar: elas são o instrumento da narrativa e ação. O filme *Ligações Perigosas* recebeu sete indicações ao Oscar. O diretor afirma que decidiu filmar As Ligações porque o romance não se limitava a ser uma história sobre a aristocracia, mas desvendava as paixões que podem ocorrer com todo mundo. Para ele, a grande lição de Laclos é ter provado que o amor é mais perigoso do que o sexo, pois é ele que revela os seres, obrigando-os a deixar cair as máscaras (Valmont). Veneno de um lado, remédio de outro, frase que complementa a ideia, origina-se de *Fragmentos de um discurso amoroso* (1990), de Barthes, na passagem na qual se afirma que somos nossos próprios demônios. Também do texto "Las discusiones conyugales" de Anzieu, em *Crear y destruir* (1996).

Encontros & Desencontros

partindo especialmente de _Fragmentos de um discurso amoroso_, de Barthes (1990), em contraponto aos _fragmentos_ clínicos, sobre os quais irei _discutindo_ a teoria sobre a qual se apoiam as ideias deste texto e a minha prática clínica.

CENA 1: UM CASAL DISCUTE

É final de tarde, o marido está na cozinha e a mulher na sala. Ele recebe um telefonema e se exalta, se surpreende: _"Mas que barbaridade! Mas que coisa! Como é que foi?"_ ... A mulher, na sala, fica atenta, assustada; pensa que algo de ruim poderia ter acontecido com sua família. Em seguida percebe que é algo da rotina de trabalho do marido. Após esse telefonema, ele faz uma sequência de ligações – sempre num tom de preocupação, urgência. A mulher, atenta e angustiada, escuta uma ligação na qual o marido diz:

> _Chegou a tua vez, então!_
>
> Ela pergunta: _Com quem tu estavas falando?_
>
> Ele responde: _Com a Juíza._
>
> Ela se enfurece e diz que não sabia que ele tinha tanta intimidade com a Juíza.
>
> Ele diz: _Ah, não! Tu já vai começar com o teu ciúme._ E vai saindo; ela atrás, enfurecida, esbravejando, dizendo que viu os olhares deles em certas ocasiões. Que em situações públicas ele se derrete todo para ela.
>
> Ele: _Por aquela velha fedorenta?_
>
> Ela salta: _Como tu sabes que é fedorenta? Então já andou cheirando o cangote dela!_
>
> Ele fica em silêncio, indignado.
>
> Ela sapateia ainda mais à volta, os olhos saltam e diz: Tu vives cuidando com quem ela anda dormindo, falando dos amantes jovens que ela arranja.
>
> Ele: _Eu só comentei; e o cheiro foi num comício que eu o senti. Vai ver ela estava suada, suja e eu senti um cheiro ruim. É um absurdo o que tu estás insinuando, já estás ficando irracional._ Vira as costas e sai. A tensão aumenta. O casal fica de mal.

A discussão vai num crescente, numa escala que termina por tomar a forma de um delírio. A resposta do marido, a forma como tenta sair de cena, é entendida como depreciativa, como se ele fosse culpado da situação. O que um diz ou não diz incrementa ainda mais a discussão, fazendo com que a mensagem comunicada comunique apenas incompreensão, tornando o outro culpado da desavença. Ouve-se para não se escutar, na mesma medida em que se grita para não se fazer ouvir (Anzieu, 1996, p. 256).

A ilusão de felicidade completa e harmonia constante se quebra com a sensação da mulher sentir-se excluída, numa relação triangular. Retoma uma briga iniciada na infância, quando ela, a mãe e os irmãos aguardavam em pânico a chegada do pai alcoolizado que queria bater e matar todos. Todos à mercê do perigo, momentos que impreterivelmente ocorriam no final do dia. *"A história individual se reelabora em função do tempo do casal, ao qual todas as outras temporalidades estão subordinadas"* (Anzieu, 1996, p. 259). Tempo feito de angústia pela expectativa do que iria acontecer na sequência da cena. Uma angústia reproduzida ali, de forma "delirante", no quarto quentinho e aconchegante preparado pelo marido – então em abstenção – em meio ao desejo de terem um filho. Tempo que lembra os idos da infância, quando acompanhava o pai nos trabalhos da roça, na ânsia de poder ocupar a sua parte no colo em que foi pensada como filha. O colo, pretensamente protetor, pelo pavor do incesto, cada vez mais conduzia à distância e ao enlouquecimento. O marido começou a beber diariamente e a envelhecer, aproximando-se muito da figura do pai. Agora, envelhecidas e gastas, as imagens se sobrepõem e se fundem na ideia de ainda estar sob o torpor da cachaça.

Os telefonemas em série e o tom de voz deixam a mulher na expectativa de algo muito ruim, uma cena se conecta na outra. Em seguida, ela sente-se excluída e a discussão se inicia. Ele tem uma amante! Tem intimidade com outra, conhece o cheiro de outra mulher. Rompe-se a ilusão dual, "gemelar", de pele comum. Algo do exterior irrompe como uma intrusão e eles se unem novamente na discussão. "A cena seria uma maneira de se ter prazer sem o risco de se fazer filhos" (Anzieu, 1996, p. 36). Sem o risco de uma relação incestuosa. Para Barthes (1990):

> Quando dois sujeitos brigam segundo uma troca ordenada de réplicas e tendo em vista obter "a última palavra", esses dois sujeitos já estão casados: a cena é para eles o exercício de um direito, a prática de uma linguagem da qual são coproprietários, um de cada vez diz a cena, o que equivale a dizer nunca você sem mim e nunca eu sem você . . . Não se trata se escutar um ao outro, mas de se sujeitar em comum a um princípio de repartição dos bens da fala. Os parceiros sabem que o confronto ao qual se entregam e que não os separará é tão inconsequente quanto o gozo perverso. (p. 36)

O marido havia dito que ela encontraria outro motivo para brigar quando ele não mais retornasse tarde ou alcoolizado para casa. Que ela tinha necessidade de brigar. Mas ele não se retira da cena. A linguagem começa sua longa carreira de coisa inútil, agitada. Inútil? Enquanto a mulher sustenta o "delírio", atrai o marido para uma contestação, uma réplica. "Para que a cena ganhe velocidade é preciso um engano" (Barthes, 1990, p. 37). O marido ligou para o Foro, o escrivão o atende e conta do furto na casa da juíza. Quando ele exclama: *Mas que coisa! Como é que foi?* O escrivão diz que a juíza está ali, na frente dele, e passa o telefone. Então não houve necessidade de aberturas, saudações, delongas. Foram direto aos fatos e cada qual sabia com quem e do que falavam. Mas a mulher, excluída da cena, interpretou de outra maneira. Ele havia ligado para a juíza e já saíra falando: *"Então chegou a tua vez!"* – Sem formalidades: – *"Que barbaridade!"*

O acordo é logicamente impossível, na medida em que o discutido não é o fato em si, mas aquilo que precede – o engano, a exclusão, a angústia de abandono.

Em todo diálogo, entre duas ou mais pessoas, os egos participam de um complexo campo emocional[2] onde o significado é transmitido de uma pessoa à outra, que supõe

---

[2] Unidade mínima de intercâmbio comunicativo entre dois ou mais seres humanos. Berenstein e Puget (1994, p. 66).

compartilhá-lo. A mulher acionada pelo gatilho da angústia de acontecimentos presentes que se ligam a um passado belicoso, de fantasias incestuosas, interpreta "delirantemente" o telefonema do marido[3]. A intolerância à exclusão leva-a a um mal-entendido, expressado em interpretações, em clichê, provocando enorme irritação e mal-estar, pois haveria um pressuposto de que um e outro deveriam significar da mesma forma as palavras trocadas. Além disso, ele deveria imaginar que ela, escutando a conversa, se sentiria excluída. O marido teria que adivinhar o que ela poderia sentir, exigindo a esposa uma igualdade de sentido atrelada a uma origem narcisista (Blaya, 2004, p. 45), uma ilusão especular.

Em Berenstein e Puget (1994): "O mal-entendido é uma disfunção do processo de comunicação, apoiado na ilusão de entendimento. É uma divergência de interpretação entre duas pessoas que acreditam compartilhar significados e sentidos" (p. 68). Os significados podem ser transmitidos de várias maneiras: pelos movimentos corporais, olhares, odores. Aqui o ar quente, o tom de voz, o cheiro fedorento, cheiro do álcool. Atentem para a frase: "*Então chegou a tua vez!*" O quanto se liga com a cena infantil do pai pegando a filha para espancá-la, violentá-la, matá-la. *Aquela velha* – aquele velho, a condensação pai/marido e a diferença de vinte e poucos anos entre o casal.

Conforme Barthes (1990): "A angústia do sujeito apaixonado é a de deixar-se levar pelo medo de um perigo, de uma mágoa, de um abandono". Quando a mulher sente a angústia de amor, ela sente como se já o tivesse perdido. Há um terror de quebra do gozo que sustenta o vínculo[4]. Anzieu (1990) e Milmaniene (2000) sustentam a ideia, da qual compartilho, de que alguns casais se fundam em pactos narcísicos e se sustentam numa atadura de gozo que persegue o erotismo perfeito e absoluto, que anula toda descontinuidade entre um e outro. "Algo do real irrompe e promove uma quebra de um gozo até ali sem fissuras" (Anzieu, 1990, p. 256; Milmaniene, 2000, p. 37; Odgen, 2003, p. 135)[5]. Uma angústia frente ao desamparo. A serviço de manterem o vínculo ocorre esse delírio de ciúmes – uma falsificação da percepção que funciona na operatória da loucura vincular em que um sustenta o "delírio" do outro, porque ambos sustentam desde esta discussão uma neorrealidade, como afirma Hegel, citado por Gomel & Czsermikowiski (1997) em A loucura vincular[6]: Essa loucura humana se sustenta sobre a contradição que gera a irrealidade e a

---

[3] São interrompidas as regras habituais da relação entre linguagem e estados mentais correspondentes. Subjazem à intervenção do princípio de realidade dos desejos inconscientes e uma relação como a de objeto imaginário (Berenstein e Puget, 1994, p. 67).

[4] O conceito de vínculo privilegia e dá *status* à presença do outro real, como produtor contínuo de subjetividade. A subjetividade é concebida como uma construção constante na relação com o outro (Berenstein, 1996).

[5] Também respalda essa ideia que pretendo sustentar de que praticamente não há um "eu" interpretante interposto entre nós mesmos e a nossa vivência. Disto resulta que a experiência seja tingida de um intenso sentido de imediatez ... as defesas psicológicas tendem a ser da ordem da atuação e da evacuação. Ver mais em Gomel e Czernikowiski (1997, p. 203).

[6] Loucura vincular vem de uma expressão francesa *folie a deux*, que pode ser traduzida como "loucura a dois", isto é, uma situação em que duas pessoas compartilham um mesmo tipo de fantasia e de ansiedade, de sorte que cada um potencializa a neurose do outro, agindo de forma similar e com características psicóticas. A loucura vincular emerge ao modo de um funcionamento sustentado no compromisso para desconhecer/conhecer "de dois ou vários" a realidade da castração de uma situação localizada e cujo efeito é a criação de uma neorrealidade vincular, sustentada como contradição (Zimerman, 2004, p. 286). Para Gomel & Czernikowiski (1997), *folie à deux* designa os caos de alienação confirmada nos sujeitos, quando ocorre um delírio parcial de perseguição que sobrevém simultaneamente em dois sujeitos.

realidade, sustentadas em um mesmo momento. A loucura é essa contradição (Gomel & Czernikowiski, 1997, p. 199)[7]

Há uma impossibilidade de diferenciação do sujeito de estímulos procedentes do mundo exterior (o telefonema) e do interior (cenas familiares). Há uma confusão entre o percebido e o representado, confusão primitiva que origina a "alucinação". A partir da desarticulação das relações causais se geram condições "loucas". O sofrimento produz uma loucura vincular[8] pela angústia ante a ameaça de desamparo. A discussão parece uma regressão psicótica compartida até o limite de enlouquecer o outro e a si mesmo. O outro tem que funcionar como alguém sempre à disposição, que não pode jamais faltar e protegê-lo sempre do mundo interno e externo, funcionando como uma barreira de para-excitação global (Gomel & Czernikowiski, 1997). Em nosso meio, Zimerman afirma:

Sabemos o quanto é difícil certos casais se separarem quando eles constituem um sistema que se alimenta a si mesmo, caso em que cada membro, mantendo as suas dissociações, é inseparável do outro, formando uma unidade . . . (2000, p. 165)

E que

um conluio de complementação narcisista, em que os "eus" se gratificam reciprocamente, e encobre muitas vezes um aspecto sadomasoquista da relação. (2004, pp. 109-110)

Passada a cena, diz Barthes (1990): "o parceiro renasce da cena. Só o cansaço, o esgotamento interrompe a cena. Não há outra forma de bloquear a cena. Ela é interminável como a linguagem. Ela é própria da linguagem da discórdia" (pp. 38-39). Inconsequentemente, tranquilamente, retomam seus prazeres habituais como forma de assegurar e perpetuar a unidade dual, a pele comum, o vínculo.

CENA 2: OUTRO CASAL DISCUTE

Eles estão indo a uma festa. Ela não gosta que ele chegue na frente e nem que entre nos locais atrás dela, principalmente se a festa é dos amigos ou familiares dele. Diz que já explicou e pediu um milhão de vezes e que ele não entende. Que gosta que o marido a conduza, que a apresente, que ele tome a frente e a faça sentir-se segura. Ele tem que ser o dono da situação, não a deixar solta. Ele não compreende e diz que ela é tão decidida em tudo que faz, tão independente e segura, por que precisa que ele se comporte desta

---

[7] O termo loucura faz referência a um tipo de irracionalidade e não possui características de uma estrutura e sim de um fenômeno que pode estar em qualquer estrutura clínica, atravessando as classificações psicopatológicas. Loucura é usada num sentido mais genérico, dado que abarca tanto a neurose como a psicose ou a perversão. A loucura como uma defesa muito mais enérgica e eficaz que o *ego* utiliza ao rechaçar uma representação intolerável.

[8] A loucura vincular é como uma construção de uma nova realidade conjunta.

Encontros & Desencontros

a complexidade da vida a dois

maneira nestas ocasiões? Não entende por que ela precisa ser o centro das atenções, não podendo nem ele olhar para o lado que ela fica furiosa. Estão relatando, na sessão, a festa do final de semana e a discussão que tiveram.

Ela: Eu não gosto de dançar com uma pessoa que fica que nem um radar olhando para tudo que é lado [e imita]. Nem disse que era para outras mulheres, sei que não é. Ele só gosta de dançar se a pista estiver cheia de gente.

Ele: Não é bem assim.

Ela: Tu não gostas de dançar quando a pista está cheia?

Ele: Gosto; mas não é como tu estás dizendo. Mas acho mais divertido dançar com um monte de amigos.

Ela: Eu também. O problema é tu dançares com uma pessoa que não te olha, que não dança para ti, desanima. Aí eu comecei a fazer que nem ele e não gostou. Fiquei um tempo olhando para tudo que é lado. Aí ele perguntou o que eu tinha. Eu respondi que estava fazendo o mesmo que ele. Aí ele não gostou e paramos de dançar.

Ele: E ela se emburrou como de costume.

Ela: Não exagera! Foi só um pouco.

Ele: O que me chateia é que isso sempre acontece nas festas. Ou ela está cansada e não quer ir, ou quer voltar cedo, ou eu não me comporto do jeito que ela queria.

Ela: Não é sempre assim. É só quando tu não fazes como eu gosto. Eu já te expliquei tantas vezes.

A ausência do olhar dele, mesmo que breve, durante a dança, transforma-se em prova de indiferença, abandono.

O ato comunicativo, como se pode ver, é de enorme complexidade. Desta maneira, façamos algumas inferências a respeito de como se deu o processo de entendimento entre o *ego* de um e o *ego* de outro. Conforme Berenstein e Puget (1994):

> Em um ato de linguagem, o *ego* deve estar em condições de oferecer indícios que permitam ao outro *ego* explicar o que, o como, o porquê e indicar o para quê da mensagem dele e este fará o mesmo com a mensagem do outro. Para tanto, irá utilizar várias regras que tornam possível a compreensão. (p. 68)

O ato comunicativo exige um contexto que o compreende e é definido por um conjunto de regras de sentido a serem compartilhadas (Berenstein & Puget, 1994, p. 69). O contexto é a festa de amigos ou familiares dele. Certos indícios adquirem valores diferentes em cada contexto. Na festa dele, ela gosta que ele a apresente, introduza-a, faça-a sentir-se segura, valorizada. Que tenha olhos só para ela, especialmente ao dançar.

Ela gosta de dançar. Ele não gosta tanto assim, não sabe tanto assim, mas se dispõe a acompanhá-la. O que é a dança? Impossível definição para os que não sabem dançar, é uma tentativa de resposta que se renova toda vez que se dança para aqueles que gostam de dançar. Dançamos para nos divertir, para comemorar, pelo prazer de dançar. A dança é algo entorpecente, excitante para alguns e, para outros, totalmente calmante. O que é a dança para ela? É soltar o corpo, é abrir uma possibilidade para o inusitado, é entrega, é exorcizar a tristeza, é algo muito primitivo, um ritual de conquista e oferenda envolto em sensualidade. *Ele não pode ficar que nem um radar olhando para tudo que é lado.* Tem que dançar com ela, olhando para ela. O encontro é feito de palavras e olhares. A sedução visual culmina com o encontro amoroso. Quando outra realidade se impõe, produz-se um mal-estar, ela sente como falta de atenção, de cuidado, de amor, que é atribuído a ele, que não corresponde ao objeto imaginado com capacidade de predição. O marido teria que captar os indícios e prever que, naquela situação (da festa, da dança), não poderia haver diferença entre um e outro.

Ficariam embalados pelo ritmo, como num movimento de ninar quando o bebê e a mãe, ao sustentarem a ilusão de serem tudo um para o outro formam um *Objeto Único*, que foi recriado a partir do enamoramento[9]. Em sua fantasia os enamorados imaginam haver encontrado o antídoto definitivo contra a falta. O objeto do qual estamos enamorados vem ocupar o lugar de ideal do *ego*. O descobrimento de que este objeto assim investido constitui um outro diferente, institui descontinuidade e pode despertar violência. Para ela, eles deveriam permanecer como dois enamorados encerrados na dança do olhar, imaginariamente vinculados, por uma *fantasia de pele comum* (Berfeins & Moscona, 1997); trata-se de uma envoltura vincular, uma espécie de revestimento imaginário promotor da fantasia de pensar-se protegido numa estrutura de apoio. Anzieu (1996) afirma que "a ilusão amorosa é narcisista e visual" (p. 258, 265). O desejo dela é o de ser adivinhada, entendida, como a mãe antecipa ou realiza uma ação específica. Nos casais, quando o outro é investido da exigência de antecipação, dotada agora de características de *objeto único*, pode-se prever uma predisposição para o caos e indiferenciação. A tendência é de se buscar um parceiro que presentifique uma mãe, com a qual se manterá um acordo inconsciente de fusão ou indiscriminação, como no início da vida, quando o bebê não sabe distinguir o que é ele próprio e sua mãe. A ilusão, nesse momento, domina a cena. Em termos adultos essa ilusão reaviva-se por ocasião das paixões (Blaya, 2004, p. 120)[10], ou na etapa do enamoramento[11], quando se cria um acordo ilusório de concordância máxima entre o permitido e o excluído (Berfeins & Moscona, 1997).

O casal funciona num sistema igualitário, para que tudo se mantenha em perfeito equilíbrio. Aquele que por suas próprias condições se desnivela e quebra a homeostase, sente-se culpado. Trata-se do "sistema de vasos comunicantes" (Zimerman, 2004, p. 309)[12] aplicado a uma realidade dual (Kancyper, 1999, p. 68) na qual se privilegia a nivelação e se condena a diferença, negando a alteridade e interceptando o direito de

---

[9] É a contrapartida do desamparo originário. O vínculo estável com um outro, e que está subjacente a toda relação de casal.

[10] Paixão é sinônimo de uma tendência bastante forte e duradoura para dominar a vida mental. A paixão é sempre provocada pela presença ou imagem de algo que nos leva a reagir, geralmente, um impulso. Ela é então o sinal de que nós vivemos na dependência permanente do Outro (Novaes *et al.*, 1988).

[11] Este fenômeno complexo de enamorar-se é um ato de ruptura, descentramento. Freud descreve que o objeto enamorado vem ocupar o lugar de ideal do *ego*. Para aprofundamento do tema ver em Freud (1914) e Spivacow e Bregio (1997).

[12] Utiliza-se da metáfora e da lei da física, que produz o comportamento dos vasos comunicantes, em que, independentemente do formato e da largura de cada um dos braços dos vasos, que se ligam em forma de "U", quando se coloca água em um desses braços, automaticamente a água fica do mesmo nível no outro.

Encontros & Desencontros

a complexidade da vida a dois

desacordo, não havendo lugar para o imprevisível". O apego dual permite "delirar" de uma totalidade, que atua como antídoto contra as ansiedades de fragmentação e destruição. O duplo vem para dar conta dessa situação de reprodução do desamparo e no segundo tempo troca de sinal virando algo persecutório operando como corpo estranho e apagando os limites da alteridade, tornando-se fonte de angústia.

Os casais possuem uma envoltura imaginária que atua como continente e sustentação para ambos, chamada de *pele vincular*. Uma pele que filtra e limita, contornando o que é do interior e o que é do exterior ao vínculo, estabelecendo limite entre o dentro e o fora. A pele comum é armada e articulada em conjunto e recobre os casais, dando lugar a um encontro. É um revestimento imaginário promotor da fantasia de proteção, um lugar confiável. Barthes (1990), citando *O Banquete*, de Platão, fala da conformidade de essência entre o outro e o eu, do quanto devo parecer com quem amo, "Quero ser o outro, quero que ele seja eu, como se estivéssemos unidos, fechados no mesmo invólucro de pele, a roupa sendo apenas o envelope liso dessa matéria coalescente, da qual é feita, o imaginário amoroso" (Barthes, 1990, p. 174).

Este casal vive muito bem dentro do seu apartamento, nos momentos a dois. A coisa se complica quando entram mais pessoas, principalmente os amigos dele e a família dele. Aí ele não tem olhos só para ela. Ela se sente insegura e um outro tipo de situação se arma. Fora do apartamento, dos momentos a dois, nas festas dele, nas famílias de origem, surge uma fantasia de ruptura dessa pele comum e na discussão produzida o casal busca se recuperar desta descontinuidade.

O casamento tornou-se um modo de conjugalidade afetiva, na qual eles se protegem dos eventos ou atos perniciosos ou invasivos de suas respectivas famílias ou de desordens do mundo exterior. O dia a dia nos exige muito, tem muitas oferendas e, inevitavelmente, entramos no domínio do instável, do efêmero, do relativo – o "acaso" dominando as exigências.

Cena 3: Outro mal-entendido

Lya é alta, linda, lânguida... entra na sessão contando que melhorou profissionalmente, que entrou na faculdade e conseguiu comprar um carro. Rob, o marido, anda inseguro, fazendo perguntas, interrogatórios, investigações.

Lya: Vou ao cabeleireiro, ele tem ciúmes...

Rob: É que te escutei comentar que ele é bonito.

Lya: Ele é casado, Rob, nada a ver. Agora eu não posso achar ninguém bonito?

Rob: É que tu vais muito lá. Não sei o que tem tanto para fazer lá.

Lya: Que tanto? É que agora, doutora, eu posso me dar esse luxo. Eu tomo banho de luzes, faço hidratação, as unhas... só isso, doutora. Ele tem ciúmes se eu chego tarde, se quero sair com as minhas irmãs, as amigas. Ele desconfia de tudo e de todos. Outro dia nós não conseguíamos um motoboy para mandar uns medicamentos. Era uma sexta-feira, final de tarde. Eu precisava que a

110

medicação fosse entregue em S.[13] Aí eu convidei a minha irmã, que estava me esperando no meu serviço, e fomos com o meu carro levar a encomenda. Ele ficou desconfiado do que eu fui fazer lá. Ficou dizendo que não acreditava que não houvesse um motoboy em Porto Alegre e o porquê da minha irmã ter ido junto.

Rob: Não acho ela uma boa companhia.

Lya: É que ela se separou há pouco e ele implica.

Rob: Ela não entende... eu tô sempre esperando por ela. Ela não tá nem aí.

Lya: Eu não te esperei durante toda a faculdade e a pós? Até troquei o horário do salão para ele não ficar me esperando. Eu ia no sábado de manhã e agora vou na hora do almoço. Não vou mais no sábado para ficar com ele. Mas pra ele nunca tá bom. Outro dia já desconfiou do horário que eu cheguei da faculdade. Naquele dia eu estava fazendo prova e ele disse que eu não poderia ter levado tanto tempo para fazer aquela prova.

Rob: Não é bem assim. É que o dia da prova de cálculo, que é uma matéria muito mais difícil, ela chegou mais cedo. Ela não poderia ter demorado tanto tempo para fazer uma prova bem mais fácil. Todo mundo leva bem menos tempo para uma prova de Metodologia Científica.

Lya: Viu, doutora? Agora ele sabe até o tempo que eu levo para fazer uma prova... é muito difícil, doutora.

Rob: É que tu não tá nem aí pra mim. Faz muito tempo isso. Eu já não aguento mais. Tu decides e fazes. O carro foi assim, tudo muito rápido. Ela nem fala comigo. Eu não quero continuar assim.

Uma ligeira dúvida transforma-se em angústia, em uma verdadeira dor, num tormento de alma tão amargo que Rob não consegue suportar a espera da chegada de Lya, sua ausência é intolerável. Se não está com ele deve estar com outro. Rob em sua inspeção, inquisitiva, leva Lya a revidar de forma cada vez mais exilada dele, Rob reage de modo belicoso, visivelmente disposto a levar o caso ao extremo, atingindo o nível passional. Lya em seu desejo de fuga se distancia. Rob avança numa exigência insaciável por não poder determinar seu paradeiro. Lya já não se encontra onde estivera, não está mais à sua espera, no interior do apartamento, seu destino é autônomo.

O ódio permite o desgarramento do olhar de Lya. Rob Ataca para que o corpo (seu eu) não se despedace. Como um louco ele estanca todo movimento dialético. Queria Lya excessivamente disponível para encobrir toda sensação de falta. Sufoca qualquer não concidência e anula todo limite entre o seu *ego* e o dela. Depende tanto dela que não sabe discriminar o que ocorre lá fora, do que ocorre dentro dele. Fracassa em reconhecer o direito de Lya de ter um lugar próprio, secreto e íntimo. Barthes (1990) diz que:

O ciúme é um sentimento que nasce do amor e é produzido pelo medo de que a pessoa amada prefira um outro . . . . Como ciumento sofro quatro vezes: porque sou ciumento e

---

[13] Uma cidade próxima de Porto Alegre.

me reprovo por sê-lo, porque temo que meu ciúme machuque o outro, porque me deixo dominar por uma banalidade, sofro por ser excluído, por ser agressivo, por ser louco e por ser comum. (Barthes, 1990)

Rob sente ciúmes[14], está convicto de sua razão de desconfiar, sente-se excluído, sente-se ameaçado de ser convertido em fantoche, sem identidade própria, à mercê do objeto.

Rob espera sua chegada, a volta de Lya do trabalho, do cabeleireiro, da faculdade, da vida independente dele. A angústia de espera em Rob é sempre violenta, virulenta. Desespera-se só de pensar que outros possam olhar Lya; mesmo que através do espelho.

Se Lya não vem, alucina: a espera é um delírio. Não consegue pensar com lógica, ocupar-se com estimativas de um atraso no trânsito, na sequência do atendimento dos clientes, é tomado pela angústia da espera. A mais pura angústia de abandono. Lya vai e vem – é descontínua – e Rob, incompleto, mais do que isso tem a vivência de corpo fragmentado, desgarrado, uma sensação de estar em carne viva. Quando Lya chega, não se sente aliviado, ela é culpada pelo seu sofrimento. Não consegue enxergar que ela retornou para ele. Põe óculos escuros nos seus olhos embaçados e discute. Expulsa uma sequência longa de insultos diante dos olhos desiludidos de Lya. Percorre a casa socando e chutando objetos ou usando a força brutal do não dizer nada e dizer tudo. Nestes momentos, toda linguagem é desordenada, pouca, excessiva e pobre diante da angústia. Rob se desmancha, desfaz- e, se não houver Lya. "Me projetei no outro com tal força que, quando ele falta, não posso retornar, me recuperar: estou perdido para sempre" (Barthes, 1990, p. 35).

Segundo Foucault, citado por Blaya (2004):

> Todo discurso manifesto repousa secretamente sobre um já-dito; esse já-dito não é simplesmente uma frase já pronunciada, um texto já escrito, mas um jamais dito, um discurso sem corpo, uma voz tão silenciosa quanto um sopro, uma escrita que não é senão o vazio de seu próprio rastro. Supõe-se, assim, que tudo que o discurso formula já se encontra articulado nesse meio-silêncio que lhe é prévio, que continua a correr obstinadamente sobre ele, mas que ele recobre e faz calar. O discurso manifesto não passa, afinal de contas, da presença repressiva do que ele não diz, e esse não dito é um vazio minando, do interior, tudo que se diz. (p. 140)

Berenstein e Puget (1994, pp. 29-30) fazem uma tipificação dos vínculos e descrevem o vínculo de posse. Denominado de possuído-possessivo, em que se tenta reduzir ou anular a distância entre os sujeitos pela necessidade de um contato corporal concreto, mediante o controle visual e depois auditivo com o objetivo de neutralizar as angústias relacionadas com o reconhecimento das diferenças. E qualquer significante pode servir para exercer o controle, neste casal, o controle dos horários da chegada de Lya, da sua volta para casa. Não esquecendo que o tempo é o de espera e a distância o perto e o longe. O vínculo possuidor-possessivo é o resultado de intensos sentimentos de perseguição controlados através dessa forma de relacionamento em que predomina o ciúme, com desconfiança permanente e contínua e com destaque para o olhar como controle e intrusão.

---

[14] O ciúme aparece em Otelo como alguma coisa que atua do exterior, ele corrói, ataca, abala a constituição moral, fazendo dele um outro, "um monstro de olhos verdes", como refere Jorge Coli no texto "O lenço e o Caos" (Novaes *et al.*, 1988, p. 130).

A traição, a exclusão que ronda invariavelmente seu destino, é, sobretudo, uma expressão simbólica, um signo da ambiguidade. Lya e Rob vivem o romance da dúvida (uma problemática obsessiva-parasitária). Luta-se desesperadamente por explicações sempre adiadas. Tudo se desconfia, uma nova denúncia pode desabar a qualquer momento. A pele vincular que envolve e contém pode ser sentida como algo que aprisiona, aparecendo sentimentos de perseguição em um dos polos da relação. Berenstein (2007) afirma que muito sofrimento de um sujeito passa pela crença e a vivência de não estar na mente do outro e esse sofrimento adquire a forma de um sentimento persecutório que pode chegar ao ataque e destruição do outro do vínculo. Ambas estratégias defensivas – a paranoide e a de ciúmes – reasseguram a continuidade da fusão simbiótica, dado que re-erotizam o casal, uma vez que convocam o terceiro para operar segundo a ordem da separação. Trata-se, segundo Milmaniene (2000), de uma manobra ambígua que reforça o casal e o protege da dor da vivência depressiva. Entendo que essa defesa é para proteger o vínculo da angústia de desamparo.

Nesse combate de linguagem permanecem em cena, presos num discurso duplo, veneno de um lado, remédio de outro, onde a mesma proximidade que mata, salva.

Última cena

> Eu pensei em mim, eu pensei em ti,
> Eu chorei por nós.
> Que contradição!
> Só a guerra faz nosso amor em paz.
>
> (Gilberto Gil, A paz)

Observamos que nessas "Ligações amorosas & perigosas", o sofrimento dos amantes e a possibilidade de morte estão sutilmente articulados com os temas e as imagens da soberania decaída. O homem perde o lugar que legitimamente deveria ocupar de lei, de ordem, mas também o lugar que imaginariamente deveria ocupar de barreira de para-excitação, de suporte. O mundo se desarticula em sua ordem e legalidade, emergindo, em consequência, posições de gozo caóticas e indiscriminação, tal como acontece quando o estilo fálico-masculino habita hegemonicamente em uma mulher, e o inverso quando a feminilidade habita predominantemente em um homem desfalicizado, conforme vimos na cena dois e três.

Defrontamo-nos com a incomunicabilidade, a incapacidade do conhecimento do outro, a dificuldade de lidarem com a diferença e um fracasso amoroso do ponto de vista do amor moderno[15], o que implicaria vontade de ruptura, negação do antigo, afirmação do novo.

---

[15] Rastrear o amor nos tempos modernos é buscar aqueles momentos de fim do século XVIII e início do século XIX, quando a noção de amor é a de um sentimento interiorizado, cuja validade depende da capacidade de conciliar as contradições entre as dimensões material e ideal. Essa ideia do amor pode ser encontrada em Schüler (1994, p. 21).

Nessa perspectiva de discussão conjugal, queremos reforçar a ideia de que um dos *eus* do vínculo de casal não pode viver sem o outro e, ao mesmo tempo, cada um cria, preserva e nega o outro, dialeticamente[16].

O amor então se fragmenta, sua eternidade se quebra e os pares se descobrem solitários, feridos, amargos. Diante do desespero resta a discussão, o último recurso, o veneno/remédio com uma desconcertante abundância de possibilidades.

NARCISO ALIMENTA EM NÓS A NOSTALGIA DA UNIDADE[17]

Freud (1954b) diz:

. . . os homens se dividem em dois grupos, segundo a escolha de objeto conforme o tipo de oposição ou o tipo narcisista: preferimos supor que o indivíduo encontra aberto diante de si dois caminhos distintos para a escolha de objeto, podendo preferir um dos dois. Dizemos, portanto, que o indivíduo tem dois objetos sexuais primitivos: ele mesmo e a mulher nutriz, e pressupomos assim o narcisismo primário de todo ser humano, que eventualmente se manisfestará depois, predominando em sua escolha de objeto. . . . Grande parte da insatisfação do homem enamorado, suas dúvidas sobre o amor da mulher e suas lamentações sobre os enigmas de seu caráter, têm raízes nesta incongruência dos tipos de eleição de objeto. (pp. 259-260)

Os caminhos da escolha de objeto em Freud (1954b):

a) Ama-se

b) Segundo o tipo narcisista:

c) ao que se é (a si mesmo);

d) ao que se foi;

e) ao que se quisera ser;

f) à pessoa que foi parte de si mesmo.

Segundo o tipo de aposição (ligação):

a) à mulher nutriz;

b) ao homem protetor e às pessoas substitutas que de cada uma destas duas condições partem em loucas séries (p. 262).

---

[16] Estou falando de um tipo de organização vincular baseada na experiência da ordem sensorial, particularmente das sensações de superfície de pele, em que existe um colapso da sensação de demarcação sensorial "e essa perda de delimitação é vivenciada como terror de cair ou escoar num espaço sem forma e sem fim" (Odgen, 2003, p. 133) – aqui resumida em angústia de desamparo.

[17] Este subtítulo e toda esta parte do texto é inspirada em Schüler (1994).

Freud (1954b) aponta também que "o ponto mais espinhoso do sistema narcisista, a imortalidade do Eu, tão duramente negada pela realidade, conquista sua reafirmação refugiando-se na criança." (p. 262). E prossegue de forma magistral:

O que ama perde, por assim dizer, parte de seu narcisismo, e só pode compensá-lo sendo amado. Em todas estas relações parece permanecer enlaçada a autopercepção com a participação narcisista na vida erótica. . . . Aquilo que possui a perfeição que falta ao Eu para atingir o ideal, é amado. Este caso complementar possui importância especial para o neurótico, no qual o Eu ficou empobrecido pelas excessivas cargas de objeto e incapacitado para alcançar o seu ideal. O indivíduo tenderá, então a retornar ao narcisismo, escolhendo, segundo o tipo narcisista, um ideal sexual que possua as perfeições que ele não pode alcançar. (pp. 268-271)

Durante o estado do enamoramento, cada qual crê na plenitude recíproca e sustenta o modelo idealizante que remete à simbiose originária. "Reina a paixão pela unidade que abomina a castração e os hiatos existentes entre os sujeitos" (Schüler, 1994, p. 15). O casal em guerra inventa, no mínimo, um vínculo tão coesivo como o das convicções religiosas.

Milmaniene (2000) afirma que: "algo do outro escapa à minha apropriação identificatória – esse resto inapropriável, que emerge em determinadas circunstâncias, comociona a plenitude que o amor narcisista pretende sustentar e joga o sujeito no mais profundo desespero" (p. 14). A patologia erótica, para Milmaniene (2000), se dá pela dificuldade de articular questões narcísicas e edípicas que fazem parte da arquitetura subjetiva da relação. Gomel (1991), ao falar do narcisismo na clínica familiar psicanalítica, ressalta a relação estreita com os fenômenos de idealização e indiscriminação: "Narcisismo se afirma como estrutura relacional gestada na *trama identificatória* inerente aos vínculos primordiais", definindo *trama identificatória* como o interjogo entre a rede identificatória que se tece ao redor das pessoas que compartilham uma mesma estrutura de parentesco e o espelho familiar, que é o campo imaginário que se tece entre os membros do grupo familiar. Desde a perspectiva narcisista, o vínculo funciona como um ideal de completude[18]. "Quanto maior o déficit de amparo, maior o grau de idealização, indiscriminação e agressividade"[19], e maior dificuldade de abertura de lugar para um terceiro.

Casais de funcionamento predominantemente narcisista lutam para funcionarem como "Objeto Único"[20] – o *um* não pode transformar-se em *dois.* Narciso, imerso em si, anula a alteridade. "A alteridade funda, lança o homem no narcisismo secundário, estado em que o homem se descobre parte do todo. Enquanto pleno, Narciso não permite que solicitação alguma o perturbe . . . indiferente ao que o cerca . . . embevecido em si"[21]. Esses casais funcionam como se nada lhes faltasse, como se fossem imortais. Negam a passagem do tempo e a sucessão de gerações e nada pode romper a "tranquilidade paradisíaca"

---

[18] Nessas situações, aparecem obstáculos ao cumprimento da função materna e paterna, deixando vazios de significação e estabelecendo situações de desamparo simbólico.

[19] Ver mais em Milmaniene (2000).

[20] Objeto Único, segundo Janine Puget (2001), é uma forma sofisticada de falar de narcisismo.

[21] *Ibidem* p. 26 e 46.

Encontros & Desencontros

da saudosa recordação da bem-aventurança uterina[22]. Divinamente plenos, esses casais vivem o ideal do Uno, excluem o diferente, a oposição, o passageiro. Diz a lenda que Eco, quando recusada por Narciso, resseca, perde o caráter de auxiliar a fecundidade. Esse tipo de casal, ao qual me refiro, vive a ameaça de se tornar estéril. Só a flexibilidade inventiva, imprevisível fecunda (Schüler, 1994, p. 43).

Em seu notável ensaio sobre o mito de Narciso, diz Schüler (1994):

> Ao Narciso perceber sua imagem nas águas que lhe deveriam mitigar a sede, rompe-se a unidade primitiva. O contemplador se torna objeto de si mesmo. O eu se fende ... O que era um, parte-se em dois: o rosto e a imagem. O golpe irado desferido em Narciso marca progresso ... Narciso, prisioneiro do imediato, privando-se da visão de outras imagens, fica atolado no meio da jornada. (p. 29)

Só os Deuses são plenos, absolutos, imortais. Ora, o pleno só pode conhecer o pleno, o alheio ao pleno lhe é estranho (Schüler, 1994, p. 45). Narciso, dobrado sobre si, só conhece a si mesmo. Os casais que tentam recobrir massivamente sua falta com o outro estão destinados ao fracasso. Aqui a freudiana definição do narcisismo primário, período de onipotência, anterior a divisões internas ou externas. O outro me confronta constantemente com o limite, só aí o percebo e esse limite me lança no narcisismo secundário onde me descubro parte do todo (Schüler, 1994, p. 45 e 51). Para achar o caminho dos demais, precisa ocorrer o rompimento com a plenitude infantil. Perdendo-se como infante, o homem ganha como falante, finito, seccionado, limitado (Schüler, 1994, p. 26 e 48).

A literatura é nossa possibilidade de escrita, recurso, inspiração. Borges (2006) diz que "a língua é a espada da boca" (p. 43). Pois o outro é "fogo do mar, leito da serpente, resplendor da mão e bronze das discórdias" (Carpinejar, 2003, p. 52). Tantos são os recursos literários que é impossível não citar:

> Refletir sobre o dois, o par, não são dois atos, duas sínteses, mas fragmentação do ser, possibilidade de espaçar dois olhos, dois ouvidos: possibilidade de discriminação, do emprego do diacrítico, é o advento da diferença sobre o fundo de semelhança. (Merleau-Ponty, 2005, p. 201)

O LUGAR DO ANALISTA

Em alguns momentos da vida desses casais a discussão torna-se crônica e se constitui num sistema que se alimenta a si mesmo, caso nos quais cada um dos pares, mantendo suas dissociações, é inseparável do outro, com quem forma uma unidade. Uma condição vincular na qual os dois compartilham as mesmas fantasias, necessidades, desejos e demandas inconscientes, e, em casos mais extremos, pode adquirir uma configuração perversa. Nesses momentos de transferências/contratransferências, é exigida uma atenção

---

[22] *Ibidem* p. 29.

máxima do analista. A natureza do conflito implica cumplicidade. Não é incomum uma *contrarresistência*[23] (Zimerman, 2005, p. 215) entrar em cena .

Quando o casal fala, frequentemente, um entende algo diferente do que foi dito pelo outro, provocando um mal-estar e até mesmo uma fúria que desencadeia a discussão pela falta de tolerância com a diferença de significação. Do ponto de vista técnico, interrompe-se a discussão, dizendo que houve um mal-entendido e se explicita a situação. Nesses momentos, "sobram os restos de um diálogo que não houve, estilhaços de troca inexistente" (Schüler, 1994, p. 42; Carpinejar, 2003, p. 52). O par privado do recurso da palavra apela para o gesto. "Sem a mediação protetora da palavra, (o casal) avança com o próprio corpo" (Schüler, 1994, p. 42). E, algumas vezes, nem por intermédio do corpo lhe seria dado comunicar-se. Há a tentativa do diálogo em que a solidão é vício. O casal comprometido com a sobrevivência do vínculo (narcisista) não encontra tempo e disposição para a palavra e não comparecem duas liberdades: a do que fala e a do que ouve, levando à violência (Schüler, 1994, p. 72, 75).

Estas cenas induzem o expectador, menos avisado, a tomar parte dando razão a um ou a outro. Mas é preciso manter a lógica da visão binocular. Não somos mediadores ou juízes. As contradições permanecem muitas vezes em aberto e os paradoxos irresolúveis, apesar do nosso esforço para sair da "trampa", metacomunicando sobre esta situação, como aprendemos com os investigadores de Palo-Alto. São situações nas quais o casal se mete numa discussão sem fim, em que nem um nem outro enunciam algo que pode ser considerado verdadeiro ou falso. O emissor da mensagem tem uma réplica para cada defesa e fala em posição de superioridade, pretendendo manter-se no poder. O objetivo final é dominar o outro (o destinatário da pulsão de morte) que se vê obrigado a mobilizar uma defesa massiva – o ódio, e assim sucessivamente, provocando uma obstaculização do processo do pensamento.

A forma de interpretação clássica não favorece, pelo contrário, pode exacerbar a destrutividade, a incompreensão, podendo um compreender o oposto do que o outro desejaria comunicar (o outro pode ser o analista). Denunciamos o que está acontecendo dizendo, por exemplo, que o que a esposa diz ou não diz é recebido pelo marido como depreciativo ou como crítica e que, quando o marido responde, ela se sente ofendida e mal-amada, mas se ele nada faz com o que ela diz, sente-se cada vez mais deprimida (Anzieu, 1996). Ou, ainda, que na trama vincular, o marido ocupa o lugar do que corrige, culpa, controla e a mulher ocupa o lugar da insensata, descuidada e desligada, que ambos se acusam de maneira violenta e de uma forma que desqualifica o outro, não possibilitando o pensar sobre a relação. Uma discussão ou acusação mútua que não os possibilita sair deste circuito destrutivo, e que dessa maneira ficam numa situação muito difícil, "sem saída", quando tudo o que um diz, ou deixa de dizer, (incluindo o analista) é sentido como agressão, incompreensão ou desafeto. Modificar uma situação vincular aparentemente repetitiva e sem saída permite a compreensão das causas que a determinaram e impediram o desenvolvimento do casal, possibilitando uma transformação vincular.

Mostra-se como o casal se comunica respeitando essa posição muitas vezes delirante e equivocada e, ao mesmo tempo, através do trabalho interpretativo, ajuda-se a pensar e a sentir o que acontece nesta relação, em que ambos estão implicados. No casal,

---

[23] "O aspecto mais importante do movimento resistencial do analista em ressonância com as resistências do paciente diz respeito ao risco da formação de diversos tipos de conluios inconscientes, entre o par analítico". (Zimerman, 2005, p. 215).

as identificações e relações de objeto que ativam ou desativam, dependendo, segundo Spivacow (2008), tanto do funcionamento intrasubjetivo como do intersubjetivo que se regulam em virtude de processos bidirecionais e se cristalizam em função de acordos e pactos inconscientes (p. 109).

Quando a discussão é mais frequente que o diálogo, quem sofre mais é o próprio vínculo. Esta situação é literariamente descrita por Saramago, em uma passagem de *Todos os nomes* (Saramago, citado por Blaya, 2004)[24]:

Ela: Vou explicar-lhe uma coisa.

Ele: Diga.

Ela: Começarei por perguntar-lhe se sabe quantas são as pessoas que existem num casamento?

Ele: Duas: o homem e a mulher.

Ela: Não senhor, no casamento existem três pessoas: Há o homem, há a mulher e há o que eu chamo de terceira pessoa, a mais importante, a pessoa que é constituída pelo homem e pela mulher juntos.

Ele: Nunca tinha pensado nisso.

Ela: Se um dos dois comete um adultério, por exemplo, o mais ofendido, por incrível que pareça, não é o outro, mas esse outro que é o casal, não o um, mas o dois.

Ele: E pode-se viver realmente com esse um feito dois, a mim me custa trabalho viver comigo mesmo.

Ela: O mais comum no casamento é o homem ou a mulher, ou ambos, cada um por seu lado, a querer destruir esse terceiro que eles são, esse que resiste, esse que quer sobreviver seja como for. (pp. 92-93)

---

[24] Saramago, citado por Blaya (2004). Pode-se fazer uma leitura mais clássica dos casos. No primeiro caso, há elementos paranoides e envolvimento com ideais de justiça, o telefonema indica que o recusado vem do real. O segundo caso, tem um material histérico belíssimo e aparecem as dificuldades orgásticas da mulher (entendendo histeria como transtorno narcísico do gênero). No terceiro, Lya não parece estar apaixonada "ele é casado, Rob, nada a ver. Agora eu não posso achar ninguém bonito". É uma mulher investida com muito poder e muito falismo. A ênfase é a discussão conjugal. Não é possível toda a abrangência que gostaríamos num texto.

A DINÂMICA DAS RELAÇÕES DE PODER NA CONJUGALIDADE[1]

> "Nos vínculos com os outros, circulam sexualidade e relações de poder. Não remetem um a outro, circunscrevem dois universos distintos, que podem sobrepor-se. São instituições do sujeito, tanto em relação ao outro, como com o social."
>
> (Berenstein, 2001)

Berenstein, ao refletir sobre as origens do sofrimento humano, sustenta que temos padecimentos calcados na *presença* do outro que se impõem, gerando novos sentidos e subjetividades; e que as relações com os outros são as *inconscientes relações de poder*, que até então não tinham sido compreendidas, além do entendimento oferecido pela teoria pulsional. Assim como a física clássica não é mais o contexto do universo, a teoria das pulsões continua vigente, mas não dá conta destes jogos estratégicos, em que um trata de determinar a conduta do outro. O poder na psicanálise clássica está ligado à pulsão de domínio, propondo uma organização unidirecional, coerente com esse modelo.

O poder reingressa na teoria como uma maneira de conceituar a vincularidade[2], o poder como função vinculante e que opera a partir do jogo de diferenças, sustentadas pelos efeitos da presença dos membros do vínculo.

Na passagem da concepção estruturalista para o paradigma da complexidade[3], a teorização do poder pretende dar conta do padecimento do homem pela presença que impõe

---

[1] A ideia do capítulo surgiu a partir de leituras preparatórias para a Jornada Anual do Contemporâneo, 2006, que contaria com a presença de Isidoro Berenstein como convidado especial, e, principalmente, do livro *El Sujeto y el outro: de la ausencia a a presencia*, de Berenstein (2001). O presente capítulo é uma ampliação do artigo "Violência e vincularidade: O jogo das diferenças e o sujeito como efeito do poder", publicado na revista *Contemporânea*, 2007.

[2] Berenstein (2004a) afirma que vincularidade é o termo com o qual denominamos a produção de relações entre os sujeitos (p. 25).

[3] Em conferência na VII Jornada Anual do Contemporâneo Instituto de Psicanálise e Transdisciplinaridade "O sujeito de seus vínculos".

Encontros & Desencontros

um novo sentido. O poder está em outra dimensão do inconsciente, aquela relacionada com a presença do outro e com os fenômenos de imposição dessa presença.

O tema ocuparia Berenstein (2001) por muitos anos, a partir do desenvolvimento do Édipo ampliado, base inconsciente da estrutura identificatória do Eu e de sua pertença.

> Para os efeitos de considerar o poder, sugiro incluir na estrutura de Édipo, Creonte e ampliar o complexo para dar abertura a outro conjunto de emoções e mecanismos vinculados ao poder, como a imposição pela necessária presença do outro . . . .
>
> Na tragédia, estão os campos da sexualidade e do saber, do enigma e do poder. Na tragédia de Édipo há duas dimensões: a sexualidade, que foi tratada por Freud, e pela psicanálise nos seus primeiros cem anos, e o poder, que espera para ser desenvolvido daqui para frente.
>
> Poder e sexualidade não são a mesma coisa. Aceder ao trono deveria diferenciar-se de aceder ao corpo da mãe. (pp. 26-27)

Em seu artigo "Notas sobre o complexo de Édipo", Berenstein (2001) sugere incluir o "quarto termo" na figura de Creonte, e amplia o complexo para dar abertura a outro conjunto de emoções e mecanismos vinculados ao poder. O sociocultural define três termos: o lugar do pai, o lugar da mãe e o lugar do filho, e também três tipo de vínculos: o vínculo de consanguinidade, o vínculo de aliança e o vínculo de filiação. Esses três vínculos coincidem com o descritivo e observado pela consciência. Berenstein acrescenta o "vínculo avuncular", que é o vínculo com a família da mulher. O avúnculo é o representante do poder da família materna dentro da relação conjugal, segundo a antropologia de Lévi-Strauss (1949). É ele que tem o poder de doar ou não a mulher e tem atitudes opostas ao papel do pai. Se o doador da mulher, ou avúnculo, tem a lei, o pai não pode tê-la. Se o representante do poder da família materna (avúnculo) é encarregado da lei, o marido da irmã está submetido a esta lei.

Berenstein salienta que o essencial não é o sistema familiar em si, mas a relação entre esses dois sistemas; o poder do irmão-irmã (Creonte-Jocasta) *versus* o poder conjugal. Relação baseada no intercâmbio, que permanece inconsciente por estar associada ao tabu do incesto e, necessariamente, dirige a procura do cônjuge para fora do grupo biológico. Lembrem que Creonte é quem oferece a irmã (lógica da sexualidade) e o trono de Tebas (lógica do poder) como prêmio, funcionando como doador. O poder é retomado no personagem Creonte, irmão de Jocasta que, identificado com os deuses, interrompe o encadeamento geracional e a descendência.

O "quarto termo", o lugar ocupado por Creonte na tragédia, precisaria ser desocupado para dar investidura ao lugar do pai. No dia a dia das famílias, o doador precisa aceitar que a mulher dada como filha, irmã, neta, terá um filho com alguém que não é da própria família (exogamia) e mudar de posição, passando a ser tio do sobrinho, avô do neto. Implica renunciar ao resto de sexualidade infantil, ceder o uso da função de indicação e aceitar um lugar definitivo de exclusão, que só persiste como alheio. Na tragédia, Creonte persiste e se sustenta como possuidor de um saber universal acerca de tudo, da vida e da morte, das diferenças entre o eu e o outro, o feminino e o masculino; entre uma geração e a seguinte, ante a hierarquia endogamia e exogamia e, por último, se identifica com o Eu ideal.

A *função de indicação,* segundo Berenstein (1996), é de máxima importância e realiza o ordenamento semiótico dos lugares e posições, tanto da estrutura de parentesco, como marca onde tem lugar o desejo ou a ação específica. Ter a função de indicação significa cuidar dos parâmetros definitórios de cada relação e de todos os vínculos da estrutura familiar. O contexto de uma relação de casal (vínculo de aliança) há de poder diferenciar-se do vínculo dos pais com os filhos (vínculo de filiação), ou do vínculo entre os irmãos (vínculo fraterno). O contexto familiar há de ter uma indicação para diferenciar-se do não familiar.

O "quarto termo" tem que ceder o uso da função de indicação para o cunhado ou genro. Todo símbolo supõe a ausência do simbolizado. O "quarto termo" como presença pressupõe a ausência do pai. A função de indicação é uma função específica do lugar e da função paterna. Se a mãe faz a indicação do lugar onde deve permanecer o filho, significa que o pai está representado dentro da mãe. Quanto maior a predominância do vínculo avuncular, menor a força significativa do vínculo matrimonial. O "avúnculo" intervém na mente da esposa/mãe como um ideal e como uma relação afetiva que não permite o desenvolvimento do vínculo de casal.

O Édipo de quatro termos está na base identificatória do Eu, assim como as raízes da sua identidade e de seu pertencimento social. O "quarto termo" deu lugar ao desenvolvimento de uma teoria psicanalítica do poder. O poder como formação inconsciente com autonomia, amplitude, profundidade e que regula nossos atos cotidianos. Coincidimos com Berenstein ao afirmar que "não devemos nos deter no excesso de poder que se visualiza no espaço público[4], visível na figura do personagem Creonte, tirânico, ou quando um grupo, através da força das armas, impõe sua ideologia, sua direção política e econômica sobre os demais" (Berenstein, 2006a).

VIOLÊNCIA E PODER NÃO SÃO A MESMA COISA

Existe uma confusão entre o conceito de poder e violência entre diferentes autores psicanalíticos que trabalham com o inconsciente e não com o conceito de poder. Hanna Arendt, citada por Machado (2006), afirma que violência e poder se referem a fenômenos distintos (p. 6)[5].

Berenstein (2001) propôs a violência desde o ponto de vista vincular (intersubjetivo) e a conceitua como

Atos que se realizam entre o sujeito e o outro consistente no despojo de seu caráter de alheio e na intenção de transformá-lo em semelhante ou idêntico ao Eu. Associa-se ao apagamento da subjetividade do outro . . . um desaparecer do eu como distinto.

---

[4] Ver mais em Berenstein (2006), em que faz uma diferenciação entre o conceito de poder e relaciona o seu excesso: algo que vem do social e que provoca uma mudança brusca e decisiva na vida, na subjetividade e no corpo das famílias onde não existe mais sujeito e a pessoa é apenas um objeto da propriedade do Estado.

[5] "Penso ser um triste reflexo do atual estado da ciência política que nossa terminologia sobre violência não distinga entre palavras-chave tais como 'poder' (*power*), 'vigor' (*strength*), 'força' (*force*), 'autoridade' (*authority*) e, por fim, 'violência' (*violence*) – as quais se referem a fenômenos distintos e diferentes".

A violência intersubjetiva tem como fonte o vínculo com os outros e pode levar a uma desvinculação (Berenstein, 2004b, p. 60, 133). O alheio caracteriza-se como aquilo do outro em que o eu não pode inscrever como próprio, apesar de tentar. É o que é irremissível, incognoscível e para sempre enigmático ou obscuro e faz com que o outro seja outro. Do ponto de vista social, a violência inclui um arrasamento do sentimento de pertencimento a um conjunto de sujeitos ou parte da comunidade. A violência transubjetiva originada no sociocultural atravessa os vínculos interpessoais e o próprio Eu. A violência se refere a uma qualidade de certas ações e fortes emoções, ligadas à agressão e não tolerância do limite oferecido por outro sujeito, sua mente e em especial seu corpo. Assim como Berenstein, não compartilhamos do conceito de violência como sinônimo de excesso de poder. Na violência não existe mais poder. Pois a "violência é uma ação que está dirigida para suprimir ou destruir o outro" (Berenstein, 2004b, p. 4). A violência está carregada de morte. "Violento Não é só quem ataca. Violento é também quem impede que outros se construam através de si" (Schüler, 1994, p. 43). A negação do outro constitui uma violência; é um movimento irracional, faz sair de seus limites aquele que a sente. Na violência – diz Barthes – o corpo é restaurado instantaneamente para novos gastos: constantemente maltratado, dilacerado, mas sempre fresco.

O que é de alguma forma complementada pela afirmação de Birman (2003) segundo a qual a violência é:

> Saquear o outro naquilo que tem de essencial e inalienável. Eliminação do outro, se este resiste e faz obstáculo ao gozo do sujeito. Tomar o outro como objeto para suprimi-lo. A violência impede a manifestação do outro na sua singularidade. (pp. 46, 97)

Então cabe a pergunta: quando entramos para uma zona de risco capaz de avançar para o que chamamos de violência? Qual o traço distintivo do poder?

O poder e a violência são opostos; onde um domina absolutamente, o outro está ausente. A violência aparece quando o poder está em risco, mas deixada a seu próprio curso, ela conduz à desaparição do poder.

O PODER COMO UM ATO INTERSUBJETIVO

Foucault sustenta que o problema verdadeiro, o de todo mundo na atualidade, é o poder. Ele situa a emergência desse problema nos anos 50 e afirma que todas as pessoas de sua geração procuraram compreender esse problema. O poder é o fio condutor na elaboração de sua obra, embora nunca tenha escrito um livro dedicado à questão do poder[6]. Numa entrevista a Gilles Deleuze, em 1972, explica como começou o seu interesse pelo poder. Afirma Foucault: "Marx e Freud talvez não sejam suficientes para nos ajudar a conhecer esta coisa tão enigmática, ao mesmo tempo visível e invisível, presente e oculta, investida em toda parte, que se chama poder" (Deleuze, 2006).

---

[6] Ver mais em Foucault (2003).

Sustenta que a análise tradicional dos aparelhos de estado, sem dúvida, não esgota o campo de exercício e funcionamento do poder. Foucault se interroga: quem exerce o poder? Onde se exerce o poder? Em *Microfísica do poder* (1985c):

Ninguém se preocupava com a forma como ele se exercia concretamente e em detalhe, com sua especificidade, sua técnica e suas táticas. Contentava-se em denunciá-lo no outro, no adversário... mas sua mecânica nunca era analisada. Só se pôde começar a fazer este trabalho depois de 1968, isto é, a partir das lutas cotidianas e realizadas na base com aqueles que tinham que se debater nas malhas mais finas da rede de poder. Foi aí que apareceu a concretude do poder, que tinha como objetivo dar conta destas coisas que até então tinha ficado à margem do campo da análise política. . . . Pode-se dizer que o que aconteceu a partir de 68 – e, provavelmente, aquilo que o preparou – era profundamente antimarxista. (pp. 6, 147)

O poder, a partir deste autor, não tem por função única reproduzir as relações de produção. As redes da dominação e os circuitos da exploração se recobrem, se apoiam e interferem uns nos outros, mas não coincidem. Foucault (1985c) diz que: "se quisermos apreender os mecanismos de poder em sua complexidade e detalhe, não podemos nos ater unicamente à análise dos aparelhos de Estado". Para ele, o poder vai muito mais longe, passa por canais muito mais sutis, é muito mais ambíguo, porque cada um de nós é, no fundo, titular de um certo poder e, por isso, veicula o poder (p. 160).

A análise que Foucault propõe e realiza estuda o poder não como uma dominação global e centralizada, mas como tendo uma existência própria e formas específicas no nível mais elementar. O Estado não é o ponto de partida necessário, o foco que estaria na origem de todo tipo de poder.

O autor passou a distinguir um tipo de poder periférico, passou de um nível macro ao micro para detectar as características de relações de poder. Para ele, o poder não existe; existem práticas ou *relações de poder*. Não é um objeto, mas uma relação; e nada está isento de poder. Qualquer luta é sempre uma resistência dentro da própria rede do poder. A ideia é mostrar que essas relações não ocorrem nem num nível do direito, ou da violência, nem são unicamente repressivas. Seria errado definir o poder como algo que diz não, que impõe limites, que castiga. Ele não é essencialmente como um aparelho repressivo do Estado, uma concepção negativa, nem seu modo básico de intervenção sobre o sujeito se daria em forma de coerção (Foucault, 1985c, p. XV). O poder é coextensivo ao corpo social e as relações de poder são intrincadas em outras relações: de produção, de aliança, de família, de sexualidade em que desempenham um papel ao mesmo tempo condicionante e condicionado (Foucault, 2003, pp. 248-249).

Não tomamos o poder como um fenômeno de dominação maciço e homogêneo de um indivíduo sobre o outro, ou de um grupo sobre os outros grupos. Em Foucault, o poder é entendido como não sendo uma instituição, nem uma estrutura, nem um poder estatal, mas um lugar estratégico onde se encontram as relações de poder. O poder é o nome dado a uma situação estratégica complexa numa sociedade determinada (Foucault, 1985a, pp. 88-89). Trata-se de um tipo particular de relações entre indivíduos. E essas relações são específicas:

Como algo que circula, ou melhor, como algo que funciona em cadeia. Nunca está localizado aqui e ali, nas mãos de alguns, nunca é apropriado como uma riqueza ou um bem. O

Encontros & Desencontros

poder funciona e se exerce em rede. Nas malhas os indivíduos não só circulam, mas estão sempre em posição de exercer este poder, e de sofrer sua ação; nunca são o alvo inerte ou consentido do poder, são sempre centros de transmissão. Em outros termos, o poder não se aplica aos indivíduos, passa por eles . . . Ou seja, o indivíduo não é o outro do poder: é um de seus primeiros efeitos. O indivíduo é um efeito do poder e simultaneamente, ou pelo próprio fato de ser um efeito, é seu centro de transmissão. O poder passa através do indivíduo que ele constitui. (Foucault, 1985c, pp. 183-184)

A questão do poder fica empobrecida quando colocada unicamente em um dos sujeitos. O poder é mais complexo, denso e difuso. Estamos falando de vínculo e não de um e de outro. O senhor e o escravo são ambos personificação de instâncias da consciência, constituem e são constituídos por uma operação através da qual a consciência se desdobra, como diz Hegel, citado por Graña (2005): "Morto o escravo, estava falido o senhor" (p. 139). Ou ainda, nas palavras de Graciliano Ramos, também citado por Graña (2005): "O malandro veio ao mundo para esfolar, o otário deve ser esfolado – e, quer estejamos de acordo quer não estejamos, a operação dolorosa tem que se realizar, porque isto é a vontade de Deus" (p. 145)[7].

Essa dialética de Hegel senhor e escravo, tiranizado e tirano, carrasco e condenado traz a ideia de que o desejo de um encontra o seu sentido no do outro.

Dialética entre dois termos: a opinião corrente e seu contrário, a doxa e o paradoxo, o cansaço e o frescor. Essa dialética binária da contradição cede a descoberta de um terceiro termo, que não é de síntese, mas deportação: tudo retorna, mas retorna como ficção, isto é, numa outra volta da espiral. (Barthes, 2003b, p. 82)

O paradigma mais puro que se possa imaginar, o do ativo/passivo, do possuidor/possuído, do gozador/gozado, do comedor/comido, em Foucault, se liberta da prisão binária e se expande, transformando-se em a novidade/o novo *versus* a estrutura/a estruturação.

Berenstein, Puget e outros autores encontram em Foucault uma base sólida para ampliar esta teoria, uma possibilidade de um maior entendimento das relações de poder. Berenstein definiu poder como:

Uma relação de imposição entre um sujeito e o outro que leva a uma modificação do corpo e da subjetividade. Resultante de um posicionamento de lugares onde a comunicação se estabelece entre alguém que impõem a alguém a quem é imposto. Relação submetedor-submetido. O poder como uma ação possível ou um saber do sujeito em relação ao outro[8].

Já em Berenstein (2005), caracterizou-se o poder como "o conjunto das ações e a experiência emocional que se constituem em uma situação entre um sujeito e outros onde tem

---

[7] Graciliano Ramos (1980), citado por Graña (2005): "Esse embate entre possuidor, possuído, ciumento, enciumante – é a própria condição trágica do homem" (p. 149). "A gente se identifica com o agressor. A agressão como resposta . . . e não lhe permitem mais saber se o tempo foi ou é" (p. 135).

[8] Em conferência na VII Jornada Anual do Instituto Contemporâneo " O sujeito de seus vínculos", 2006.

lugar a imposição" (p. 18). Já em Berenstein (2006b), afirmou-se, diferentemente, que o poder é uma *ação*, uma *potência*[9], atividade para modificar; um ato verdadeiramente intersubjetivo, que leva a modificar os sujeitos em relação à sua identidade, porque um sujeito impor sua presença é inerente. São *movimentos de imposição, recíprocos*, nos quais um sujeito deixa sua marca no outro e o coloca em uma nova subjetividade. E se a marca existe, força-no a fazer algo com ela: recebê-la, modificá-la e modificar a si mesmo (Berenstein, 2006a, p. 4). Toda relação de poder, por meio de seus mecanismos, implica imposição de presença. A presença é necessária, e sua imposição questiona as ações, o pensar do outro e por isso se torna um obstáculo para a continuidade da identidade, podendo subjetivar e desubjetivar. Quando Berenstein fala "outro", refere-se à relação intersubjetiva cuja marca é a presença, mas isso não significa que deva estar sempre ali, mas que este alheio produz efeitos. Para este autor: "Poder é um produto do vínculo, é instituinte do vínculo, a relação de poder se dá na intersubjetividade."

A CLÍNICA

A filha do casal decide morar com o namorado em uma praia pequena em Santa Catarina. Ambos abandonaram o colégio e arranjam trabalhos de verão. Ela em um restaurante e ele na construção civil. Os pais não aceitam o namoro e não concordam com a decisão da filha. Meses depois, ela fica sem trabalho com o final da temporada de veraneio. Para se manter, resolve retornar aos estudos e ter a ajuda dos pais. A mãe é contra, acha que deve retornar para a casa deles. O pai está disposto a mandar uma mesada se permanecer estudando. O casal discute. Cada um argumenta seus motivos. Ambos querem o melhor para a filha, mas não concordam um com o outro. O pai é o provedor e decide mandar o dinheiro solicitado mensalmente. A filha conclui o supletivo. O namorado ganha um terreno da família dele e decide construir. Novamente o casal entra em atrito. O pai quer ajudar na obra e a mãe acha que a filha fez a opção dela e que se eles ajudarem ela nunca vai viver de acordo com as possibilidades dela, que não vai amadurecer com os pais sempre facilitando tudo. Que a filha deve conquistar qualidade de vida como eles fizeram. O pai não vê problema em ajudar a filha, já que tem condições. Quer que ela volte para casa por vontade própria e não por não ter outra opção. Meses depois estão finalizando a construção, e a filha pede, mais uma vez, auxílio. Novamente o mesmo problema se instaura. Pensam diferentemente em relação a qual seria a melhor maneira de educar ou ajudar a filha. Um não aceita e nem respeita a forma do outro pensar ou agir. Cada um quer impor o seu jeito. Ele quer comprar uma geladeira. A mãe não concorda, mas como sabe que ele vai dar de qualquer maneira, diz que deveria ser uma geladeira comum e não a duplex. O pai acaba comprando aquela que a mãe não queria, argumentando que aproveitou uma liquidação.

As relações de poder entre os cônjuges aparecem como uma forma de imposição, na qual cada um quer "fazer do seu jeito", mas não chegam a ter a intenção de destruir do

---

[9] É o espaço emergente, onde existe a criatividade, um espaço a ser criado – intersubjetividade. Blanchot, no seu livro *A conversa infinita* (2001), afirma que as relações com o mundo são relações de potência, ". . . onde potência está em germe na possibilidade. . . . Quando falo, tenho sempre uma relação de potência. Eu pertenço, quer saiba ou não a uma rede de poderes da qual me sirvo, lutando contra a potência que se afirma sobre mim".

Encontros & Desencontros

a complexidade da vida a dois

outro. Ainda se encontram discutindo. Um diante do outro, não têm outra escolha senão falar. Em todo casal, sempre há problemas de comunicação – a comunicação é sempre falida – os mal-entendidos obstaculizam o diálogo e podem desembocar em violência.

Existem conexões entre impor e apropriar-se de um lugar, de valores, de modelos. A capacidade de gerar práticas e resultados imprevisíveis (Puget, 2002, pp. 106-107) instaura um estado mental que oscila entre impor um alheio[10] e um alter[11]. A necessidade de apropriar-se do imposto e transformá-lo tem como consequência deslocar o outro: o emitindo se transforma e regressa irreconhecível, o que, por sua vez, desloca quem recebe o que crê haver dado, mas já não é igual (Puget, 2002, p. 106). Esse movimento constitui o trabalho do vínculo.Temos usado o termo vínculo no sentido amplo de uma situação inconsciente que, ligando dois ou mais sujeitos, determina-os na base de uma relação de presença. A presença é essa evidência do outro que incide sobre o sujeito e lhe impõe uma marca e modifica a sua subjetividade[12].

Somos submetidos pelo poder e exercemos o poder. Os casais se encontram obrigados e condenados de forma constante e intensa pela luta de poder. Não estamos dizendo da soberania de um sobre o outro, mas de dominação. E não de dominação de um sobre o outro, não o rei, em sua posição central, mas os súditos em relações recíprocas. De múltiplas sujeições que existem e funcionam no interior de uma relação (Foucault, 1985c, pp. 180-181). Na vida a dois, o outro é o campo de aplicação e o alvo, onde se produz os efeitos do poder, isto é, onde este se implanta, realiza, faz. Esses processos contínuos, ininterruptos, simultâneos, dirigem gestos e regem comportamentos. Pouco a pouco, progressivamente, os cônjuges/súditos se deixam submergir nessa luta de forças, pensamentos e ideias. Cada qual tentando impor o seu jeito de pensar e agir como o correto: cuidando, vigiando, controlando, denunciando, acusando. Recebendo e oferecendo imposição, estímulo e motivo de trabalho subjetivo (Berenstein, 2005, p. 16).

FORMAS DE PODER VISÍVEIS NO COTIDIANO DOS CASAIS

Temos que falar de obediência, intimidação, aquelas manobras através das quais um procura controlar o outro e vice-versa. Uma transação que consiste em estímulo e resposta, em que a dupla apenas tem consciência de algo pesado. A intimidação inibe a capacidade de pensamento e ocorre durante a conversa sob a forma de interrupções, rapidez de discurso, vozes elevadas, gritos, palavras pesadas ou insultos mútuos. Aqui usamos a lógica como poderoso instrumento na sustentação de que somos o dono da verdade. As premissas podem ser falsas, mas o objetivo é desacreditar o argumento do outro e impor o meu como verdadeiro. No final do conjunto de falácias, o resultado é a anulação

---

[10] Em Berenstein este termo vem de Alan Badiou (1977). É o desconhecido, o estrangeiro, o estranho, o incognoscível e sua presença questiona a própria subjetividade e as representações sobre as quais se sustenta. É o que faz com que o outro seja outro. Para aprofundar, Berenstein (2004) p. 35, 128 e 133.

[11] Outro provém de alter: outro entre dois. "A presença alheia incide fortemente no sujeito de maneira tal que este não poderia desestimá-la e nem poderia ter sentido fora dessa ligadura com esse sujeito chamado outro" (Berenstein, 2004a, p. 93). Reconhecer o outro na diferença e singularidade são atributos da alteridade.

[12] Subjetividade seria essa oferta identificatória que toda cultura oferece e o processo de apropriação dessa oferta, isto é, a interpenetração de mundos psíquicos cujo resultado é o sujeito.

A dinâmica das relações de poder na conjugalidade

do ponto de vista do outro por meio do descrédito, mesmo que para isso tenhamos que utilizar opiniões alheias, exemplos, mexericos e estatísticas, ou até mesmo argumentos nos quais nem nós mesmos acreditamos para triunfar e exercer o poder. São situações nas quais costuma-se exigir que sua versão do fato, seu sentido seja o único possível. A versão do "Senhor", "Amo", "Ídolo": desestima, desvaloriza, desautoriza, não reconhece qualquer semantização, qualquer possibilidade de outras versões, havendo um incremento da agressividade nesse duelo de narcisismos, em que a ternura é abolida e o que vale é a competição.

Outra forma de poder "visível" no cotidiano dos casais aparece sob a forma de clausura ou enclausuramento, que tem a função de "espaço de segurança": alimento, reprodução, na qual nenhuma intrusão do vizinho é tolerada e cada sujeito é dominante em seu espaço. O privado é o território: casa, quarto, leito. Foucault (1985c) colocou o problema do poder sobre os indivíduos enclausurados, um poder que incidia sobre seus corpos e utilizava uma tecnologia própria de controle que não era exclusiva da prisão, encontrando-se também em outras instituições como hospital, exército, escola, fábrica[13]. Acrescentamos aqui a instituição casamento. Esse tipo de poder Foucault chamou de disciplinar, cujo método permite o controle minucioso das operações do corpo e asseguram a sujeição constante.

Barthes (2003b) faz uma analogia com proteção e mosteiro, onde os sujeitos entendem o espaço da vida a dois, do entre dois, como seguro. Onde estar ao lado é seguro e longe perigoso, onde nenhuma intrusão é tolerada, nenhum terceiro é bem-vindo, nem mesmo o analista. Uma impossibilidade de sair imposta a si mesmos, um fechamento, uma negação do mundo tido como mundano. "Onde sair é desproteger-se: à própria vida" (Barthes, 2003b, p. 117). O controle exercido no cotidiano dos casais é extremamente sutil e recíproco, na maioria das vezes. Um mecanismo complexo que precisa ser evidenciado através da intervenção do analista.

MAIS DA CLÍNICA

Ele, após demissão e meses desempregado, é admitido em uma empresa no exterior. Ela não quer deixar o trabalho, a família de origem, a vida que construiu. Ele não quer abandonar a carreira ou ganhar muito menos trabalhando no país. Faz todas as tentativas de levar junto com ele a mulher e filhos. No pacto do casal, que estrutura a relação, estava escrito que ele jamais a separaria dos pais e irmãos. Ambos são muito apegados às origens. O marido propõe que tentem viver longe e não aceita a possibilidade de separação. A negociação é tensa e ambivalente nestas semanas que antecedem sua partida. Não conseguem cumprir com as combinações, se desentendem constantemente e não passam juntos momentos importantes. A angústia toma conta e começam atuações. Ela sente-se abandonada, desconsiderada e o agride beijando um estranho em um bar. Um beijo avuncular que é interpretado como incestuoso e desencadeia uma avalanche de agressões. O casal não conversa mais. Ele joga objetos, quebra a casa. Ela quebrou o pacto de fidelidade[14]. Antecipa a separação. Ela queria ficar. Ele queria partir. Não chegaram a um

---

[13] Ver mais na introdução de *Microfísica do poder*, p. XVII.
[14] Nos casais observamos o aparecimento de violência no momento de rupturas de acordos e pactos inconscientes.

entendimento e caminham para a violência em que um se ocupa da destruição do outro. Um não entende os argumentos do outro, nem escuta. "O processo discursivo é a essência do poder" (Machado, 2005, p. 9).

A palavra deixou de ser um veículo de comunicação e se tornou um instrumento a serviço de projeções agressivas (Zimerman, 2004, p. 372). O beijo, signo de comunicação íntima, materialização de palavra apaixonada, se esvai na incomunicação[15].

Quando inexiste a troca, característica do diálogo, o casal, sem a mediação protetora da palavra, costuma avançar com o próprio corpo (Arendt, citada por Machado, 2005, p. 44). Schüler (1994) propôs que a ação silenciosa, desprovida dos mecanismos da persuasão, leva à violência, pois na persuasão comparecem duas liberdades: a do que fala e a do que ouve (p. 42). Para complementar, Machado (2005) afirma que a violência está fora de um processo discursivo:

> A imposição de um único discurso ou de uma forma "normal" de comportamento retira do outro o seu poder de agir, abrindo, assim, a via para o estabelecimento da violência. A violência resume-se no agir sem argumentar, sem estar dentro de um processo discursivo que é a essência do poder. (p. 9)

No dizer de Roland Barthes (1990), o outro se revela repentinamente através de um gesto, de um olhar, de uma palavra:

> A palavra é uma leve substância química que opera as mais violentas alterações: o outro, tanto tempo repetido, no casulo do meu próprio discurso; faz ouvir, por uma palavra que escapa . . . que o revela repentinamente . . . é pela linguagem que o outro se altera, ele diz uma palavra diferente e ouço rugir um outro mundo, que é o mundo do outro. . . . A imagem está corrompida, por que aquele que vejo é de repente um outro (e não mais o outro), um estranho. (Barthes, 1990, p. 20)

A SUTILEZA DAS PROIBIÇÕES: PODER E SABER

Na relação a dois, sempre ocorrem algumas proibições: fechar a porta, apagar as luzes, apertar bem as torneiras, não apertar irregularmente o tubo de pasta de dente, não deixar comida no prato, etc. Nessas ações, fica acordado o que é proibido e o que é tolerado.

> Juliane – É muito difícil conviver com o Lucas, porque todo mundo precisa viver conforme a cartilha dele para que tudo funcione. Se não ele vive estressado e gera um clima muito pesado em casa. Todo mundo fica tenso, pisando em ovos, para que o pai não se descontrole e "xingue". Vivemos sempre tendo que apagar todas as luzes, fechar todas as portas, fazer silêncio, abrir e fechar o gás, a torneira quente. Evitando as contas de luz, água e telefone. Só para te dar um exemplo. Primeiro

---

[15] O beijo como materialização da palavra apaixonada é de Schüler (1994, p. 44).

tu tens que abrir a torneira fria, deixar tantos segundos, depois a quente se não...
se estou com a mão esquerda ocupada é natural que eu abra a torneira com a mão
direita e vice-versa. É difícil pensar antes de agir. Mas lá em casa eu e as crianças
vivemos nos policiando. Eu tenho que pensar como o Lucas diz que é para ser
feito. Se não fazemos assim e ele vê, fica furioso são dias sem falar comigo. A
minha família costuma dizer que o Lucas mata mosquito com 38. Ele é conhecido
na família como o tio brabo. É um inferno. Ficamos nos vigiando o tempo todo.
É muito difícil viver assim. Ele tem razão que devemos trancar as portas para não
bater. Só que eu não consigo fazer isso sempre. Sou meio desligada, mais light; lá
pelas tantas eu esqueço, é natural. Sabe quando tu sai de uma peça e vai retornar
logo e não apaga a luz? Ele enlouquece. Aí ele estraga o dia dele e o nosso. Na
casa dele era bem pior, usavam lâmpada de 40W para economizar mesmo depois
de terem um Mercedes na garagem.

Inúmeras questões ficam descontextualizadas: a mudança de uma alimentação a outra
– passar da comida da mãe à comida da mulher – de um lugar e um tempo para outro. A
passagem pode construir todo um trabalho: ao mesmo tempo de luto e de renascimento.
Lucas não mora mais com os pais. A mensagem de economia fazia sentido na época das
vacas magras e perde o sentido com a garagem cheia de Mercedes. Na família de origem
fazia sentido economizar, fiscalizar, controlar. Mas no novo vínculo, teria que adquirir
um sentido específico. Estas perturbações contextuais coincidem muitas vezes com o
fracasso da função paterna e seu papel de estabelecer um novo contexto, criar regras em
um novo vínculo distinto do de origem. Consideramos vínculo uma produção conjunta,
gerada pelo intercâmbio afetivo entre os membros que o compõem e que produz um novo
sentido diferente das famílias de origem[16]. É o produzido pelo casal que decidiu unir-se
por motivos conscientes e principalmente inconscientes ao encontrarem, para a surpresa
de ambos, com um estranho companheiro de quarto que provoca tanta ansiedade, incerteza e nos desloca constantemente.

As leis universais são universais no sentido singular: válidas exclusivamente para o
nosso universo. Um outro universo, nascido em condições diferentes, obedeceria a outras
leis. Precisa haver uma interação, isto é, algo de intermediário entre o que existia antes e
a desordem que se estabeleceu pela aliança. Os acordos, pactos, além da referência aos
outros e ao antigo, precisam fazer referência ao novo e em relações complexas, ou seja,
complementares, concorrentes e antagônicas. O novo refere que o sujeito não tinha marca
prévia à sua inclusão nesse vínculo. Berenstein (2001) diz: "Fazer marca onde não há
requer o mecanismo da imposição" (p. 95). A separação da família de origem e doadora
anuncia uma nova união, a do casal. Cada um separa para poder se vincular a outro objeto
que traga algo daquele que se separou, e a potencialidade para o novo.

Quando falamos do poder no cotidiano, das relações de poder que se impõem diariamente, precisamos entender que no jogo existem regras que são imposições iniciais e
princípios de interação. Mas que, lançados os dados, encontramos um jogo cada vez mais
variado, mais aleatório, complexo, no qual as peças se alternam. A metáfora dos jogos
de poder vem de jogo=ágon e que significa usos diferenciados, em que não era o melhor
aquele que ganhava, e sim o embate. As relações de poder criam um espaço de opinião,

---

[16] Para compreender melhor, ver Berenstein (2001, 2004a, 2004b, 2007) e Krakow (2004).

Encontros & Desencontros

ideias, no qual prima o jogo de diferenças e sentimentos da ordem da tolerância e intolerância e complacência.

Poder e saber[17] são usados para escamotear o inesperado das diferenças e servem, ainda, como prática alienada das identidades. Nesta família, observamos um tipo de organização do espaço da casa e um controle do tempo, no abrir e fechar de portas, abrir e fechar as torneiras, numa sequência e ritmo que distribui os indivíduos num espaço hierarquizado, dos que sabem e dos que não sabem, dos que economizam e dos que não economizam, estabelecendo uma sujeição. Lucas desqualifica as falas e as ações de Juliane, colocando a mulher numa situação hierarquicamente inferior. Lucas incide um poder-saber sobre o corpo da esposa, enclausurada em um casamento, utilizando uma tecnologia própria do controle, uma tecnologia que não é exclusiva das prisões. Em outros momentos, a situação se inverte e quem exerce o poder é a mulher. Este mecanismo instituidor das relações de poder resulta de um posicionamento caracterizado por lugares onde a comunicação e os atos se estabelecem entre alguém que impõe e alguém a quem é imposto, e estas posições se alternam.

Foucault, no seu livro *Microfísica do poder* (1985c, pp. 170, 182-183), descreve mecanismos e técnicas infinitesimais de poder, que estão intimamente relacionados com a produção de determinados saberes. Descreve, também, um tipo de poder chamado de disciplinar ou poder das disciplinas, que permite o controle minucioso das operações do corpo e assegura a sujeição constante. A disciplina é um tipo de organização do espaço (posição, deslocamento, lugar) e de um controle do tempo. Uma técnica de distribuição dos indivíduos num espaço individualizado, classificatório, hierarquizado, estabelecendo uma sujeição do corpo a um tempo determinado, no sentido de fazer mais rápido ou mais lento, de acordo com seu poder-saber. O autor fala ainda do ciclo da interdição e da lógica da censura e de todos os modos de dominação, submissão, sujeição que se reduziriam ao efeito da obediência:

O ciclo da interdição: não toques, não consumas, não tenhas prazer, não fales, não apareças; em última instância não existirás, a não ser na sombra e no segredo. . . . Renuncia a ti mesmo sob pena de seres suprimido; não apareças se não quiseres desaparecer. Tua existência só será mantida à custa de tua anulação . . . A lógica da censura: supõe-se que essa interdição tome três formas; afirmar que não é permitido, impedir que se diga, negar que exista. (Foucault, 1985a, pp. 81-82)

Esses fragmentos relatam o predomínio das qualidades de um dos componentes que anula a riqueza do jogo de diferenças[18]. Essas convicções baseadas em crenças, dogmas, mitos, se manifestam através de uma linguagem de ação, que obstaculiza a capacidade de pensar, impondo-se como um poder/saber. A arrogância da palavra que vem da autoconfiança excessiva gera violência. Para alguns autores, o excesso de saber também leva à violência. Entre nós, Elisabeth Machado (2005), que também se ocupa do tema, refere que ao ser privado do discurso, ou quando o sujeito é obrigado a introjetar um discurso como seu, o sujeito se vê diante da violência, que nada mais é do que *agir sem argumentar*.

---

[17] Roberto Machado, p. XIII na introdução de *Microfísica do poder*, ressalta que em Foucault e os mecanismos e técnicas de poder estão intimamente relacionados com a produção de determinados saberes.

[18] Puget (2003)aborda as questões ligadas ao poder e à lei e as relações de poder em diferentes contextos.

Lucas é quem sabe como deve ser feito. Antes da interrupção do diálogo, ele não para, tornando-se, ao contrário, mais resoluto, mais decisivo, porém tão arriscado, que eles dois deixam de compartilhar um espaço comum. O poder deve circular, do contrário, há violência. A palavra deve ser dos dois, de todos e não uma imposição de um sobre o outro(s). Um deve escutar o outro e vice-versa, um aprender com o outro e vice-versa, num processo de alternância e de reciprocidade, de circularidade de poder. No diálogo, uma ação se abre a outra, é o fluir da vida a dois. Quando um casal discute e se encontra em guerra, a primeira vítima é a verdade, na guerra a verdade se foi. Quando nos lembra Blanchot, em seu livro *A conversa infinita* (2001):

> Lembremos os terríveis monólogos de Hitler e de qualquer chefe de Estado, se ele goza do fato de ser o único a falar, e gozando de sua elevada palavra solitária, a impõe aos outros, sem vergonha, como uma palavra superior e suprema da mesma violência do dictare, a repetição do monólogo imperioso. ... Se o discurso é coerente, ele deve sempre fragmentar-se mudando de protagonista, de um para outro, ele se interrompe: a interrupção permite a troca. Interromper-se para compreender-se, compreender-se para falar. ... A interrupção é necessária em toda sequência de palavras; a intermitência torna possível o devir; a descontinuidade assegura a continuidade do entendimento ... a parada – intervalo é comparável à pausa ordinária que permite a alternância numa conversa. ... Ela é a respiração do discurso. Nesta categoria entram todas as formas que dizem respeito a uma experiência dialética da existência e da história – desde a tagarelice cotidiana até os momentos mais elevados da razão, da luta e da prática. Interromper-se para entender-se. (pp. 131-137)

Existem muitas estratégias que apoiam os discursos, diferentes maneiras de dizer e não dizer, e não existe um silêncio, mas muitos silêncios como parte integrante dessas estratégias. Precisamos saber observar, ainda, como são distribuídos os que podem e os que não podem falar, que tipo de discurso é autorizado ou que forma de discrição é exigida a uns e outros (Foucault, 1985a, p. 30). Dentro desta perspectiva, tomo novamente de empréstimo a palavra de Blanchot (2001): "Mas existe um outro tipo de interrupção, mais enigmática e mais grave. Ela introduz a espera que mede a distância entre dois tipos de interlocutores, não a distância redutível, mas a irredutível" (pp. 132-133). Para esse autor, na interrupção, a diferença teórica é muito forte. Há interrupções que bloqueiam a conversa:

> Quando duas pessoas falam, o silêncio que lhes permita falando juntos, falar cada um por vez, é apenas a pausa alternada do primeiro grau, mas já também, nesta alternância, pode estar agindo a interrupção pela qual indica-se o desconhecido. Quando o poder de falar se interrompe, não se sabe, não se pode nunca saber de fato o que acontecerá: a interrupção que permite a troca, ou aquela que suspende a palavra para restaurá-la em outro nível, ou a interrupção negadora que, longe de ser ainda a palavra que toma fôlego e respira, pretende – se possível – asfixiá-la e destruí-la para sempre. (Barthes, 1990, pp. 36-38)

Temos primeiramente duas grandes distinções que correspondem a uma exigência dialética e uma exigência não dialética da palavra: a pausa que permite a troca; a espera que mede a distância infinita, em que se interrompe para entender-se, e se entende o outro para poder falar. A espera, que não é apenas a bela ruptura preparando o ato poético, que se afirma, mas também, e ao mesmo tempo, uma forma de suspensão profunda muito perversa em que mesmo na distinção não afasta, mas postula a ambiguidade.

Outra questão interessante para a compreensão do tema encontra-se em Barthes, no seu *Fragmentos de um discurso amoroso*, onde ele afirma que todo parceiro sonha com a "última palavra". Falar por último, concluir, é dar um destino a tudo que se disse, dominar, possuir, atribuir o sentido. No espaço da fala, aquele que vem por último adquire um lugar soberano:

> Pela última palavra eu vou desorganizar, "liquidar" o adversário, infligir-lhe uma ferida (narcísica) mortal, vou reduzi-lo ao silêncio, castrá-lo de toda fala. A cena se desenrola tendo em vista esse triunfo: não se trata absolutamente de que cada réplica concorra para a vitória de uma verdade . . . a cena não se parece em nada com um jogo de xadrez, se parece com a brincadeira do anel: ganha aquele que consegue reter o anel na mão no exato momento em que o jogo termina: a vitória é de quem o capturar, daquele cuja posse garantirá a última réplica. (Barthes, 1990, pp. 36-38)

VIOLÊNCIA, PODER, DOMINAÇÃO E QUESTÕES DE GÊNERO

Esta pulsão de dominação está bem retratada na metáfora do filósofo Hegel, a qual ele denominou de *Dialética do amo e do escravo*, em que ressaltou o fato de que um necessita do outro e evitam destruir-se reciprocamente porque cairiam num estado de desamparo. Essa metáfora, como sabemos, se aplica a inúmeras situações da vida cotidiana e frequentemente pode adquirir uma configuração sadomasoquista[19]. Trato desta questão no capítulo intitulado "Ligações Amorosas & Perigosas: Veneno de um lado e remédio de outro".

Simone de Beauvoir, citada por Schüler (1994), constata a existência de dois narcisismos, o do homem e o da mulher:

> A imagem ideal que a educação familiar desenha para os meninos é a da liberdade, do poder, da iniciativa, da independência, da proteção. O ideal feminino concentra-se na boneca. Como a boneca de seus brinquedos infantis, a mulher deverá ser bela, dócil, frágil, dependente, protegida, submissa. (pp. 76-77)

Desde a perspectiva pulsional, a existência de uma erotização da dor, entendida como efeito do recurso ao masoquismo erógeno. Alguns autores, como Burin e Meler (2001, p. 14), não consideram aceitável o conceito freudiano de masoquismo feminino e entendem o masoquismo erógeno como um recurso psíquico universal, que permite tolerar alguns sofrimentos sem enlouquecer ou morrer, por meio da ligação de traumas com vivências de satisfação. Descrevem um tipo de defesa desenvolvida por grupos humanos mais vulneráveis a situações violentas. Dentro desta perspectiva, as mulheres, por sua vulnerabilidade física e cultural, desenvolveriam uma erogenidade de subordinação (Meller,

---

[19] Ver mais em pulsão de domínio de poder em Zimerman (2005, p. 133, 140).

2005)[20]. Durante os últimos anos, estas autoras vêm estudando a subjetividade feminina e desenvolveram análises que incluem as relações de poder entre os gêneros sexuais, particularmente a de subordinação social no psiquismo das mulheres. Burin e Meler (2001) dizem que "na atualidade consideramos saudável a possibilidade de um interjogo flexível entre os desejos ligados ao domínio e as tendências a depender e abandonar-se a atividade do outro" (p. 45) . Leva-se em conta as condições histórico-sociais-econômicas e a trama identificatória nas quais os homens se constituíram como sujeitos.

Em sintonia com esta abordagem, ao analisarmos o problema desde uma perspectiva intersubjetiva, descentramos o foco da atenção de aspectos pulsionais e enfatizamos a importância dos vínculos, por considerarmos que: em primeiro lugar, sobre este ponto de vista pulsional, o problema tem sido suficientemente estudado e descrito; em segundo lugar, por considerarmos a questão do masoquismo como algo que faz parte do desenvolvimento; em terceiro lugar por ser considerado o masoquismo como um recurso psíquico universal; e, por último, por ser uma defesa contra a morte ou o enlouquecimento, especialmente em situações de violência. Essas posições defensivas são sobredeterminadas por um passado de dominação masculina, pela evolução psicossexual, distinta para cada sexo, na qual o homem assume um papel preponderante.

O discurso social diz que o homem e a mulher são iguais quando no interior de uma relação e confunde complementaridade, compartilhamento e paridade. Uma abordagem sociológica do tema leva em conta a divisão sexual do trabalho, criada, a princípio, para manter o grupo, e que acabou gerando diversas formas de opressão e exploração de mulheres pelos homens. Nesta esteira aparece Engels explicitando como a acumulação do capital se beneficia do trabalho não remunerado das mulheres, e criticou-se, então, a concepção de subordinação social das mulheres, como algo "natural" segundo a antropologia estruturalista de Lévi-Strauss (1949).

Puget (2002), revisando a teoria sobre o poder, assinala que, no âmbito familiar, o poder está determinado pelo sexo. Num momento posterior, coloca o tema do poder no contexto das relações de poder, dando ênfase na indissociável relação deste com a função de vinculação. Para a autora: "Vincular é fazer algo a partir do jogo das diferenças".

Em Arendt (2005), o poder estende-se a todos, também às mulheres, pois está no exercício da palavra.

DOIS É O SUSPENSE DE UM E UM É PRENHE DE DOIS

Barthes (2003a), falando a respeito do desejo do dois: "Um é feito de dois (O Um é dividido) o Dois é uma unidade – o par" (p. 183). O par é fusão de amor, é emparelhar, acasalar. E acrescenta: Dois é o suspense de Um (e Um é prenhe de Dois). Para este autor, poder como substantivo não existe no enamoramento, pelo fato do enamorado estar fora de tudo que é social, não socializar. Entendendo enamoramento como busca da mítica unidade originária, sustentada pelo silenciamento dos aspectos discordantes em função de uma igualação ilusória. O objeto amado se transforma em defesa contra

---

[20] Esta autora vem estudando o tema desde 1987 juntamente com Mabel Burin.

o desamparo. No enamoramento, a libido está limitada pela especialidade do desejo, há como uma isenção do poder e

o problema do enamoramento passa a ser a escravidão, um querendo dominar, possuir, sujeitar, experimentar a vontade de poder, onde fica evidente que, no combate, poderoso é aquele que domina e articula códigos discursivos e perde a batalha quem não os domina, exercendo solitariamente sua fala amorosa. (Schüler *et al.*, 1992, p. 10)

Diz ainda Barthes (1990): "tudo o que o outro não me concerne, me parece estranho, hostil . . . tenho medo e reprovo o ser amado, desde que ele não 'cole' mais à sua imagem" (p. 187). O autor fala ainda da imagem corrompida, isto é, quando aquele que vejo é de repente outro, um estranho; ou da queda do imaginário, quando não estou mais colado à imagem do outro, da qual vivia e já não existe mais.

A partir de Blanchot (2001), podemos definir três tipos de conjuntos:

1) O humano deseja a unidade. Constata a separação e trabalha no sentido de tornar o outro idêntico. Ele quer reduzir tudo ao mesmo, mas também dar ao mesmo a plenitude do todo, que ele deve chegar no fim do processo. Nesse caso a unidade passa pelo todo, assim como a verdade é o movimento do conjunto, afirmação do conjunto como única verdade (pp. 112-130).

2) A unidade é exigida, o Outro e o Eu unem-se imediatamente: é uma relação de coincidência e participação. O Eu e o Outro se perdem um no outro. Mas aqui o Eu deixa de ser soberano: a soberania está no Outro que é o único, absoluto. (pp. 131-137)

3) A relação não tende para a unidade, não serve à unificação e a designamos como múltipla, em que o outro é tão somente o outro.

Relação que designamos como múltipla, unicamente porque o Uno não a determina, é relação móvel-imóvel, não indeterminada, mas indeterminante, sempre deslocando-se, não tendo lugar. Experiência na qual o Outro, o próprio exterior, transborda todo positivo e todo negativo, é a presença que não remete ao Uno e à exigência de uma relação de descontinuidade, na qual a unidade não está implicada. Jamais um é compreendido pelo outro, jamais forma com ele um conjunto, nem uma dualidade, nem uma unidade possível; um estranho ao outro (sem que esta estranheza privilegie um ou outro). Blanchot (2001) complementa este entendimento: "O outro é para mim a presença própria do outro em sua infinita distância e como absolutamente outro e radicalmente estrangeiro" (pp. 132-133).

Dentro desta ótica, falamos da dinâmica própria do vínculo (Berenstein, 2006b), que seria fazer algo com a diferença, com esse desconhecido que está sempre fora de alcance; o não visível, a exterioridade, a inacessibilidade ao outro é que se faz relação. Berenstein (2006b) aponta:

Estar vinculado é diferente de estar junto ou em uma relação. Estar junto quer dizer um sujeito e outro sujeito (1 e 1) uma relação é um sujeito mais um sujeito que somados são dois (1+1=2) e o vínculo é 2. É fazer algo com, o que o jogo das diferenças promove em um vínculo.

Nas relações de poder, deparamo-nos com fenômenos complexos que não obedecem à forma hegeliana da dialética. Precisamos dizer como o vínculo é investido de poder por meio de um trabalho cotidiano, meticuloso, insistente. Estamos nos referindo ao poder no espaço privado (casa, quarto, leito), aos micropoderes (Foucault, 1985c, p. 149) que se exercem no nível do cotidiano, mais especificadamente, as relações de poder.

A tentativa é a de inventar com o casal uma nova circulação de intercâmbios que favoreça a coabitação das diferenças. A recusa das trocas representa o desejo frustrado de comunicação. Quem é esse eu condenado a falar sem repouso? Não se trata mais de diálogo, mas de um monólogo interior, no qual um permite o fluxo e o outro corta.

Na cotidianidade dos casais, o poder se esconde, se mascara. Compreender um pouco mais a respeito das relações de poder e violência auxilia muito na clínica. Além das interpretações clássicas ligadas à teoria da sexualidade, em muitos momentos precisamos incluir interpretações que abarquem as relações de poder, em que um, ao tentar impor um alheio, possibilita um tipo de trabalho que pode subjetivar ou desubjetivar.

A clínica nos exige – precisamos criar dispositivos adaptados para tratar a singularidade dos relacionamentos conjugais. Compreendendo que a sexualidade e as relações de poder são universos distintos, com lógicas distintas a serem trabalhadas, embora possam se sobrepor em muitos momentos.

Como analista, objetivamos propiciar que o casal reflita sobre a relação e retome o diálogo, um fluir sonoro que suaviza o atrito, e faz com que se retraia o pesado e o agressivo. O diálogo produz um som que cultiva afetos e mitiga a mesmice rotineira. Fluímos modificando atitudes e inventando uma outra forma de convivência[21]. O objetivo é tentar promover uma renúncia do próprio ponto de vista e que se possa adotar o ponto de vista do outro, lembrando que diferentes modos de dizer fazem pensar e todo pensar se desdobra pela ressonância de outros.

---

[21] A inspiração vem de Drummond (2005, p. 117).

SONHOS DESDE A PERSPECTIVA INTERSUBJETIVA[1]

Aprendi então a introduzir para a linguagem vulgar o idioma dos sonhos, e atualmente posso afirmar que esse conhecimento é indispensável para o psicanalista, pois os sonhos mostram o caminho pelo qual pode chegar à consciência o material psíquico que, por causa da resistência provocada pelo seu conteúdo, foi reprimido e confinado fora da consciência, tornando-se com isso patogênico. Ou dito mais brevemente, os sonhos são um dos rodeios que permite entrar a repressão; são um dos meios principais da chamada representação psíquica indireta. Freud, (1954a, p. 13)

A ideia deste artigo vem de longa data, desde o primeiro contato com o tema, em 1998. Garimpei material que estava pincelado aqui e ali e juntei num único texto. O primeiro esboço surgiu como resultado de um grupo de estudos que coordenei em 2002 no Contemporâneo Instituto de Psicanálise e Transdisciplinaridade chamado "Escuta e interpretação no enquadre vincular". O grupo era composto por alunos recém-formados na especialização de Psicanálise das Configurações Vinculares, que desejavam reler e aprofundar artigos técnicos com um propósito de escrita. Sugeri este tema por ser de interesse comum e pelo fato de não existir um texto satisfatório para utilizar com os alunos da especialização. Compartilharei com o leitor um pensamento que venho amadurecendo ao longo dos últimos anos e alguns fragmentos clínicos que permitam tornar mais visível o trabalho com sonhos na análise vincular.

SONHOS: PRODUÇÃO INDIVIDUAL OU VINCULAR?

Na medida em que a alteração do enquadre individual para o multipessoal propõe a análise da subjetividade que se produz na inter-relação, que lugar o analista destinará aos sonhos que aparecem na análise familiar? Perceberá este os sonhos como produção

---

[1] Este capítulo é uma ampliação do artigo "Sonhos e vincularidade: Uma comunicação preliminar", anteriormente publicado na *Revista Contemporânea*, 2007.

Encontros & Desencontros

individual, produto isolado de uma mente que anseia por desejos irrealizáveis? Ou, por outro lado, compreenderá os sonhos como produto das associações livres, produzidas na sessão, que denunciam o funcionamento inconsciente do grupo familiar?

Desde Freud, os sonhos trazidos às sessões por nossos pacientes têm se constituído em importante material para análise, sendo considerados pelo autor como *via régia para o inconsciente*. Freud (1953) diz:

> O sonho reúne numerosa série de ideias, um verdadeiro foco de convergências . . . Acha-mo-nos em meio de uma fábrica de pensamentos em que como uma oficina de tecelagem e segundo os famosos versos, "se entrecruzam mil e mil fios – vão e vêm as lançadeiras – brotam invisivelmente os fios – e um único movimento estabelece mil uniões. (p. 7)[2]

Encontramos no sonho duas tendências: uma voltada para o presente e ligada a acontecimentos recentes vivenciados no estado de vigília, denominados por Freud de *restos diurnos*, e outra, vinda do passado, que contém fragmentos de antigas percepções, às quais não temos acesso conscientemente, por causarem demasiado sofrimento ao *ego*. O trabalho do sonho tem a função de converter impulsos e lembranças inaceitáveis numa história inofensiva capaz de burlar a censura. No momento que se produz um sonho, uma série de elementos heterogêneos é desencadeada no psiquismo, Para que não despertemos, esses elementos são transformados por meio de um movimento que chamamos de convergência, em que tudo converge em imagens que possam nos permitir continuar dormindo.

As formações oníricas que se produzem em nosso psiquismo apresentam caráter de imprevisto, sem que saibamos pela consciência, como algo que não nos pertence e do qual nada sabíamos. É algo que pode ser pensado como correspondente a um outro ou um alheio. Esse outro do inconsciente outorgou sentido e significação ao nosso sonho.

Interpretar um sonho será decodificá-lo, através da *associação livre*, tomando separadamente cada elemento do sonho. O sonho é enigmático, seu sentido nos escapa. Devemos decifrá-lo através da interpretação simbólica que, para além da diversidade das culturas e linguagens, dispõe de uma língua fundamental. Tem seu acesso mais fácil por meio dos *restos diurnos* que são nosso ponto de contato com os acontecimentos do dia anterior.

Freud (1953) ensina que os *restos diurnos* funcionam como verdadeiros estímulos. Não existe, a meu ver, estímulo onírico algum indiferente, assim como não existem sonhos inocentes. O sonho nunca se ocupa de algo insignificante. Nem consentiríamos que nosso sono fosse alterado por algo que não valesse a pena. O sonho nunca corresponde a lembranças e sim a fantasias. A lembrança pode ser encobridora. Durante o sonho, estamos mais responsivos aos estímulos internos, às nossas moções pulsionais, pelo desligamento da percepção externa.

O estudo dos sonhos levou Freud a reconhecer um tipo de funcionamento mental que apresenta seus mecanismos próprios, que é regido por certas leis, caracterizado por ausência de sentido e por um incessante deslizar deste sentido. O sonho se produz por ação de dois mecanismos: o *deslocamento* e a *condensação*. O *deslocamento* (metonímia) consiste em transferir a energia representacional, ou interesse, para outra representação, no sentido de

---

[2] Referindo-se ao *sonho da monografia botânica* e os pontos convergentes onde se reúnem várias ideias que acabam conferindo à interpretação uma multiplicidade de significação.

substituição sem anular o que é deslocado, mas integrando-o na cadeia associativa. O segundo mecanismo é o da *condensação* (metáfora), que concentra vários *deslocamentos*, várias cadeias associativas.

O sonho forma-se ao adormecer, aproveitando-se do rebaixamento da censura, para elaborar uma formação de compromisso entre desejos infantis insatisfeitos e desprazerosos para o *ego*, e os *restos diurnos*. Tem a função elaborativa com vistas a reconstruir a organização narcísica do sonhador e estabelece comunicação com diversas partes do aparelho psíquico. O sonho também nos dá notícia do contexto no qual ele brotou, para quem o sonho é sonhado e a qual interlocutor se dirige, referindo-se à transferência e à relação intersubjetiva. Missenard (1987) propõe:

O sonho introduz uma figuração dos diversos elementos do conflito do paciente, desejos, proibições, fantasmas, que se atualizam frente à tarefa por cumprir e que bloqueiam sua capacidade de pensar e criar. O sonho é uma encenificação de diferentes planos do espaço psíquico e também uma elaboração secundária que desemboca em um relato, desde a qual se produzirá uma elaboração que podemos chamar de terciária às associações, que o sonhador haverá de perseguir dentro do enquadre e sua relação transferencial. (p. 72)

Afirma ainda o autor que o trabalho dos analistas com grupos tem registrado formações psíquicas inconscientes coletivas, nas quais o trabalho se sustenta em movimentos transferenciais-contratransferenciais e intertransferenciais percebidos pelo analista. Pontalis e posteriormente Villier (citados por Missenard, 1987) escreveram sobre os sonhos dirigidos aos membros do grupo ou ao analista, e que se referem a processos e à dinâmica do grupo. Existem intercâmbios inconscientes entre os membros de um grupo. O sonho oferece a possibilidade de ponte entre zonas internas anteriores à linguagem, sobre as quais nenhuma *mirada* direta é possível, como também de zonas do psiquismo compartilhado, usando o termo *organização fantasmática compartida*, que funciona como uma psique inconsciente comum a todos como um tecido psíquico familiar armado com a *trama fantasmática familiar*[3], com a marca dos vínculos, dos acontecimentos, dos fantasmas parentais.

Zimerman (2000) aponta que:

Freud sempre acreditou na influência do grupo familiar e da cultura social na determinação da estruturação psíquica do indivíduo, e isso pode ser facilmente comprovado em inúmeras descrições pormenorizadas que estão contidas no relato de determinados sonhos, ou na maioria dos seus historiais clínicos. Assim, unicamente para exemplificar, vale mencionar o importante sonho do próprio Freud que passou para a história da psicanálise com o conhecido nome de "Sonho da injeção em Irma", cujo conteúdo consiste no agrupamento de uma série de personagens, entre parentes, pacientes e colegas de Freud, numa permanente interação, e cujas associações revelam a complexidade do grupo interno que habita todo e qualquer indivíduo. Da mesma forma, cabe fazer menção a pelo menos dois famosos e belos trabalhos clínicos de Freud, conhecidos popularmente como, respectivamente, "O caso do

---

[3] Gomel (1976) afirma que trama fantasmática é uma rede tramada na interdiscursividade, uma combinatória anônima em que se enlaçam o singular e o transgeracional.

menino João" e o "Caso Dora", os quais, se lidos com a atenção voltada para a dinâmica do grupo familiar, permitem um instigante e apaixonante estudo dos vínculos existentes no campo da dinâmica de grupo.

Neste mesmo livro em que trata da visão histórico-evolutiva das Grupoterapias, Zimerman (2000) menciona Bion e sua contribuição com os pressupostos básicos que funcionam nos moldes do processo primário do pensamento, ignorando a noção de temporalidade, relação causa-efeito e conservam as mesmas características que as reações defensivas mobilizadas pelo *Ego* primitivo contra as ansiedades psicóticas. Menciona a escola francesa, especialmente na década de 1960 com os trabalhos de Anzieu e René Kaës (citados por Zimerman, 2000) e destaca o conceito de aparelho psíquico grupal e o grupo como um conjunto intersubjetivo, um conjunto organizado em que o sujeito toma um lugar e em alguma medida esse lugar vai determinar a sua representação psíquica do grupo.

Nos Manuscritos L e M, Freud afirma que as fantasias combinam o vivenciado com o ouvido, o passado da história dos pais e antecessores com o presenciado pelo próprio sujeito. Desse modo, o imaginário, para cada indivíduo, resulta numa combinatória entre o ouvido o visto e o vivenciado propriamente por si e por outras gerações que, transmitido transgeracionalmente, se convertem em *trama fantasmática familiar*. As diferentes articulações das cenas vão se ligando e formando um tecido, como uma produção conjunta, na qual as cenas vivenciadas por alguns são portadas por outro, e por outro, e outros membros. O texto é constituído em conjunto, mas com a possibilidade de as pessoas ocuparem o lugar de vários personagens. Essa trama contém as cenas ancestrais e indica o que é esperado da pessoa dentro da estrutura vincular[4]. Gomel propõe que a "trama identificatória familiar é pensada como uma das redes de significação que vinculam os membros da família, tecido de identificações imaginárias e simbólicas que se entrecruzam e superpõem entre as pessoas que compartem de uma mesma estrutura de parentesco" (1997, p. 179).

Alguns autores importantes, dentro da psicanálise, vêm se empenhando em dar maior ênfase aos sonhos em enquadres diversos do individual. Zimerman (1987), ao analisar os sonhos que aparecem numa sessão de grupo, destaca aspectos importantes que nos oferecem algumas pistas da possível escuta destinada a estes numa sessão vincular. O autor sugere que os sonhos trazidos para o enquadre multipessoal apareceriam menos distorcidos do que numa análise individual, assemelhando-se mais aos sonhos das crianças e demonstrando maior proximidade entre conteúdos manifestos e latentes. Isto aconteceria porque o *ego* do sonhador, numa sessão grupal, estaria sob menor pressão, uma vez que a transferência com o analista ficaria dissolvida entre os demais integrantes do grupo, provocando menor ansiedade do que numa análise individual. A maior clareza dos sonhos se daria em função de o sonho tratar tanto da pessoa como dos outros participantes, sendo produzido pelo sonhador a partir dos estímulos inconscientes dos integrantes, em decorrência do material trabalhado nas sessões. O sonhador, por sua vez, seria aquele ou aqueles participantes que experimentariam conflitos e situações de tratamento com maior intensidade (provavelmente por estarem relacionados a vivências particulares), utilizando-se dos sonhos para expressar desejos reprimidos.

---

[4] Esta questão trabalhei, anteriormente, num artigo chamado "Sobre o sujeito na herança transgeracional. Identificação: A via régia da transmissão psíquica" (Severo, 2006).

Outro aspecto importante observado por esse autor é que o sonho, trazido por um dos integrantes do grupo, produz movimentos emocionais no grupo inteiro, uma vez que, ao ouvir o relato deste, cada pessoa atentaria para o conteúdo manifesto, produzindo associações livres, tomando posse, de certa forma, do sonho relatado. Essas associações seriam oriundas de uma identificação de cada um dos participantes do grupo com os conflitos e símbolos expressos no sonho. Analisado sob esta perspectiva, o sonho, neste momento, deixaria de ser um produto aparentemente individual da pessoa que o sonhou, para configurar-se numa fantasia inconsciente dos demais, que passam a associar objetivando o esclarecimento do mesmo.

Kaës (2007) sustenta que não se trata de uma diluição da transferência, e sim de uma difração e sua atualização nas conexões entre as transferências (referindo-se especialmente a Freud na análise de Dora). Para este autor, a estrutura do grupo e o espaço grupal permitem, com efeito, esse duplo movimento de difração e conexão da transferência. As transferências são repartidas ou difractadas sobre o conjunto dos membros do grupo[5].

Em seu livro *Lo vincular* (1997), Berenstein e Puget questionam-se acerca da autoria do sonho, compreendendo que, no momento em que os demais participantes da família produzem associações, incluindo-se ou excluindo-se, este passa a ser uma produção coletiva, sendo que o sonhador emprestaria sua mente para o grupo familiar naquele momento, ainda que sob o risco de ter sua individualidade exposta e invadida. A análise dos sonhos, no enquadre vincular, permite verificar a estruturação e o modo de funcionamento do grupo como uma entidade ou unidade dinâmica, fornecendo um corte transversal da evolução do grupo inteiro, sendo possível avaliar a evolução do trabalho, os movimentos regressivos e progressivos que estejam ocorrendo, as defesas e ansiedades que surgem em seu meio.

Acontece com uma certa frequência, especialmente em casais, que distintos sujeitos relatem sonhos produzidos na mesma noite. Os casais compartilham restos diurnos e símbolos de eleição. Portanto, podemos tomá-los como um conjunto de singularidades. O conjunto das impressões cotidianas pode alcançar não só o desejo de um, mas uma trama de desejos e produzir sonhos.

Sonhos: Emoções compartilhadas – uma obra conjunta

O grupo familiar[6] está imerso em uma rede de linguagem, da cultura, dos antepassados e das significações conscientes e inconscientes que os integrantes compartilham e que contribuem para a constituição do sujeito. Rojas (1991), bebendo da mesma fonte[7], diz: "Dada essa participação constante em um mesmo circuito de intercâmbio verbal e

---

[5] Kaës complementa ainda: "Além disso os membros do grupo estão entre eles em uma relação diferente da qual cada um deles estabeleceria com seu analista. . . . Para cada sujeito, considerado em sua singularidade, o dispositivo de grupo permite difractar sobre a cena diacrônica do grupo as conexões dos objetos transferenciais constituídos na diacronia".

[6] Família: são vários eus percebidos como pessoas com estruturas psíquicas diferentes, incluídas numa rede vincular. Entre os eus há vínculo. Há conexão do mundo interno com o mundo vincular e uma conexão com o mundo sociocultural.

[7] Refiro-me a todas as publicações de Berenstein e Puget até o início da década de 1990.

à eficácia da palavra para a constituição do psiquismo, podemos postular que as formulações inconscientes, lapsos, recordações, fantasias, possuem uma *zona de significação compartilhada"* (p. 153). Essas formações e essa zona tendem a emergir no momento clínico, na presença do analista, pela situação do enquadre e o processo em si. Para essa autora, "O sonho individual encontra sua significação na combinatória significante do discurso familiar" (p. 158). Os sonhos que aparecem numa sessão familiar nos dão notícia do funcionamento da *Estrutura familiar inconsciente*.

Na nossa prática clínica sempre nos perguntamos: qual o lugar dos sonhos no relato familiar e conjugal e como interpretá-lo?

O sonho, quando contado na sessão, é escutado em sua articulação com as associações e produções dos outros sujeitos. Ocorre como que um encadeamento inconsciente, quando o sonhador fala, e através das associações conjuntas se torna possível o deciframento do sonho que é um tipo de produção da *Estrutura familiar inconsciente*, e que eles próprios não reconhecem. A família, ou o casal, não sabe que quando fala em sessão, e aqui incluo os silêncios e outras formas de linguagem, como os desenhos ou brinquedos – quando se trata de família com crianças – está mostrando uma modalidade de funcionamento vincular, mediante um processo identificatório que se expressa na transferência.

Se todo acesso à ordem inconsciente se dá via *relato conjunto* (Rojas, 1991), o sonho *individual,* quando contado na sessão, passa a ser um sonho que fala de todos, sonhado por todos, de certa forma. Porque já não se pode mais escutá-lo como produção individual, ele passa a fazer parte do *relato conjunto*. A escuta do *relato conjunto* – discurso dos diferentes sujeitos – é feita em termos de um *discurso único*. O conjunto discursivo é a configuração espaço-temporal de sentido. O analista se descentra da cadeia de significante intrapsíquica para dirigir-se às conexões significantes entre os sujeitos. No discurso familiar, os sentidos se geram na cadeia na qual se articulam os significantes de cada membro do grupo, denotando um tipo de produção da *Estrutura familiar inconsciente*[8]. É como se caísse uma rede sobre o sujeito e essa rede passasse a ter um papel fundamental na formação e produção do material clínico.

Para Kaës (2007) a pluralidade própria da situação grupal produz muitas consequências, entre as quais, uma fundamental – a interdiscursividade dos processos associativos. Diz o autor:

> desde o momento em que os membros do grupo falam em um processo analítico de grupo, sob o efeito da regra da associação livre, seus enunciados estão sempre situados em um ponto de colocar anundamiento de uma dupla cadeia associativa: a dirigida por suas representações individuais e a dirigida, estruturada pelos organizadores grupais da associação. (p. 4)

Rojas (2000) em seu texto "Itinerário de un vínculo: Transferencia y transformación" refere-se ao enquadre vincular, às especificidades do dispositivo analítico familiar, quando a presença efetiva do outro na sessão conduz a produções diferenciadas a respeito de outros contextos clínicos. Diz Rojas:

---

[8] Toda *estrutura familiar inconsciente* tem normas, pactos, regras e teorias inconscientes que determinam a eleição de objeto amoroso assim como as sucessivas eleições dos nomes próprios e da configuração espaço-temporal etc.

O dispositivo analítico familiar pensa o transtorno e a formação de cada sujeito como produção vincular, . . . Com respeito ao que consideramos material clínico, este é sempre vincular, tanto o que se dá "entre eles" como o "entre eles/comigo". Enquanto a intervenção do analista se efetua na interdiscursividade, o par que opera sobre ela cria condições para a mudança intrapsíquica. . . . A associação se apresenta na forma de encadeamentos significantes familiares e a escuta do discurso conjunto especifica a regra no contexto familiar. (p. 249)

Rojas (1991) sugere que, analisados sob este ângulo, os sonhos permitiriam ampliar os significados, aprofundando a dimensão inconsciente do vínculo familiar. A *interfantasmatização* é uma comunicação inconsciente entre os membros de um grupo familiar, que se explica pela parte da psique primitiva que se conserva consagrada ao grupo. Neste sentido, os sonhos se originariam da combinatória entre aspectos individuais e grupais, aludindo aos pactos e acordos que estruturam a família e que, por sua qualidade inconsciente, revelam-se somente nos sonhos, lapsos, sintomas.

Berenstein (1996), em seu livro *Psicoanalizar una família,* comenta que: "o sentido circula, atravessa o discurso individual, sem que os distintos eus sejam conscientes" (p. 40). Para ele, o sonho, mesmo que individual, é composto de restos diurnos e que estes constituem um fragmento da estrutura de significantes compartilhada.

O sonho é considerado como produção individual, como produção originada de conteúdos e pulsões infantis. O sonho como imagem é individual, mas quando posto em palavras e contado na sessão de forma espontânea, passa a fazer parte de uma produção coletiva, de acordo com as normas e estrutura de linguagem partilhada pelo grupo familiar; indica mais que uma experiência interna, quando trazido para a sessão por um dos participantes. O que ocorre, afirma Berenstein, é que além dos conteúdos latentes intrapsíquicos, o sonho se compõe de restos diurnos compartilhados pelos demais membros da família, assim como conteúdos que fazem parte da pré-história familiar.

Em Berenstein, a análise do sonho na sessão de psicanálise vincular, por meio das associações realizadas pelos diversos elementos do grupo, vai se transformando, aos poucos, em uma produção vincular. Os desejos são compartilhados e complementares, o desejo de um gera efeito sobre o desejo de outro. O que não significa que tenha um mesmo sentido para todos. Cada sujeito articula de uma forma singular, como um ir e vir constante entre formulação própria e formulação conjunta. Mas certamente há um organizador que dará sentido. Estamos falando do vínculo intersubjetivo, um mundo que se constrói, inevitavelmente, com a presença de um outro, ou de vários outros. E todo material clínico que surja tem a ver com esse outro e em resposta a um enquadre determinado. Missenard (1987) complementa esta ideia ao afirmar que é lançada uma mensagem destinada aos bons entendedores. Neste caso, a referência está ligada ao cônjuge, quando se trata de casal; aos familiares, quando se trata de atendimento familiar; ou ao analista que precisa deste conhecimento teórico e técnico para compreender a mensagem do sonho no contexto da intersubjetividade. Em seu artigo, Berenstein cita Anzieu: "o sonhador fala para aqueles que podem escutá-lo".

Quando interpretamos casais ou famílias priorizamos o vínculo, nos descentramos do espaço intrapsíquico e nos dirigimos às conexões significantes entre os sujeitos. Na interpretação dos sonhos, fazemos da mesma forma, nos dirigimos ao casal ou ao conjunto familiar. Podemos nos dirigir a um subgrupo, mas no sentido de revelar a matriz significante que sustenta e dá sentido às relações interpessoais.

Encontros & Desencontros

Por me identificar com o pensar destes vários autores, entendo que o sonho indica mais que uma experiência interna. Ele é parte de um todo que é a família inserida numa cultura. A escuta do sonho não pode ser feita na sua singularidade, já que está sobredeterminada pelo contexto que favoreceu o seu surgimento. Estamos falando de uma *escuta polifônica*[9] que amplia nossa forma de intervir na sessão vincular. Teríamos que dar conta daquilo que surgiu, na sessão, após o sonho ser contado e que vai além dos restos diurnos. Nossa tarefa é a de construir esta escuta polifônica onde a palavra de um soa ao lado da palavra de outro, coadunando-se de modo especial com a palavra do analista e com as demais vozes, e modificar a visão de uma escuta homofônica. O paciente vincular vai conhecendo, pouco a pouco, como foi sendo construída sua pertença ao vínculo familiar ou de casal, e as distorções projetadas no outro também adquire a consciência da diferença entre o que é conversado no enquadre vincular e numa conversa comum entre eles, na qual não se solicita e nem se espera ser interpretado, além de não existir a presença do analista.

Dentro desta perspectiva de construção do paciente casal, já nas entrevistas preliminares, alguns autores solicitam que cada um do par conte um sonho, o último que recorda e com este recurso introduz a entrada na comunicação sincrética familiar e, consequentemente, a *trama interfantasmática* que estava apartada das conversas cotidianas. O conceito de trama interfantasmática implica:

> processos entre um e outro, nos quais a articulação, a coalescência, e a descontinuidade dos mundos de fantasias de um e de outro armam uma única trama interfantasmática que permitirá ver os modos de intercâmbio e interação. Assim percebemos como ambos os membros de um casal se influem, e se determinam reciprocamente. (Spivacow, 2005)

A dimensão intersubjetiva abarca os processos psíquicos que aparecem, se desenvolvem, se expressam, se potencializam e desaparecem em função do contexto intersubjetivo. Spivacow (2005) considera o psiquismo um sistema aberto que constitui uma unidade de funcionamento com o "outro" ou os outros do contexto intersubjetivo. A dimensão da cultura é a transubjetiva, que se centra nos códigos, nos valores, ideais e processos socioculturais, são as representações inconscientes da cultura.

Sonho de um casal

Neca e Paulo, já mencionados anteriormente, começaram a abrir um espaço para o casal e então "engravidaram". À medida que a barriga vai crescendo, surgem preocupações

---

[9] Buscando compreender em profundidade este conceito, me foi sugerida a leitura de Mikhail Bakhtin (1997). O autor afirma que a imagem do herói em Dostoiévski não é a imagem objetivada comum do herói no romance tradicional. Dostoiévski é o criador do romance polifônico, um gênero essencialmente novo, que marca o surgimento de um herói cuja voz se estrutura do mesmo modo como se estrutura a voz do próprio autor, . . . a voz do herói é sobre si mesmo e o mundo e é tão plena como a palavra comum do autor . . . ela possui independência . . . como se soasse ao lado da palavra do autor, coadunando-se de modo especial com ela e com as vozes plenivalentes de outros heróis. A tarefa do autor é a de construir um mundo polifônico e destruir as formas já construídas do romance europeu, principalmente o do romance monológico (homofônico) (p. 5).

com os sentimentos do filho único frente à chegada da "rivalzinha". Nas últimas sessões antes do sonho, falaram do filho, do quanto está difícil lidar com ele, houve queixas da escola e eles pensam num psicodiagnóstico. Sentem pena do sofrimento do filho pela chegada da irmã. Comentaram várias situações de ciúmes do filho em relação ao bebê e sua disputa com o pai pela paternidade, oscilando com momentos em que conversa com a barriga da mãe e a beija. Algumas vezes, dizia ser o pai do bebê, outras vezes, empurrava o pai e não deixava que se aproximasse da mãe grávida. Brincava com seus bonecos como se cuidasse de um bebê. Pai e filho estão mais próximos, muitas cobranças estão sendo feitas por parte da família materna, diante de algumas reorganizações no modo do funcionamento familiar.

Numa determinada sessão, chegaram atrasados. Neca pediu para ir ao banheiro. A sessão iniciou silenciosa. Depois de um tempo, se olharam, riram e apresentaram o seguinte material:

Paulo – Estamos bem né? A Neca é que andou muito nervosa. [ainda olhando para ela] Posso falar? Acho bom falar aqui. [Neca consente com o olhar] É que ela andou muito nervosa. Sonhou que a mãe de um coleguinha do Vini lá da escolinha tinha morrido e ficou muito abalada.

Neca – Tu vai falar nisso de novo?

Paulo – Ué Neca, aqui não é o lugar?

Neca – [já chorando] É que eu já me derreto toda [pegando um lenço].

Paulo – Sonhou que morreu uma mãe bem jovem lá da escolinha. Uma que está com câncer. Acho que é isso, né Neca?

Neca – Na festa do dia das mães ela estava com um lenço na cabeça. Saí dali com um aperto, uma bola no pescoço. Chegando em casa, chorei muito e aí sonhei que ela tinha morrido.

Paulo – Ela me ligou chorando e eu me preocupei muito, chorou muito de noite também.

Neca – Eu nem conhecia direito a mulher. Só de vista.

Paulo – Na reunião dos pais ela não estava, naquele dia não pode ir.

Silêncio

Analista – Vocês sabem o que mobiliza o sonho?

Neca – Sei lá... fiquei pensando no baixinho sem mãe [se emociona e tem dificuldade para falar] Senti uma coisa tão ruim. Uma angústia. Fiquei uns três dias assim.

Analista – Uma criança pequena ficou sem mãe.

Neca – [chora].

Analista – Uma mãe não pode morrer quando os filhos são pequenos.

Neca – Pensei que se me acontecesse alguma coisa eu queria ter tempo de pedir para o Paulo [muito emocionada] que não entregasse nossos filhos para alguém cuidar. Se não eles perderiam os dois juntos [chora].

Paulo – Claro que eu assumiria. O pai dessa criança deve estar assumindo bem. Ele sempre está muito presente. Eu me sinto em condições. Mas isso não vai acontecer, eu me preocupo muito com a Neca, cuido muito dela. Eu penso: eu não posso perder essa mulher. [está muito emocionado também].

Neca – Estamos preparando o ninho. Sinto-me bem com o Paulo.

Silêncio

Analista – Que idade tinha a criança do sonho?

Neca – Uns quatro anos. [fiz essa pergunta lembrando da morte do pai de um sobrinho da Neca.]

Analista – Isso não remete vocês a nada?

Neca – Essa era a idade do Gus [recomeçou o choro]. Eu não tinha pensado nisso.

Paulo – Foi horrível. Eu tive que explicar para o Gus.

Neca – [Faz que sim com a cabeça]

Analista – Um menino ficou sem pai muito pequeno.

Paulo – Tu sabes que quando meu pai morreu, eu não senti tanto. Dos três irmãos acho que fui eu quem lidou melhor.

Neca – Tu tinhas sete anos, né?

Paulo – Oito, já. Mas na adolescência foi muito difícil.

Silêncio.

Analista – Uma mãe morreu. Pensam em algo mais?

Neca – Pensei na minha mãe. Eu não sei por que. Ela está bem. [novamente sentia dificuldade para falar].

Paulo – Ela me pediu para dar uma folga para a mãe dela, para ela descansar. Aí eu dei. Disse para a sogra tirar um dia de folga e ela não entendeu. A velha é fogo. Está em pleno pique.

Analista – Parece que quando um bebê nasce os velhos podem morrer. Uma geração sucede a outra.

Neca – Coisa séria, quanta coisa!

Analista – Muitos outros significados podem ter. Por exemplo: Vocês vão ser pais novamente, e isso talvez signifique maior separação dos pais. Para a gente se tornar pai tem que deixar de ser filho [pequena pausa] com a chegada do bebê não poderão vir por um tempo no tratamento, é um tipo de separação.

Paulo – Vou poder ajudar mais, na época do Vini eu viajava muito.

Sonhos: Pertença grupal e conflitos de inclusão-exclusão

Berenstein e Puget (1997) no seu livro *Lo vincular – Clínica y técnica psicoanalítica*, falando a respeito do material e dos espaços psíquicos mencionaram:

Se em uma sessão de casal ou de família ou de grupo, algum dos integrantes conta um sonho, também está indicando que lhe ocorreu uma experiência interna e que por sua vez é um indicador de uma espacialidade dentro de si mesmo. (p. 60)

Quando os outros integrantes, comentando o sonho, "se metem" ilusoriamente nele, o fazem utilizando uma modalidade que tem um componente transgressivo. A ansiedade de ficar fora do espaço psíquico do outro leva a apropriar-se de algo que supostamente não é próprio, com conseguinte violação de um espaço (Berenstein e Puget, 1997, p. 60).

Os autores, para exemplificar, escrevem acerca de um casal que estava elaborando a situação conflitiva em que a filh,a entrando no dormitório do casal, invadia um espaço privado desse casal. A esposa conta na sessão o sonho que teve na noite anterior: "Sonhei que metia a mão no bolsinho e retirava várias crianças bem pequenininhas e tu (gira a cabeça e se dirige para o marido) estavas entre elas. Eu as colocava no bolso e depois as tirava". O marido respondeu irritado: "Assim tu me tinhas no teu bolso. Mas este não é o meu lugar". Berenstein e Puget (1997) comentam que em seu relato a sonhante não só fala dessa imagem onírica que representa o marido, mas o *inclui* como um outro real como uma defesa contra a ansiedade surgida pelo contato com essas crianças pequenininhas, bebês em seu interior/bolsinho, tratados com onipotência já que poderia tirá-los e colocá-los de volta. O marido se inclui no sonho e ilusoriamente na mente da esposa como se fosse um dos participantes. Trata-se de uma confusão entre pessoa e personagem, provavelmente devido à ansiedade derivada do fato de ficar excluído do mundo do outro, e que também correspondiam com fragmentos de sua história infantil. Esse marido parece ser intrusivo e, ao mesmo tempo, manipulável pela esposa, pela sua onipotência. A cena expressa um conflito vincular e uma confusão entre o singular do outro e o vincular.

Berenstein e Puget (1997) acrescentarão ainda uma formulação sobre o sonho sonhado-falado por um dos membros do vínculo que introduz um espaço-tempo que difere daquele do discurso (não pertence ao mesmo registro do discurso) incitando uma participação importante destes membros e predispondo a emergência de conflitos segundo o eixo inclusão-exclusão. A dor da exclusão leva os membros do grupo a forçar sua inclusão naquilo que é posto em cena, pela impossibilidade de lidarem e aceitarem a alteridade[10].

Favier (2001) falou de algo parecido no seu artigo "Acerca de cratos: El poder y la violência en los vínculos". O autor sustenta que um conteúdo consciente-inconsciente, compartilhado por ambos os membros do casal, não tramitado, está impregnado de *ansiedade de fusionamento, perda da identidade e morte*. O não tramitado se expressa na exclusão do analista ou do outro cônjuge. Pode se referir à luta de imposição; domínio e, portanto, perda da capacidade de vincular-se.

---

[10] Assim como alteração, deriva de alter: o outro entre dois. É que o outro em uma relação produz uma perturbação, um transtorno, provoca uma inquietude ao propor uma mudança no sentido de identidade do eu. Ver mais em Berenstein (2004, p. 76).

O sonho, contado dentro da sessão vincular, imporia aos demais membros conflitos da ordem da *pertença*[11] e da *alteridade*. Pertencer a um grupo nos defende do sentimento de marginalização e exílio e nos coloca diante de ansiedades de fusão com o conjunto. O fato do sonho não se articular com o discurso gera uma sobreposição de registro, que obriga a realização de um trabalho sobre a falta de coerência entre eles. A busca de coerência entre sonho e discurso teria a ver com a necessidade psíquica de continuidade e compreensões deterministas que estariam na origem de toda e qualquer produção inconsciente, quer individual, quer vincular. Favier (2001) lembra que nos grupos existe uma necessidade constante de procura de harmonia, que seria encontrada no momento do encontro de conexões entre o material trazido pelos membros do grupo, criando um conjunto harmônico no qual a diferença é percebida como desastre.

Partindo de Freud, que considera a inclusão de acontecimentos secundários no sonho um fenômeno de deformação onírica por deslocamento, como consequência da censura que vigia a comunicação entre duas instâncias psíquicas, considero que alguns sonhos contados por casais, em sessão, entram como encobridores no conteúdo da sessão ou como uma forma de excluir o outro. Nesse caso, interpreta-se a intenção de o sonho funcionar como uma resistência vincular, resistência inerente ao vínculo. Esta angústia de vincularidade parece estar relacionada com as ansiedades de base: enclausuramento e inexistência. Não são resistências a vincular-se (Krakow, 2004), mas ao contrário, ativadas pelo atravessamento do vínculo, ou ainda, como negação da *alteridade*. Essas modalidades de ilusão de complementaridade absoluta tentam dar conta da diferença, da falta primordial do sujeito e do vínculo.

Nesses casos, não se utiliza, unicamente, o método do deciframento do sonho. O que importa aqui não é o conteúdo em si, mas a serviço de que o sonho aparece no material da sessão naquele momento. Os assinalamentos e interpretações apontam para a insistência em sustentar uma perspectiva narcisista por parte de um dos membros do casal. O sonho pode expressar a negativa inconsciente de considerar-se sujeito do vínculo, parte de um campo vincular. O vínculo implicará alojar o outro com sua condição incognoscível, dentro de si mesmo, gerando outro sentido, produto da interação e modificando a ambos.

SONHOS: NEGAÇÃO DA ALTERIDADE — RESISTÊNCIA AO VINCULAR

O sonho na sessão vincular, para Puget (2003), tem a ver com a *resistência ao vincular*, ao diferente que se apresenta e não poderá jamais ser apreendido e que, por isso, constitui-se como algo produtor de subjetividade. Há a reafirmação de que o que produz subjetividade é a diferença. Aquilo que não posso conhecer do outro e que provoca mal-estar, curiosidade, pensamento e criatividade.

No texto *Sonho singular e sonho vincular* (2003), Puget traz contribuições que revolucionam a maneira habitual de compreender e trabalhar os sonhos dentro do dispositivo vincular. Questiona as teorias que frequentemente atribuem ao sonhador a representação do vínculo e a autoria do sonho, como se este recebesse as projeções dos demais membros

---

[11] Pertença ou pertinência.

do grupo como um *bode expiatório*[12] do grupo. Na psicanálise clássica, os sonhos se constituem em via de acesso ao inconsciente, se tratando de representações que podem adquirir significado a partir das interpretações na análise. Puget (2003) acrescenta que uma parte dos sonhos pode ser vista como acontecimento – algo da ordem da apresentação que, por se tratar de imagem pura, não pode ser traduzido em palavras. Seriam aspectos dos sonhos relacionados com registros pictográficos descritos por Aulagnier (Spivacow & Brengio, 1997) e que, por não terem registro simbólico, não pertenceriam à ordem representacional. Um contraste entre o que é representação (imagem figurada) e acontecimento (apresentação). Estes aspectos insatisfeitos como: traumas, rechaços, segredos, desaparecimentos, etc., na medida em que introduzem uma ruptura entre o sonho e a vida diurna, produzem uma nova repressão que iria em sentido inverso ao que se costuma descrever, outorgando ao pictograma existente um *status* diferente. O sonho, segundo a autora, seria produtor de inconsciente. É uma versão do que já está, mas que não temos acesso pela palavra. Para o sonhador, o sonho contado, por sua qualidade pictográfica, deixa sempre algo que falta, algo esquecido, algo que se perde no momento em que se acorda e o sonho já não está. A repressão está em atividade e um novo inconsciente se cria.

SONHO DE UM PACIENTE CONTADO PARA UMA ANALISTA VINCULAR

O material onírico é apontado por um paciente, em cuja família o pai, a seu tempo, abusou de cada um de seus filhos. Nas sessões que antecederam, o sonho falava da falta de dinheiro e que não poderia seguir ajudando o tratamento do irmão dependente químico e do seu medo com a redução de sessões. Falávamos da proximidade das férias da chefia do setor onde ele trabalhava, a pessoa que substituiria a chefia, sua dificuldade com autoridade, sensação de submissão e das férias de julho do paciente, férias de análise. No final de semana havia bebido em excesso, coisa que não fazia há anos. Medo de se atrapalhar, de perder o controle. Contou nessa sessão que o que o assustou foi lembrar-se da época em que era alcoolista. Nesse momento, lembrou de uma cena:

Eu tinha terminado as provas da faculdade. Foi no ano que meu filho nasceu... foi terrível [havia contado que neste período começou com angústias intensas e pela primeira vez passou a lembrar e falar do abuso no tratamento], eu tava um monte de anos sem beber. Em primeiro lugar, quebrei isso e outro que eu bebi na rua. Não me lembro por que eu não fui trabalhar naquele dia, deve ter sido feriado no meu trabalho, fui só na aula, fiz uma prova e depois que saí não fui para casa. Decidi almoçar no centro. Na ida, o carro estragou e tive que chamar o guincho. Enquanto eu esperava eles levarem o carro, já tomei umas num bar em frente. Depois fui no shopping que ficava perto e tomei mais uma cerveja. Aí não parei mais. Fiquei nos jogos eletrônicos e depois fui para um "buteco", e quando saí já era noite. Minha mulher ligou durante a tarde, várias vezes, eu falei com ela e depois desliguei o

---

[12] O "bode expiatório" aparece no ritual descrito no Livro terceiro de Moisés. Nele consta: "no dia do perdão escolhia-se ao acaso um bode vivo, sobre cuja cabeça o sacerdote confessava as iniquidades, os pecados e culpas da comunidade. Elas eram transferidas dessa forma ao animal, que depois era conduzido ao deserto onde era abandonado para que se perdesse, assim o povo sentia-se livre da culpa". Berenstein (1988, p. 96).

celular e segui bebendo. Antes de chegar em casa, parei em outro bar e, a partir daí, aqueles apagamentos. Parece tudo um sonho. Não me lembro onde eu andei e nem como cheguei em casa. No outro dia, me contaram que eu cheguei de táxi. Mas eu lembro de estar numa lotação.

Paciente – Tive um sonho horrível de sexta para sábado. [pausa] Uma sensação muito forte [pausa] não consigo identificar se eu tive a sensação forte e o físico me fez sonhar. No sonho era... lembro de uma cena... tinha uma escada... que dava numa porta, mas era só um portal, não tinha porta. A sensação que eu tenho é que eu vinha descendo aquela escada atrás de alguém. Quando chego para passar essa porta, no outro lado é o "encardido", o diabo, sei lá o quê, coisa ruim. A impressão que eu tenho é que eu ia descendo atrás dele e ele fugia de mim. Ele entrou por essa porta e no último degrau dessa escada eu parei. Lá dentro ele me olhou e disse que eu não entrasse. Tipo: "Se tu entrar vai te arrepender, aqui tu não entra!". E eu disse: "Que não vou entrar o quê!". Aí entrei e a sensação foi muito horrível, eu não sei explicar a sensação. A melhor forma talvez seja... sabe esses efeitos de uma cortina bem fininha e gelada de água? É isso que se passou por dentro de mim. Eu sentia isso atravessando o meu corpo, me arrepiou todo. No que passei senti o frio, um formigamento nos pés, que foi até a cintura. E as pernas começaram a dobrar. Comecei a me abaixar, perdi as forças nas pernas. Quando senti aquilo ali eu tinha medo e me arrependi de ter entrado ali. Aí eu pensei: não adianta eu me arrepender agora. Eu tenho que reagir. Eu fazia força para mexer as pernas. Com muito esforço consegui mexer uma perna e endireitar um pouco. E nisso eu me acordei. Acordei e segui sentindo calafrios e a dormência nas pernas, acordei assustado com aquilo. Levantei, fui no banheiro, deitei novamente, fiquei um bom tempo pensando no sonho e na sensação muito forte que tive. [pausa]

Analista – O que te ocorreu? [em mim ocorreu que o paciente estaria tentando contar a história do abuso sexual sofrido na infância e que mencionou no início do tratamento, ao que nunca mais retornou a falar, dizendo não conseguir lembrar de como aconteceu e ter dificuldades de falar nisso].

Paciente – Comentei com a minha mulher do que conversei contigo na semana passada e fiz uma relação com o que eu disse, a vontade de parar um pouco de desafiar o "encardido" diariamente, como fiz a minha vida toda. E no sonho tinha muito disso. Eu enfrentar e sofrer com isso. Só que está diferente pra mim. Depois do sonho fiquei pensando: por que eu tinha que passar aquela porta? Se eu não tivesse passado não tinha acontecido nada. Talvez tenha um contexto no sonho, mas eu não me lembro.

Analista – [Eu pensava em Freud (1953), na escada (p. 93) e seu simbolismo sexual, na porta que não devia ter sido atravessada, como uma zona de seu corpo penetrada, que não existe a negativa no inconsciente ou que no sonho pode aparecer pelo oposto, e a sensação de paralisia representada por um conflito de vontade[13]. Alguém descendo e ele correndo atrás, a culpa que sente a criança abusada pelo

---

[13] No mesmo texto Freud refere: "Em outros sonhos em que a impossibilidade de realizar o movimento não aparece tão somente como situação, mas também como sensação, a mesma contradição é expressa pela sensação de paralisia, porém mais energicamente, como uma vontade que se opõe à vontade contrária. Assim, pois, a sensação de paralisia representa um *conflito de vontade*" (p. 63).

medo de ter participado por vontade própria da cena. Pensava na palavra "encardido" e sua relação com sujeira e conteúdo anal e como representante do Outro. Toda conotação sexual das pernas se dobrando, ele perdendo as forças. Também pensei nos ideogramas de Bion[14]. Eu não podia me meter no sonho dele de forma abusiva mas pretendia ajudá-lo a historicizar seu passado. Esperei mais um pouco e como não falou mais, perguntei pela escada]. Escada te faz lembrar algo?

Paciente – Não me ocorre nada. Ela era diferente... mas na mesma posição da de casa. A cena que lembro é bem no final da escada. Eu enfrentei algo de ruim sem necessidade. Eu tenho questionado esses enfrentamentos. Uma relação mais evidente com o meu trabalho. Lá está cheio de "coisa ruim". Eu batia de frente. Começou a mudar com o tratamento. Eu tinha muita dificuldade de lidar com hierarquia, autoridade. Eu vivia de encrenca no trabalho, questões de injustiça – sabe – isso mexia muito comigo.

Analista – [Eu sabia que ele se referia ao tratamento anterior que durou quatro anos e que finalizou com a mudança de residência da analista. Quando ele dizia que a escada era na mesma posição da de casa eu não sabia a que residência se referia. Acabei fazendo outra pergunta pela minha ansiedade diante do material do sonho]. Umbral?

Paciente – Termo espírita que designa lugar mais próximo da terra, nossa dimensão, onde ficam os espíritos que desencarnaram e não conseguem viver a vida. Ficam ligados a um tipo de paixão ou dinheiro. Quando esses espíritos se propõem a melhorarem são auxiliados. O umbral é uma terra de ninguém onde ficam os revoltados. Portal é uma abertura sem porta. No sonho era o que dividia.

Analista – [Me dou conta imediatamente do engano e pergunto ao paciente] O fato de eu ter me enganado e dizer umbral no lugar de portal faz algum sentido para ti?

Paciente – Faz. A definição mais curta de umbral é lugar de sofrimento, ou onde ficam os espíritos sofredores. Então tem tudo a ver. Faz muito sentido isso. Agora que conquistei a casa, o carro, que estou bem no trabalho e com a Bia e que não quero mais sair daqui e me mudar para o interior e começar tudo de novo, que eu poderia aproveitar um pouco mais e viver mais folgado.

Analista – Voltar a te tratar pode remexer tudo.

Paciente – É, mas por outro lado, eu sei que preciso. Depois do portal ficou um excesso. Ali deu. O que tinha de ruim eu tinha enxotado para além do portal. Era só voltar e subir a escada. Aquilo me desafiou. Tipo: "Aqui tu não entra!", "Se tu entrar tu vai ver!" Aí, no sonho eu entrei. E depois que eu entrei, eu sentia aquilo tudo. Aquilo foi tão forte que eu fiquei com medo e tive que reagir, só que não mais para enfrentar o desafio, mas para poder sobreviver.

Analista – Quando tu sentiu medo?

---

[14] Ideogramas – termo empregado por Bion para definir uma importante forma onírica de comunicação por intermédio de imagens, por parte do paciente, de algo que vai além das suas palavras e da captação pelos órgãos dos sentidos pelo analista.

Encontros & Desencontros

Paciente – Foi quando eu comecei a sentir aquilo nas pernas e não conseguia me movimentar. E aquilo foi me paralisando, dobrando o meu joelho e eu sentia que ia cair.

Analista – E na vida, quando tu sentiu medo?

Paciente – Bá... eu já senti várias vezes.

Analista – O que te veio primeiro?

Paciente – O enfrentamento com o meu pai. Ele foi a maior "coisa ruim" que eu enfrentei. Sei que tem aquela coisa cultural de que homem não sente medo. Coisa lá da fronteira.

Analista – [Eu pensava nos conteúdos homossexuais, no abuso, não sabia como formular minha colocação. Me sentia paralisada.] No sonho aparecem pela primeira vez, de forma mais clara, sensações de momentos difíceis da tua história infantil.

Paciente – Acho que tem a ver com a sexualidade mesmo. Aquilo me paralisou da cintura pra baixo. Interessante. Foi muito bom falar sobre o sonho. Eu fiquei com uma sensação muito ruim e me aliviou um pouco [pausa].

Pensei muito no final da nossa conversa [pausa], na minha história de vida e quando eu era criança. Tipo... aquilo ali criou uma nova possibilidade [silêncio]. Aquele dia eu te falei que eu não tenho uma lembrança concreta. É que nem no sonho... uma coisa meio... é muito mais uma sensação. Isso é uma coisa que eu penso, faz tempo. Eu sempre pensei muito. De como eu ia falar sobre isso se eu não lembro disso... Talvez tivesse muito medo do que eu poderia lembra [silêncio]. Dá medo, né!

Analista – Medo? [Lembrei de Freud, dos elementos de significação sensorial e da analogia entre estímulos sensoriais e conteúdo do sonho. (1953, p. 74, 82)].

Paciente – Me dá medo de pensar o que eu possa ter bloqueado. Tem a história da minha irmã. Eu era grande, eu tinha uns treze anos. Não me lembro se eu falei isso pra ti. Eu tinha uns treze a C. uns quinze anos – eu acho [pausa]. E eu flagrei os dois na cama, ela e o pai [silêncio]. A coisa foi tão louca que eu fiquei bem confuso. Eu não acreditava no que eu tinha visto. Eu me lembro que naquela noite... depois... hoje eu lembro bem direitinho disso... eu começar a dizer pra mim mesmo que não era verdade, negar o que eu tinha visto. Eu me lembro de ficar pensando, de eu ficar imaginando que não era verdade. Foi um troço muito rápido e no outro dia eu já tinha resolvido isso. Eu simplesmente não lembrava. E não lembrava e não lembrei até agora, mais ou menos uns trinta anos. Só depois que eu lembrei disso é que eu consegui lembrar do que tinha acontecido comigo [silêncio]. Queria que a sessão terminasse agora. Dá medo do que eu possa ter guardado.

Analista – [Pensava na desmentida, uma defesa típica das estruturas perversas e no sofrimento do paciente] Qualquer coisa que tu tenhas guardado não te causará mais mal do que já causou.

Relendo essa sessão, dou-me conta do quanto a fala do paciente despertou ansiedades, provocando uma interpretação tranquilizadora. Aqui me faltou uma capacidade negativa de conter as angústias decorrentes do meu não saber como interpretar, naquele momento, e pelo tipo de material em si. Cada vez que o paciente silenciava um pouco mais eu introduzia uma pergunta, que além de estimular associações, tapava um vazio. Pergunto: se eu tivesse esperado um pouco mais, o paciente, por conta própria, não seguiria associando? Minha participação na compreensão do significado do sonho deu um outro sentido ao sonhado, e este material deixou de ser algo só dele e sim nosso?

Neste sonho, a perna deve ter ficado efetivamente dormente e um resto diurno de sessões se juntou a um desejo infantil inconsciente, que tentava se representar.

A partir desse sonho, muitos fragmentos da história começaram a ser contados. O importante não foi apenas a interpretação do sonho, mas o que ele suscitou nas sessões seguintes e o fato de ter sido sonhado neste momento da análise. O surgimento desse sonho retrata o momento atual do tratamento, a ressonância dos assinalamentos interpretativos e sua realidade psíquica.

Tomei o sonho como uma forma de comunicação inconsciente e, além do deciframento de elementos do sonho, escutei-o como um "todo", num determinado contexto, levando em conta conteúdos reprimidos no passado e algo a ser construído pela participação conjunta do par analítico. Penso que, além do incentivo à associação de ideias, nossa escuta deveria possibilitar a abertura para o aparecimento de algo novo, a partir da intersubjetividade. A troca da palavra "portal" por "umbral" demonstra que o sonho deste paciente teve um efeito sobre nós. A partir desse elemento "novo" que se introduz, percebe-se que o sonho contado na sessão se dirige a uma pessoa que também associa em cima do sonho, como acontece num sonho contado num grupo. Evidentemente, as associações e interpretações seriam outras, de acordo com o grupo e o contexto do grupo. Se o paciente iniciou uma ação comunicativa, o meu compromisso ia, além de diferenciar o material de um e de outro, pensar no material que vem do vínculo. Não assinalei "umbral" como uma confissão contratransferencial, que seria uma imposição que impediria o trabalho vincular. Apenas dei lugar na situação analítica a esse material que emergiu do "entre dois".

Os restos diurnos também se constituíram do trabalho analítico desenvolvido nas sessões recentes e de véspera. Procuro trabalhar como no "jogo do rabisco"[15] em que cada um contribuía com um significado. Eu rabiscava, dizia algo curto e o paciente complementava com imagens visuais e sensações, que se constituíram em uma linguagem verbal. A partir daí, estamos resgatando antigas representações e as emoções que deram origem ao sonho e que estavam presentificadas como sensações; e que não se articulavam com a lógica formal, mas com a lógica do inconsciente.

Todo material traz conteúdos oriundos dos três espaços psíquicos: mundo interno, mundo vincular e mundo sociocultural, que estão permanentemente presentes. Uma de nossas tarefas como analistas é a de distinguir e diferenciar os significados correspondentes de cada um desses mundos. A distinção pode ser clara ou confusa, dependendo do momento. O vínculo fala através do sonho contado na sessão e, por isso, não deve receber uma interpretação como se fosse apenas algo individual ou intrapsíquico.

O paciente passou a lembrar de vários momentos da vida dele, após esse sonho, situações sempre ligadas a álcool e sexualidade. Seu pai era alcoolista. *"Eu e o meu irmão fomos uma vez num cabaré. A gente chegou e queria conhecer o lugar. A gente não conhecia. Na entrada tinha um porteiro. Aí, o cara nos barrou e disse que a gente tinha que pagar*

---

[15] Uma técnica útil que foi denominada por Winnicott (2007, p. 232) de "Jogo do rabisco", que é um método para estabelecer uma comunicação com um paciente. É um jogo espontâneo entre duas pessoas. O analista faz um pequeno rabisco e espera para ver o que o paciente consegue fazer com ele.

uma entrada. Sei eu lá quanto!" O paciente retorna das férias. Na sessão seguinte falta e liga à tarde: não respondo prontamente, por estar trabalhando. Retornei a ligação bem mais tarde (não percebi os recados no celular). Ele solicita uma sessão. Marcamos para o dia seguinte de manhã. Segue o relato da sessão:

Paciente – Tava louco pra vim pra cá [silêncio – esfrega o rosto[. Ontem eu queria sumir [pausa]. Eu enlouqueci de novo [silêncio]. Minha cabeça tá uma confusão [silêncio – suspira]. Ontem eu pensei até em me internar. Eu devia ter falado contigo ontem. É que eu acabei acordando tarde, estava muito atordoado ainda e também não estava racionalizando nada. Quero ver se consigo me abrir aqui para que tu possas me ajudar. Eu não consigo. To tentando entender por quê. [silêncio]

Analista – Isso vai ser aos poucos [(imaginava que ele havia bebido e que novamente havia se conectado com situações traumáticas da infância].

Paciente – Ontem eu saí do trabalho e fui com meus colegas num bar jogar sinuca e tomar cerveja. Cada vez que eu penso nisso eu não entendo se tava tudo bem comigo. Como se eu não pudesse estar bem. Aí, bebi um monte. Saí de lá bêbado. Fui levar um cara em casa e arrebentei a roda do carro num cordão da calçada. Quase mato eu e o cara. Aí troquei a roda, levei o cara e voltei. Não lembro o trajeto do bar até a batida e da zona Sul até a zona Norte. Aí me lembro de chegar num posto e comprar mais bebida, e depois só me lembro de estar chegando perto de casa, e de estar correndo muito e de quase bater numa placa de sinalização[16] [silêncio]. Lembrei que muitos anos atrás, depois de beber muito eu acabei num desses inferninhos do centro.

Analista [pensava em como tudo havia começado, amigos saíram para jogar. Depois o excesso de álcool, o pai embriagado da infância, abuso. Minha fantasia era que tudo começava como uma brincadeira].

Paciente – Me sinto muito sozinho e não sei por que isso acontece comigo.

Analista – Talvez tu te sinta como quando era pequeno e não entendia bem o que acontecia na tua família.

Paciente – Era parecido mesmo. Na época da internação foi horrível também [o paciente se referia a uma internação para desintoxicação, anos atrás]. É difícil falar.

Analista – Talvez o que tenha acontecido seja uma forma de comunicar algo que tu não lembra e a gente tenha que entender como num sonho.

Paciente – [silêncio].

Analista – Tudo começou de brincadeira – tinha um jogo – depois o abuso – abuso de álcool – risco de vida – dois homens numa cena. Faz sentido para ti?

Paciente – Faz.

---

[16] Ele não viu as placas de sinalização. Não enxergou os sinais.

Algumas sessões depois, chega dizendo estar desanimado. Havia levado novamente o carro para consertar. Digo que o acontecido o remete para a noite em que o carro foi danificado.

Paciente – É.

Analista – E esse sentimento não é parecido com o que tu sentias após alguns acontecimentos infantis violentos?

Paciente – É muito parecido. É uma sensação de desesperança. Aquela coisa. Por mais que eu me esforce, que eu consiga conquistar um monte de coisa...

Analista – O fantasma está ali.

Paciente – Não consigo pensar mais conscientemente... Adquiri muita coisa, mas tenho a sensação de que, de uma hora para a outra, mais cedo ou mais tarde, vai acontecer uma coisa ruim.

Analista – Outro dia tu me disseste: "em casa de pobre alegria dura pouco". [As situações abusivas se repetiam].

Paciente – Passei a minha vida toda brigando com isso, como no sonho. Agora eu consigo falar contigo, não é muito agradável, mas é diferente. Passei a vida mantendo esse lado sombrio, essa coisa mais doente que é claramente a minha história do abuso.

Analista – Passar ou não pela porta, desafiar o "encardido", desaparecer ou perder o pai. Uma criança pequena fica sem escolha em momentos assim. Medo de ter participado aceitando o desafio.

Paciente – Eu concordo com isso, com a questão da minha cumplicidade. É algo que não consigo sentir com muita clareza. Eu até já pensei nisso. Pela lógica, deve ter algo nesse sentido. Sei lá, algo que não me permito sentir mais conscientemente, de me sentir culpado por ter desejado isso. Quando começo a pensar nisso eu me desligo. Como se estivesse pensando na história de outra pessoa. O sentimento ambíguo de repulsa e desejo ao mesmo tempo. Mas é difícil eu manter a conexão comigo mesmo. Voltando à figura do portal, eu passei a minha vida toda me esforçando para manter as coisas lá. Nesse sonho, o que fiz foi mexer nisso. Como um acordo entre uma parte consciente e outra inconsciente.

Analista – [Me vinha na cabeça uma cena de uma criança assustada num quarto escuro.] Digo isso a ele, mas não lembro como disse.

Paciente – [risos] E eu de claridade, de luz, de querer saber o que é. Não sei por que me lembra muito, água. Eu adoro água sabe. Tenho muito medo quando é uma água suja, um lugar que eu não conheço, não estar vendo o fundo sabe? Tenho muito medo de ser puxado pra baixo. Se eu tô numa água e não enxergo o fundo, eu fico na superfície.

Analista – [Eu pensava na cortina de água do sonho. Na dificuldade de falar destes conteúdos e do medo dele de se aprofundar, se afundar no tratamento e ser puxado para baixo, se desorganizar, deprimir, sucumbir].

Paciente – Acho que tem tudo a ver com aquele sonho isso que eu tô passando. Acho que eu passei aquele portal no momento que eu provoquei essa crise e que

Encontros & Desencontros

eu trouxe para cá isso. O sentimento é bem como no sonho. Ter mexido isso e não ter mais como voltar. E ter que sobreviver a isso, sabe? No sonho me dá um cansaço muito grande. Essa coisa de saber o que tem no fundo... a água barrenta... o medo do que pode ter embaixo e a certeza de que tem algo embaixo. E ter que continuar nadando pra não afundar naquilo. E a sensação de que todo esforço para manter essa porta fechada, e brigar com essa coisa ruim... Muito esforço sabe... me dá um desânimo de pensar em tudo que eu me esforcei e o esforço maior ainda que está por vir, vai ser agora.

REFERÊNCIAS BIBLIOGRÁFICAS

Andrade, C. D. de (2005). *Antologia poética*. Rio de Janeiro: Record.

Andrade, M. (1993). *Poesias completas – Pauliceia desvairada*. Rio de Janeiro: Villa Rica.

Anzieu, D. (1996). *Crear y destruir*. Madrid: Biblioteca Nueva.

Anzieu, D., Houzel, D., Missenard, A., Enriquez, M., Anzieu, A., Guillaumin, *et al.* (1987). *Las envolturas psíquicas*. Buenos Aires: Amorrort.

Arendt, H. (2005). *A condição humana*. Rio de Janeiro: Forense Universitária.

Brengio, A., Spivacow, M. A., Berlfein, E. S., Czernikowski, E. V., Bianchi, G. K. de, Gomel, S., *et al.* (1984). Sobre el enamoramiento. In J. Puget (Org.), *Psicoanálisis de pareja del amor y sus bordes* (p. 122). Buenos Aires: Paidós.

Bachelard, G. (2005). *A poética do espaço*. São Paulo: Martins Fontes.

Badiou, A. (2002). *Pequeno manual de inestética*. São Paulo: Estação Liberdade.

Bakhtin, M. (1997). *Problemas da poética de Dostoiévski.* Rio de Janeiro: Forense Universitária.

Barthes, R. (1990). *Fragmentos de um discurso amoroso.* Rio de Janeiro: Francisco Alves.

Barthes, R. (2003a). *Como viver junto*. São Paulo: Martins Fontes.

Barthes, R. (2003b). Roland *Barthes por Roland Barthes*. São Paulo: Estação Liberdade.

Barthes, R. (2004a). *O grão da voz*. São Paulo: Martins Fontes, 2004.

Barthes, R. (2004b). *O grau zero da escrita*. São Paulo: Martins Fontes.

Barthes, R. (2004c). *O prazer do texto*. São Paulo: Perspectiva.

Baudelaire, C. (1995). *O spleen de Paris*. Rio de Janeiro: Imago.

Berenstein, I. (1988). *Família e doença mental*. São Paulo: Escuta.

Berenstein, I. (1996). *Psicoanalizar una familia*. Buenos Aires: Paidós.

Berenstein, I. (2000). *Clínica familiar psicoanalítica*. Buenos Aires: Paidós.

Berenstein, I. (2001). *El sujeto y el otro: De la ausencia a la presencia*. Buenos Aires: Paidós.

Berenstein, I. (2004a). *Devenir otro con Otro(s): Ajenidad, presencia, interferencia*. Buenos Aires: Paidós.

Berenstein, I. (2004b). El sujeto como otro entre (inter) otros. In L. G. Fiorini (Org.), *El otro en la trama intersubjetiva* (pp. 75-97). Buenos Aires: APA Editorial.

Berenstein, I. (2005, Maio). El debate que propone la vincularidad. *Revista Actualidad Psicológica*, 16-20.

Berenstein, I. (2006a). Amor, poder y sexualidade en los vínculos en la contemporaneidad. In *VII Jornada do Contemporâneo – O Sujeito e Seus Vínculos*. Conferência do Contemporâneo Instituto de Psicanálise e Transdisciplinaridade, Porto Alegre.

Berenstein, I. (2006b, Julho) Diálogos contemporâneos [entrevista]. In *Jornal do Contemporâneo Instituto de Psicanálise e Transdisciplinaridade, 2* (2).

Berenstein, I. (2006c). Notas sobre a violência. In *VII Jornada do Contemporâneo – O Sujeito e Seus Vínculos*. Conferência realizada no Contemporâneo Instituto de Psicanálise e Transdisciplinaridade, Porto Alegre.

Berenstein, I. (2007). *Del ser al hacer: Curso sobre vincularidad*. Buenos Aires: Paidós.

Berenstein, I., Bianchi, G. K. de, Gomel, S. K. de, Matus, S., Gutman, J., Gaspar, R. C., & Rojas, M. C. (1991). *Família e inconsciente*. Buenos Aires: Paidós.

Berenstein, I., & Puget, J. (1994). *Psicanálise do casal*. Porto Alegre: Artes Médicas.

Berenstein, I., & Puget, J. (1997). *Lo vincular clínica y técnica psiocanalítica*. Buenos Aires: Paidós.

Berfeins, E. Y., & Moscona, S. (1997). Hacia uma metapsicologia del concepto de pulsión a nível vincular. In J. Puget (Org.), *Psicoanálise de pareja – Del amor y sus bordes*. Buenos Aires: Paidós.

Bezerra, J. B. (2005, Novembro). A violência como degradação do poder e da agressividade. In *Pensando a violência com Freud*. Porto Alegre: Sociedade Brasileira de Psicanálise de Porto Alegre.

Bianchi, G. (1997). Construcción de la feminidade y la masculinidade en el vínculo de pareja. In J. Puget (org.), *Psicoanálisis de pareja – Del amor y sus bordes* (pp. 153-178). Buenos Aires: Paidós.

Bianchi, G. (2001, Maio). Vicisitudes de la clínica de parejas: Lo nuevo es el vínculo. *Revista Actualidad Psicológica*, 18-20.

Referências bibliográficas

Birman, J. (2003). *Mal-estar na atualidade. A psicanálise e as novas formas de subjetivação* (4a ed.). Rio de Janeiro: Civilização Brasileira.

Blanchot, M. (2001). *A conversa infinita – A palavra plural.* São Paulo: Escuta.

Blanchot, M. (2005). *O livro por vir.* São Paulo: Martins Fontes.

Blaya, J. (2004). *Os nomes da nossa dor.* Porto Alegre: Movimento.

Borges, J. L. (2006). *História da eternidade.* São Paulo: Globo.

Bracchi, L. A. (1996). Disolusión del vínculo conlyugal: ato ou acting? In J. Puget (org.), *La pareja: Encuentros, desencuentreos, reencuentros* (pp. 149-188). Buenos Aires: Paidós.

Bracchi, L. A. (2004, Julho). Parejas: Um final de análisis posible. *Revista Actualidad Psicológica,* 18-20.

Buchan, J. (2000). *Desejo congelado.* Rio de Janeiro: Record.

Burin, M., & Meler, I. (2001). *Género y família en el construcción de la subjetividad.* Buenos Aires: Paidós.

Capra, F. (1996). *A teia da vida.* São Paulo: Cultrix.

Carpinejar, F. (2003). *Caixa de sapatos – Antologia.* São Paulo: Companhia das Letras.

Chesneaux, J. (1995). *Modernidade – Mundo.* Rio de Janeiro: Vozes.

Colaiacovo, D., Folks, S., Prátula, A. I., & Cababié, M. (2007). Intimidad, fantasias, suenõs. Su relación com el infidelidad en el vínculo de pareja. In *Infidelides en la pareja* (p. 57). Buenos Aires: Lugar Editorial.

Deleuze, G. (2003). *Lógica do sentido.* São Paulo: Perspectiva.

Deleuze, G. (2006). *A ilha deserta.* São Paulo: Iluminuras.

Deprati, M. C. (2007). Cinismos e infidelidades. In S. L. Moscona (Org.), *Infidelidades en la pareja – Amor, fantasmas, verdades, secretos* (pp. 149-159). Buenos Aires: Lugar Editorial.

Engels, F. (1985). *A origem da família, da propriedade privada e do Estado.* Rio de Janeiro: Civilização Brasileira.

Favier, D. A. (2001). A certa de Cratos: El poder y la violência en los vínculos. In J. Puget (Org.), *La pareja y sus anundamientos: erotismo-pasión-poder-trauma.* Buenos Aires: Paidós.

Ferreira, A. B. H. (1986). *Novo dicionário da língua portuguesa* (2ª ed. revisada e ampliada). Rio de Janeiro: Nova Fronteira.

Foucault, M. (1985a). *A história da sexualidade I – A vontade de saber.* Rio de Janeiro: Graal.

Encontros & Desencontros

Foucault, M. (1985b). *A história da sexualidade II – O uso dos prazeres.* Rio de Janeiro: Graal.

Foucault, M. (1985c). *Microfísica do poder.* Rio de Janeiro: Graal.

Foucault, M. (1997). *Resumo dos cursos do Collége de France* (1970-1982). Rio de Janeiro: Jorge Zahar.

Foucault, M. (2007). *As palavras e as coisas.* São Paulo: Martins Fontes.

Foucault, M. (2003). *Estratégias, poder-saber.* Rio de Janeiro: Forense Universitária.

Francischelli, L. A. (2005). Breves considerações sobre o mal (nosso de cada dia). In F. Kunzler & B. Conte (Orgs.), *Cruzamentos 2: Pensando a violência.* São Paulo: Escuta.

Freud, S. (1953). A interpretação dos sonhos. In *Obras Completas de Sigmund Freud* (Tomo I-II, Vol. II-III). Rio de Janeiro: Delta, 1953.

Freud, S. (1954a). Análise fragmentária de uma histeria. In *Obras Completas de Sigmund Freud* (Vol. IX). Rio de Janeiro: Editora Delta.

Freud, S. (1954b). Introdução ao narcisismo. In *Obras Completas de Sigmund Freud* (Vol. V). Rio de Janeiro: Editora Delta.

Freud, S. (1954c). Totem e tabu. In *Obras Completas de Sigmund Freud* (Vol. VII). Rio de Janeiro: Editora Delta.

Freud, S. (1954d). Três ensaios sobre a teoria da sexualidade. In *Obras Completas de Sigmund Freud* (Vol. V). Rio de Janeiro: Editora Delta.

Freud, S. (1954e). O caráter e o erotismo anal. In *Obras Completas de Sigmund Freud* (Vol. V). Rio de Janeiro: Editora Delta.

Fruett, A. C. (2007). *Divã dentro de casa – Vínculos tóxicos na psicoterapia familiar domiciliar.* Porto Alegre: Suliani Letra & Vida.

Garcia, A., & Guevara, L. (2001). El impasse de la pareja. *Revista Actualidade Psicológica*, 15-18.

Gomel, S. (1991). Narcisismo, ideal e identificación em psicoanálisis de família. In I. Berenstein & J. Puget (Orgs.), *Família e inconsciente* (pp. 55-103). Buenos Aires: Paidós.

Gomel, S. (1997). *Transmision generacional, família y subjetividade.* Buenos Aires: Lugar Editorial.

Gomel, S., & Czernikowiski, E. (1997). Loucura vincular. In *Psicoanálisis de pareja – Del amor y sus bordes.* Buenos Aires: Paidós.

Graciela, K. B. (1991). Análisis de la familia de Edipo. In I. Berenstein & J. Puget (orgs), *Família e inconsciente* (pp. 34-54). Buenos Aires: Paidós.

Graña, R. B. (2005). *A carne e a escrita – Um estudo psicanalítico sobre a criação literária.* São Paulo: Casa do Psicólogo.

Referências bibliográficas

Graña, R. B. (2007). *Origens de Winnicott – Antecedentes psicanalíticos e filosóficos de um pensamento original.* São Paulo: Casa do Psicólogo.

Harvey, D. (2005). *Condição pós-moderna.* São Paulo: Loyola.

Izquierdo, I. (2004). *Questões sobre memória.* Porto Alegre: Unisinos.

Kaës, R. (2007, Setembro). Entrevista al Dr. René Kaës. *Revista Atualidad Psicológica, 356, 4.*

Kancyper, L. (1999). *Confronto de gerações – Estudo psicanalítico.* São Paulo: Casa do Psicólogo.

Krakow, H. A. (2004). Referentes teóricos e clínicos em psicoanálisis de casal. *Revista Psicoanálisis AP de BA, XXVI* (3).

Kunzler,F., & Conte, B. (Org.). (2005). *Cruzamentos 2: Pensando a violência.* São Paulo: Escuta.

Laplanche, J. L., & Pontalis, J. B. (1998). *Vocabulário de psicanálise.* São Paulo: Martins Fontes.

Lévi-Strauss, C. (1982). *As estruturas elementares do parentesco.* Petrópolis: Vozes.

Losso, R. (2001). *Psicoanálisis de la família recorridos teóricos-clínicos.* Buenos Aires: Lúmen.

Machado, E. M. (2006). Violência ou poder: O que ocorre dentro da sala de aula? Uma leitura a partir de Hannah Arendt. In *Anais do Fórum Internacional de Cidadania.* Santo Ângelo: Universidade Regional Integrada do Alto Uruguai e das Missões.

Marcuse, H. (1966). *Eros e civilização – Uma interpretação filosófica do pensamento de Freud.* Rio de Janeiro: Zahar.

Maturana, H., & Varela, F. (1996). Autopoiese e cognição. In F. Capra, *A teia da vida* (p. 32). São Paulo: Cultrix.

Matus, S. (1991). Três registros del cuarto término de la estrutura familiar inconsciente: Intercâmbio-narcisismo-angustia. In I. Berenstein & J. Puget, *Família e inconsciente* (pp. 104-127). Buenos Aires: Paidós.

Matus, S., & Selvatici, M. R. (1997). Lo negativo en el vínculo de pareja. In *Psicoanálisis de pareja – Del amor y sus bordes* (pp. 124-154). Buenos Aires: Paidós.

Meller, L. P. (2005, Novembro). A violência em Freud. In *Pensando a violência com Freud.* Porto Alegre: Sociedade Brasileira de Psicanálise de Porto Alegre.

Merleau-Ponty, M. (2000). *Conversas.* São Paulo: Martins Fontes,.

Merleau-Ponty, M. (2005). *O visível e o invisíve*l. São Paulo: Perspectiva.

Merleau-Ponty, M. (2006). *A fenomenologia da percepção.* São Paulo: Martins Fontes.

Encontros & Desencontros

Milmaniene, J. E. (2000). *Extrañas parejas – Psicopatología de la vida erótica.* Buenos Aires: Paidós.

Missenard, A. (1987). La envoltura del sueno y el fantasma de la "psique común". In D. Anzieu (Org.), *Las envolturas psíquicas* (pp. 68-101). Buenos Aires: Amorrortu.

Morin, E. (1996). *Novos paradigmas, cultura e subjetividade.* Porto Alegre: Artes Médicas.

Morin, E. (2005a). *Amor, poesia, sabedoria.* Rio de Janeiro: Bertrand Brasil.

Morin, E. (2005b). *Método I. A natureza da natureza.* Porto Alegre: Sulina.

Moscona, S. L. (Org.). (2007). *Las Infidelidades en la pareja: Amor, fantasmas, verdades, secretos.* Buenos Aires: Lugar Editorial.

Moscona, S. L. (2008). Revisando el compleyo de Édipo – Lecturas actuales. In *II Congreso de las configuraciones vinculares.* Buenos Aires, 101-105.

Novaes, A., Cardoso, S., Chauí, M., Coli, J., Ferreira, L. G., Kehl, M. R., *et al.* (1988). *Os sentidos da paixão.* São Paulo: Companhia das Letras.

Odgen, T. (2003). *Os sujeitos da psicanálise.* São Paulo: Casa do Psicólogo.

Pachuk, C., & Friedler, R. (Org.). (1998). *Diccionario de psicoanálisis de las configuraciones vinculares.* Buenos Aires: Lugar Editorial.

Phillips, A. (1997). *Monogamia.* São Paulo: Companhia das Letras.

Piva, A. (2004). Sobre uma compreensão vincular na patologia do vazio na adolescência. In *Atualidade da psicanálise de adolescentes.* São Paulo: Casa do Psicólogo,.

Piva, A., Chemin, A. C. S., Fontanari, J., da Silva, M. L. D., Becker, P. S. H., Severo, A. de F., *et al.* (2006). *Transmissão transgeracional e a clínica vincular.* São Paulo: Casa do Psicólogo.

Poletto, G. V. (2006). *As faces de uma carta reveladora – fim ou começo?* In Jornada dos Estagiários de Psicologia Clínica. Conferência realizada no Contemporâneo Instituto de Psicanálise e Transdisciplinaridade

Prigogine, I. (1996). Dos relógios às nuvens. In *Novos paradigmas, cultura e subjetividade* (pp. 257-269). Porto Alegre: Artes Médicas.

Puget, J. (Org.). (2001). *La pareja y sus anundamientos erotismo-pasión-poder-trauma.* Buenos Aires: Lugar Editorial.

Puget, J. (2002, abril). Las relaciones de poder, solidaridad y racismo. *Seducción, domínio y poder – Psicanálisis de las configuraciones vinculares – Revista de la Asociacción Argentina de Psicologia y Psicoterapia de Grupo, XXV* (1).

Puget, J. (2003). *Sonho singular e sonho vincular.* Porto Alegre: Contemporâneo Instituto de Psicanálise e Transdisciplinaridade. Inédito.

Referências bibliográficas

Puget, J. (2004). Qué difícil es pensar incertidumbre y perplejidad. *Revista Psicoanálisis AP de BA, XXVI* (3).

Quinodoz, D. (2002). As entrevistas preliminares ou como despertar o desejo de fazer uma análise com um paciente que não sabe em que isso consiste. *Revista da Sociedade Brasileira de Psicanálise de Porto Alegre, 4* (2).

Rodulfo, R. (2004). *Desenhos fora do papel. Da carícia à leitura – Escrita na criança.* São Paulo: Casa do Psicólogo.

Rojas, M. C. (1991). Fundamentos de la clínica familiar psicoanalítica. In *Família e inconsciente* (pp. 152-202). Buenos Aires: Paidós.

Rojas, M. C. (2000) Itinerário de um vínculo: transferência y transformación. In I. Berenstein (Org.), *Clinica familiar psicoanalítica.* Buenos Aires: Paidós.

Rojas, M. C. (2008, 15-17 de Maio). El complexo de Édipo revisado. In *Anais do II Congresso Psicoanalítico de las Configuraciones Vinculares. Perspectivas Vinculares em Psicoanálisis – Las práticas y sus Problemáticas.* Buenos Aires: Asociación Argentina de Psicologia y Psicoterapia de Grupo.

Roudinesco, E. (2003). *A família em desordem.* Rio de Janeiro: Zahar.

Sacks, O. (2000). *O homem que confundiu sua mulher com um chapéu.* São Paulo: Companhia das Letras.

Sager, C. (1976). *Contrato matrimonial y terapia de pareja.* Buenos Aires: Amorrortu.

Schnitman, D. F. (Org.). (1996). Introdução. In *Novos paradigmas ciência, cultura e subjetividade* (pp. 9-21). Porto Alegre: Artes Médicas.

Schüler, D. (1994). *Narciso errante.* São Paulo: Vozes.

Schüler, D. (2005, novembro). A história da violência – Genocídios. In *Pensando a violência em Freud.* Porto Alegre: Sociedade Brasileira de Psicanálise.

Schüler, D., Bernd, Z., Niotti, J. A., Gonzaga, S., Rosenfield, K., Jerusalinsky, A., *et al.* (1992). *O amor na literatura.* Porto Alegre: Editora da UFRGS.

Serger, C. (1990). *Contrato matrimonial y terapia de pareja.* Buenos Aires: Amorrortu.

Severo, A. (2006). Sobre o sujeito na herança transgeracional. Identificação: A via régia da transmissão psíquica. In A. Piva (Org.), *Transmissão transgeracional e a clínica vincular* (pp. 123-142). São Paulo: Casa do Psicólogo.

Severo, A. (2007, Abril-Junho). Violência e vincularidade: O jogo das diferenças e o sujeito como efeito do poder. *Contemporânea – Psicanálise e Transdisciplinaridade.* Disponível em www.contemporaneo.org.br/contemporanea.php.

Severo, A. (2007, Julho-Setembro). Sonhos e vincularidade: Uma comunicação preliminar. *Contemporânea – Psicanálise e Transdisciplinaridade.* Disponível em www.contemporaneo.org.br/contemporanea.php.

Severo, A., Piva, A., & Dariano, J. (2007, Abril-junho). Poder e violência: Formas de subjetivação e desubjetivação. *Contemporânea – Psicanálise e Transdisciplinaridade*. Disponível em www.contemporaneo.org.br/contemporanea.php.

Spivacow, M. (2005, Outubro). La intervención vincular en el tratamiento psicoanalítico de parejas. In *Revista de la Asociación Argentina de Psicologia y Psicoterapia de Grupo*.

Spivacow, M. (2007, Setembro). Sobre la terapia psicoanalítica de pareja, su especificidad en la clínica. *Revista Actualidad Psicológica*, 19.

Spivacow, M. (2008). *Clínica psicoanalítica com pareja*s – *Entre la teoria y la intervención*. Buenos Aires: Lugar Editorial.

Spivacow, M., & Brengio, A. (1997). Sobre el enamoramiento. In J. Puget (Org.), *Psicoanálise de pareja – Del amor y sus bordes*. Buenos Aires: Paidós.

Valtier, A. (2003). *La soledad en pareja – Islas del sentimiento amoroso.* Buenos Aires: Paidós.

Waisbrot, D. (2008, 15-17 de Maio). El Edipo después del Édipo. In *Anais do II Congresso Psicoanalítico de las Configuraciones Vinculares. Perspectivas Vinculares em Psicoanálisis – Las prácticas y sus Problemáticas* (pp. 107-114). Buenos Aires: Asociación Argentina de Psicologia y Psicoterapia de Grupo.

Warat, L. A. (1990). *O amor tomado pelo amor – Crônica de uma paixão desmedida.* São Paulo: Acadêmica.

Wilson, E. (1999). *A unidade do conhecimento – Consiliência*. Rio de Janeiro: Campus.

Winch, P. (1970). *A ideia de uma ciência social*. São Paulo: Companhia Editora Nacional.

Wingley, M. (1996). A desconstrução do espaço. In *Novos paradigmas, cultura e subjetividade* (pp. 152-167). Porto Alegre: Artes Médicas.

Winnicott, D. (2007). O jogo do rabisco. In *Explorações psicanalítica*s. Porto Alegre: Artes Médicas.

Zimerman, D. (1987). *Psicoterapia analítica de grupo*. São Paulo: Mestre Jou.

Zimerman, D. (2000). *Fundamentos básicos das grupoterapia*s. Porto Alegre: Artes Médicas.

Zimerman, D. (2004). *Manual de técnica psicanalítica – Uma revisão*. Porto Alegre: Artes Médicas.

Zimerman, D. (2005). *Psicanálise em perguntas e respostas – Verdades, mitos e tabus.* Porto Alegre: Artes Médicas.

Endereço para correspondência: arian@portoweb.com.br